DIE VERMESSUNG
DER FREIHEIT

WAS UNSERE OFFENE GESELLSCHAFT BEDROHT –

UND WIE WIR SIE STÄRKEN KÖNNEN

Hans F. Bellstedt

Otto Meißners Verlag

Hans F. Bellstedt

DIE VERMESSUNG DER FREIHEIT

Was unsere offene Gesellschaft bedroht –
und wie wir sie stärken können

Bibliografische Information der Deutschen Nationalbibliothek
Die Deutsche Nationalbibliothek verzeichnet diese Publikation in der
Deutschen Nationalbibliografie; detaillierte bibliografische Daten
sind online über https://portal.dnb.de/opac.htm abrufbar.

© 2023 by Otto Meißners Verlag
Eine Marke der Frieling & Huffmann GmbH & Co. KG
Rheinstraße 46 · 12161 Berlin
Telefon: 030 766999-0 · www.frieling.de

ISBN: 978-3-8280-3803-5

1. Auflage 2023

Grafik: GDE | Kommunikation gestalten · www.gde.de

Meinen Patenkindern
Katharina Sophie und Philip

„Wir sollten begreifen, dass wir als Okzidentale
von allen Fronten her
in einen kulturellen Belagerungszustand geraten sind."

Peter Sloterdijk[1]

INHALT

11

13

UNSERE **FREIHEIT**
IST IN GEFAHR

Unsere Freiheit ist in Gefahr. Wähnten wir uns vor etwas mehr als dreißig Jahren, nach dem Ende des Kalten Krieges und dem Auseinanderfallen des Sowjetreiches, am „Ende der Geschichte" (Francis Fukuyama), so müssen wir heute konstatieren, dass die vermeintliche globale Dominanz der liberalen Ordnung und des kapitalistischen Wirtschaftssystems von kurzer Dauer war.

Äußere und innere Bedrohungen

Spätestens Russlands Überfall auf die Ukraine am 24. Februar 2022 führt uns in drastischer Deutlichkeit vor Augen, dass Staaten, die sich auf Freiheit, Demokratie und Rechtsstaatlichkeit berufen, jederzeit damit rechnen müssen, von einem systemischen Gegner, dem diese Werte nichts bedeuten, auf brutale Weise angegriffen zu werden. Autoritäre, neoimperialistische Regime vom Schlage Russlands verachten die Freiheit und schrecken nicht davor zurück, territoriale Ansprüche mit militärischer Gewalt durchzusetzen.

Freiheits- und Friedensbedrohungen gehen gleichermaßen von China aus, welches sich unter Missachtung der Devise „Ein Staat, zwei Systeme" den Stadtstaat Hongkong faktisch unterworfen hat. Akut bedroht ist zudem Taiwan, seit Chinas allmächtiger Herrscher

Xi Jinping die angestrebte „Wiedervereinigung" mit dem Festland zur historischen Mission erhoben hat. Durch diese Drohgebärden und eine entsprechend zur Schau gestellte militärische Präsenz gerät eine ganze Weltregion in Gefahr.

Neben Russland und China zählen auch der Iran, Nordkorea und Syrien zu jenen Staaten, an deren Bereitschaft, Freiheit und Demokratie mit Drohnen, Panzern, Nuklearraketen oder Fassbomben auszulöschen, keine Sekunde gezweifelt werden darf. Die Bereitschaft zur Aggression ist konstitutiv, ja identitätsstiftend für die genannten, zutiefst undemokratischen Regime. Die Stärke demokratischer Staaten bemisst sich daher heute vor allem an ihrer Wehrhaftigkeit – an dem Willen und der militärischen Fähigkeit, ihre äußere Freiheit zu verteidigen.

Einschränkungen der Freiheit erleben wir aber auch im Inneren unzähliger Staaten. So propagiert Viktor Orbán, Premierminister von Ungarn, das Modell der sogenannten „illiberalen Demokratie". In ihr behält die gewählte Regierung sich vor, Einschnitte in die Unabhängigkeit der Justiz und die Freiheit der Medien wie auch der universitären Lehre vorzunehmen. Ausländische Unternehmen werden schikaniert, die heimische Industrie wird bevorzugt. Dies alles geschieht im Namen eines stark christlich geprägten Hungaro-Nationalismus, dessen Idee von Europa einen eher losen Verbund souveräner Staaten vorsieht. Ähnlich sind die Dinge in Polen gelagert, wo die PiS-Partei (*Prawo i Sprawiedliwość* – Recht und Gerechtigkeit) unter Jarosław Kaczyński vorgibt, die friedliche Revolution von 1989 und die Errungenschaften von Solidarność gegen reaktionäre, postkommunistische Umtriebe verteidigen zu müssen. Zudem gelte es, sich gegen „progressive" gesellschaftliche Strömungen – Gender-Mainstreaming, Wokeness, ein liberales Abtreibungsrecht – zur Wehr zu setzen, da diese das (katholische) Wertesystem Polens untergrüben. Die Folgen dieser das klassische Freund-Feind-Schema bedienenden Politik sind weitreichend. So führte die faktische Gleichschaltung polnischer Gerichte durch die Regierungspartei zu einem erbittert ausgetragenen Rechtsstreit zwischen Warschau und der Europäischen Union und zur Sperrung von EU-Fördergeldern in zweistelliger Milliarden-Euro-Höhe durch Brüssel. Auch Ungarn liegt im Dauerzwist mit der EU, während der Ausgang der polnischen Parlamentswahlen im Oktober 2023 zu einer Entspannung der Lage zwischen Warschau und Brüssel führen könnte.

In der Türkei vollzieht sich seit einigen Jahren eine bedrohliche Entwicklung hin zu einem autoritären Herrschaftssystem unter Präsident Erdoğan als neuem Sultan. Minderheiten, darunter auch die christliche, werden diskriminiert, Medien schikaniert, politische Gegner inhaftiert. Unruhen, Proteste und insbesondere Anschläge werden automatisch und jeweils auffallend kurz nach dem Ereignis der kurdischen Opposition oder der Gülen-Bewegung zugeschrieben. Die von Staatsgründer Atatürk eingeführte Trennung zwischen Kirche und Staat wird zugunsten eines zunehmend islamisch geprägten Regimes aufgeweicht.

Die Vereinigten Staaten, die sich qua Verfassung der Freiheit verschrieben haben, gelten heute als Testland für die Resilienz der freiheitlichen Demokratie und ihrer Institutionen. Der Kulturkampf zwischen progressiven, woken Kräften auf der einen und populistischen, neonationalistischen Strömungen (*„Make America great again"*) auf der anderen Seite ist voll entbrannt. Wahlergebnisse werden angezweifelt, politische Gegner als Zerstörer diffamiert. Ein geordneter oder gar gesitteter Diskurs findet kaum noch statt, zumal auch viele Leitmedien sich auf die jeweils eine (New York Times, CNN) oder andere Seite (Wall Street Journal, Fox News) geschlagen haben. Immerhin: Das unerwartet gute Abschneiden der Demokraten bei den Midterm-Elections im November 2022 wurde allseits als Beleg dafür gewertet, dass die freie Welt die US-amerikanische Demokratie noch nicht abschreiben muss.

Die Stärke des Grundgesetzes

Deutschland ist eine liberale Demokratie, die diesen Namen verdient. Unser Grundgesetz, welches als Reaktion sowohl auf die totalitäre, menschenverachtende NS-Diktatur als auch auf die Fragilität der Weimarer Republik interpretiert werden kann, ist wohl eine der freiheitlichsten Verfassungen dieser Welt. Wer gleichwohl zu dem Schluss kommt, dass die ihm qua Grundgesetz zustehenden Freiheiten durch staatliche Instanzen beschnitten werden, hat jedes Recht, dagegen zu klagen. Es macht die Stärke des Rechtsstaates Bundesrepublik Deutschland aus, dass seine Subjekte dazu ermächtigt sind, Freiheiten einzufordern oder auch einzuklagen. Der Rechtsstaat muss diese Klagen aushalten, sich ihnen stellen und jederzeit in der Lage sein, die Verfassungsmäßigkeit seines Handelns unter Beweis zu stellen.

Kann das Grundgesetz somit als eine der freiheitlichsten Verfassungen der Welt gelten, so vergeht gleichwohl in Deutschland kein Tag, an dem nicht über Freiheitseinschränkungen geklagt wird. Dabei sind es eher schleichende als sofort ins Auge springende, eklatante Freiheitseinschränkungen, gegen die Beschwerde geführt wird. So sind Unternehmer der Meinung, dass sie noch erfolgreicher agieren könnten, gäbe es nicht ein *Übermaß an bürokratischer Regulierung.* Ein kompliziertes Arbeitsrecht, Berichts- und Aufbewahrungspflichten oder ein überzogener Datenschutz werden als Beispiele für staatlichen Zwang ins Feld geführt. Selbiges gilt für langwierige Genehmigungsverfahren, Wettbewerbsverzerrungen durch die Beteiligung des Staates an Unternehmen oder Auflagen im Bereich des Umweltschutzes. Auf all diesen Gebieten wünschen sich viele Unternehmer naturgemäß weniger Staat, was sie freilich nicht daran hindert, zugleich staatliche Fördermittel für die Anpassung ihrer Geschäftsmodelle an neue Umfeldbedingungen einzufordern.

Die *Besteuerung von Einkommen, Vermögen* sowie unseres alltäglichen *Verbrauchs* durch die Mehrwertsteuer wird vielfach als Freiheitseinschränkung empfunden. Tatsächlich wären die Konsummöglichkeiten der Bürgerinnen und Bürger größer, wenn das persönliche Einkommen geringer besteuert würde und somit mehr Netto vom Brutto bliebe. Selbiges gilt für Unternehmen, die – grob vereinfacht – mehr investieren könnten, wenn die Unternehmenssteuern niedriger wären. Allerdings ist der Hinweis ebenso zutreffend, dass erst ein ausreichendes Steueraufkommen den Staat in die Lage versetzt, Polizei und Streitkräfte zu unterhalten, Schulen zu betreiben sowie Straßen und Bahnnetze zu bauen. Auch ist unumstritten, dass es einer gut ausgerüsteten Steuerverwaltung bedarf, um Steuerhinterziehung zu bekämpfen. Schließlich ist der Fiskus dazu angehalten, durch das Gewähren von Freibeträgen die Belastung der Steuerzahlerinnen und Steuerzahler in Grenzen zu halten.

Eine traditionell starke Rolle nimmt der deutsche Staat im Bereich der *sozialen Sicherung* ein. Das ist so gewollt, seit Bismarck die staatliche Sozialversicherung und Adenauer die dynamische Rente nach dem Umlageverfahren eingeführt hat. Der Großteil der Menschen – insbesondere der abhängig Beschäftigten – empfindet diese Systeme als segensreich, geht mit ihnen doch das Versprechen einer relativen Sicherheit einher. Zudem werden sie praktischerweise hälftig von den Arbeitgebern finanziert. Alternativ ist jedoch auch denkbar, die Absicherung gegen Lebensrisiken (Arbeitslosigkeit, Krankheit, Pflegebedürftigkeit) sowie die Vorsorge für das Alter in eigener Verantwortung zu gestalten. Wer diesen Weg bevorzugt (und ihn sich finanziell leisten kann), tut sich schwer mit dem – bis zu einer bestimmten Einkommenshöhe vorherrschenden – Zwang, in ein kollektives Sicherungssystem einzahlen zu müssen. Der Sozialstaat wird seitens dieser – sicherlich überschaubaren – Bevölkerungsgruppe als paternalistische Versorgungsanstalt wahrgenommen, die den Einzelnen bevormundet, ihn seiner Entscheidungsfreiheit beraubt und ein wachsendes Maß nicht nur an Beitrags-, sondern auch an öffentlichen Geldern (man denke an den jährlichen Zuschuss des Bundes zur gesetzlichen Rente) verschlingt. Wachsende Sozialbeiträge und Abgaben werden aus diesem Blickwinkel als freiheitseinschränkend empfunden.

Sodann wurden Schutzmaßnahmen zur *Bekämpfung der Coronapandemie* vielfach als Einschränkungen unserer bürgerlichen Grundfreiheiten – Versammlungsfreiheit, Gewerbefreiheit, Bewegungsfreiheit – wahrgenommen und kritisiert. Ausgangsbeschränkungen, die monatelange Schließung von Geschäften sowie der Maskenzwang führten zu einer erbitterten Debatte darüber, wie die Freiheit des Einzelnen und die (relative) Sicherheit der Solidargemeinschaft miteinander in Einklang gebracht werden können. Der Gegensatz zwischen denen, die Freiheit quasi absolut setzen, und denen, die an eine dem jeweiligen Gegenüber geschuldete Rücksichtnahme und somit an ein auf die Gesellschaft als Ganzes bezogenes Verantwortungsbewusstsein appellieren, ist bis heute nicht überwunden. Bezeichnender-, aber auch konsequenterweise hob die Ampelkoalition daher im Frühjahr 2022 den Fraktionszwang bei der Abstimmung des Bundestages über eine Impfpflicht vorsorglich auf, mit dem Ergebnis, dass auch weiterhin niemand zum Impfen gezwungen werden kann.

Seit einiger Zeit wird hierzulande schließlich über Freiheitseinschränkungen geklagt, die aus der *Verengung von Meinungskorridoren* resultieren. Anhänger der – eher im linken Spektrum zu verortenden – Identitätspolitik nehmen für sich in Anspruch, gültige Auffassungen zu relevanten gesellschaftlichen Fragestellungen gefunden zu haben. Dies betrifft etwa Fragen der Geschlechterpolitik, des – unterstellten oder tatsächlichen – Rassismus sowie des sogenannten Postkolonialismus. Wer versucht, den dazu vorgetragenen Auffassungen zu widersprechen oder diese in Zweifel zu ziehen, läuft Gefahr, Opfer einer *Cancel Culture* zu werden. *Cancel Culture* bedeutet, dass Gegenmeinungen – anstatt sich argumentativ mit ihnen zu befassen – kurzerhand aus dem öffentlichen Debattenraum entfernt werden.[2] So wird es beispielsweise Urhebern dieser abweichenden Meinungen verwehrt, Vorträge an Universitäten zu halten – ein Diskurs findet nicht statt. Derweil gelingt es den Vertreterinnen und Vertretern der Identitätspolitik vermehrt, sich als Opfer zu inszenieren, die des Schutzes durch den Staat und der Solidargemeinschaft bedürfen – eine neue Form der Interessenvertretung, die durchaus in die Gewährung finanzieller Zuwendungen in Form von Förderprogrammen, Stipendien oder dergleichen münden kann. Freilich ruft dies auch erste Gegenreaktionen hervor. So positionieren sich einzelne Medien wie WELT, Neue Zürcher Zeitung oder ServusTV explizit als Vorkämpfer des offenen, pluralistischen Diskurses. In den Vereinigten Staaten werden erste Universitäten neu gegründet, die sich explizit zum Ziel setzen, die Meinungskorridore wieder zu öffnen und die *Cancel Culture* zu überwinden.

Freiheit stirbt zentimeterweise

Neoimperialistische Angriffskriege, illiberale Demokratien, bürokratischer Anstaltsstaat, verengte Meinungskorridore – wir haben ganz offensichtlich Anlass, über Freiheit zu sprechen. Vielerorts scheint die Freiheit auf dem Rückzug, stirbt „zentimeterweise", wie Guido Westerwelle einmal warnte. Wenn Zentimeter sich jedoch zu Metern aufaddieren, steht das Selbstverständnis des Westens auf dem Spiel: Nimmt dieser die schleichenden Freiheitsverluste stillschweigend hin? Oder sind die liberalen, auf dem Freiheitsgedanken fußenden Demokratien bereit und in der Lage, ihre Werte und somit die „offene Gesellschaft" (Karl Popper) gegen die Feinde von außen und von innen entschlossen zu verteidigen? Muss die Tatsache, dass die Demokratie heute weltweit in der Minderheit ist, als gegeben akzeptiert werden? Oder besteht Aussicht darauf, wieder mehr Staaten für das „normative Projekt des

Westens" (Heinrich August Winkler) zu gewinnen? Und, wenn wir unterstellen, dass es die Aufklärung war, die dem Gedanken der Freiheit zumindest in Europa zum Durchbruch verholfen hat: Was bedeutet uns Aufklärung heute – was wissen wir überhaupt von ihr? Wie viel Kant, Humboldt, Locke oder Mill fließt durch unsere Adern? Was kann, was muss getan werden, um die offene Gesellschaft zu stärken, sie gegen ihre Feinde von links und von rechts, von außen und von innen zu verteidigen? Und schließlich: Inwieweit zwingt uns der Klimawandel dazu, Freiheit neu und intertemporal, sprich mit Rücksicht auf die nächste Generation, zu denken? Um diese Fragen geht es auf den nächsten Seiten, die insoweit auch als Versuch verstanden werden mögen, postmoderne Freiheitsräume zu vermessen und uns, den freien Westen, im globalen Wettbewerb der Systeme zukunftsgerecht zu verorten.

Was bedeutet uns Aufklärung heute - was wissen wir überhaupt von ihr?

21

DER LANGE WEG
DER **FREIHEIT**

Freiheit bedeutet, gemäß dem eigenen Willen handeln zu können. Freiheit impliziert die Abwesenheit von Unterdrückung, Willkür und Zwang. Der freie Mensch bestimmt über sich, seinen Körper und Geist selbst, er ist autonom statt fremdbestimmt. Seine Würde ist unantastbar.

Sodann ist der Mensch frei darin, sich mit anderen selbstbestimmten Individuen zu einer staatlichen Gemeinschaft zusammenzuschließen, welche ihm Sicherheit und Schutz gewährt. Dafür hat er Steuern und Abgaben zu entrichten und Regeln des Zusammenlebens zu befolgen. Die so geschaffene, verfasste Gemeinschaft zeichnet sich durch Offenheit, Gleichheit, Volkssouveränität und die Herrschaft des Rechts aus. Politisch ist die offene Gesellschaft für gewöhnlich als repräsentative Demokratie organisiert.[3]

Das somit beschriebene Verständnis von Freiheit hat einen langen Weg hinter sich, der von Kämpfen, Volkserhebungen sowie mutigen, sich aufbäumenden Geistern geprägt wurde. Eugène Delacroix' Gemälde *La liberté guidant le peuple* von 1830, welches wir im Denon-Flügel des Pariser Musée du Louvre betrachten können, dramatisiert die unwiderstehliche Kraft der Freiheit in eindringlicher Weise: Eine barbusige Frauengestalt reißt, mit dem rechten Arm die französische *tricolore* nach oben stemmend, eine Gruppe bewaffneter Männer zum Sturm über die Barrikaden mit. Vor ihren nackten Füßen liegen zwei Leichen ausgestreckt auf dem Boden. Pulverdampf verdüstert die obere Hälfte des Gemäldes. Der damals 32-jährige Maler Delacroix hielt damit die Ereignisse des 27. Juli 1830 fest, als Bürgerinnen und Bürger der Stadt Paris sich zum Aufstand erhoben, um König Karl X. vom Thron zu stürzen. Der Bourbone hatte kurz zuvor angeordnet, die Abgeordnetenkammer aufzulösen – ein letzter Versuch, die Verhältnisse der Zeit vor der Französischen Revolution wiederherzustellen. Mit dem Sturz Karls befreite sich die französische Nation endgültig vom Absolutismus und ebnete dem liberalen Julikönigtum unter König Louis-Philippe d'Orléans („enrichissez-vous"[4]) den Weg.

Der antike Freiheitsbegriff

Um die Wucht dieses neuzeitlichen Durchbruchs zu verstehen, müssen wir für einen Moment zu den Ursprüngen der Freiheit zurückgehen. Tatsächlich existierte eine frühe Vorstellung von Freiheit bereits in der griechischen und römischen Antike. Dabei definierte die griechische Polis ihre Freiheit zunächst als äußere Freiheit, verstanden als Abwesenheit von Herrschaft entweder durch eine fremde Macht oder durch einen einheimischen Tyrannen, der die rechtmäßige, natürliche Ordnung zerstört. Der Freiheitskampf der Griechen gegen die Perser prägte und stärkte das Selbstbewusstsein und den Stolz Athens ebenso wie das Aufbegehren gegen die Herrschaft des Peisistratos im 6. Jahrhundert vor Christus. Einher ging die äußere Freiheit mit einer politischen Gleichheit *(isonomia)* aller männlichen waffenfähigen Bürger – Adlige, Händler, Handwerker, Bauern –, sofern sie athenische Eltern hatten. In der Demokratie *(demos* = Volk; *cratein* = herrschen) verfügten die Bürger über weitgehende Rede-, Antrags- und Stimmrechte – sie hatten Anteil am Gemeinwesen, der Polis, und gestalteten diese. Dabei herrschte die Auffassung vor, dass die Polis – anders als im sittenstrengen Sparta – den Bürger nicht bevormunden darf. Frei war somit, wer politische Rechte hatte und in der Lage war, sein Leben nach eigenen Vorstellungen zu führen. Aristoteles bezeichnete einen Menschen als frei, der „um seiner selbst, nicht um eines andern willen ist" [5].

Im antiken Rom kam die Freiheit zum Zuge, nachdem die Königsherrschaft unter breiter politischer Beteiligung des Volkes durch die Republik abgelöst worden war. Fortan war *libertas* gleichbedeutend mit der Verfügungsgewalt über die eigene Person, die durch das Recht vor Willkür geschützt war. Das Zwölftafelgesetz garantierte jedem Bürger Rechtssicherheit sowie die Gleichheit vor dem Gesetz. Mit dem Bürgerrecht war die Befugnis zur Ausübung privatwirtschaftlicher Geschäfte verbunden. Indirekt gewährleistete die republikanische Staatsverfassung zudem die politische Gleichheit der Stände.

Für die Römische Republik wie auch die griechische Polis gilt allerdings gleichermaßen, dass lediglich die Stadtbürger in den Genuss politischer und rechtlicher Freiheiten kamen – die Masse der Bevölkerung, die Sklaven, blieb außen vor. Sklaven hatten Felder zu bestellen, Steine zu schleppen, Paläste zu errichten. Sie hatten keine Verfügungsgewalt über sich selbst. Der römische Sklave war dem Recht nach eine Sache *(res)*.

Neben dem äußeren Freiheitsbegriff bildete sich in der Antike auch eine Vorstellung von innerer Freiheit heraus. Diese wurde gerade auch dem äußerlich Unfreien zuteil, sobald er im Einklang mit der höchsten Vernunft, dem *logos*, lebte. Die stoische Lehre von der inneren Freiheit verbreitete sich im Hellenismus – nach dem Untergang Athens und damit der Demokratie – wie auch in der Römischen Kaiserzeit, in welcher die in der Republik ausgebildeten politischen Freiheiten nach und nach beseitigt wurden.

Sodann fand die innere Freiheit, einhergehend mit dem – aus dem jüdischen Monotheismus resultierenden – Gedanken der Gleichheit, auch Eingang ins frühe Christentum: „Zur Freiheit hat uns Christus befreit. Steht daher fest und lasst euch nicht wieder ein Joch der Knechtschaft auflegen!", schreibt der Apostel Paulus im Galaterbrief (5,1). Demnach ist Jesus Christus der Ursprung der Freiheit, hier verstanden als „die Einsicht, dass die letzte Erfüllung des Lebens sich nicht durch das Tun erreichen lässt". Vielmehr vermag allein Jesus Christus den Menschen aus Gottesferne und Selbstsucht zu befreien. Christliche Freiheit verwirklicht sich demnach „in der Zugehörigkeit zu Gott, in dem glaubenden Vertrauen, in dem wir mit ihm verbunden sind"⁶. Es ist die unmittelbare Gotteserfahrung, die den Menschen – etwa von kultischen Zwängen und dem Polytheismus – befreit: „Wo der Geist des Herrn (Jesu) ist, da ist Freiheit" (2. Kor. 3, 17).

Die Hinwendung zum Monotheismus verfestigte sich im Rom des 4. und 5. Jahrhunderts nach Christus, nachdem Kaiser Konstantin das Christentum als Staatsreligion etabliert hatte. Über Konstantin und die römisch-katholische Kirche wurde der antike Freiheitsgedanke des stoischen *logos* und des paulinischen Christentums schließlich ins Mittelalter tradiert.⁷

Freiheit im Mittelalter

Die Gesellschaft des Mittelalters war von der Monarchie sowie einer starren ständischen Ordnung geprägt, die zwischen Klerus, Adel sowie Bürgern und Bauern unterschied. Gemäß dem pyramidalen Aufbau dieser Ordnung befanden sich die Angehörigen der niederen Stände gegenüber den höheren Ständen in einem Abhängigkeitsverhältnis. Als Vasallen waren sie ihrem jeweiligen Herrn, etwa einem Fürsten oder einem Herzog, unterstellt, waren Diener dieses Herrn, dem sie Treue und Gehorsam zu schwören hatten. Dabei ging der Herr im Gegenzug eine Schutzverpflichtung gegenüber seinen Vasallen ein, sodass diese sich einer gewissen Sicherheit erfreuen konnten. Wirtschaftlich waren Herr und Vasall in diesem auch Personenverbandsstaat[8] genannten System typischerweise durch ein Lehensverhältnis aneinander gebunden; der Lehnsherr übergab dem Vasallen sein Land zur Bewirtschaftung, sorgte mitunter aber auch für dessen Nahrung, Kleidung und Bewaffnung. Somit hatte der Vasall sich zwar seiner Freiheit begeben, konnte sich aber des Rechtsschutzes durch seinen Herrn sicher sein. Auch Knechte und Mägde kamen als Gegenleistung für die erbrachte Arbeit in der Regel in den Genuss eines Schutzversprechens.

Interessant für unser Thema ist, dass es neben den Vasallen auch freie Bauern gab; manche von ihnen besaßen einen einzelnen kleinen Hof, während sogenannte Edelfreie über großen Grundbesitz verfügten. Beide waren „Eigentümer ihres Grund und Bodens"[9]. Zugleich war es ihnen möglich, ein Lehen anzunehmen, um Eigengut und Lehnsgut nebeneinander zu betreiben – der mittelalterliche Gesellschaftsaufbau war kompliziert. Dabei setzte sich der weitaus größte Teil der bäuerlichen Bevölkerung aus Abhängigen, Hörigen und – je nach Landstrich und Recht – auch Leibeigenen zusammen. Ihr Status als in jeder Hinsicht Unfreie übertrug sich in aller Regel auf die nachfolgende Generation. Soziale Durchlässigkeit mit Aufstiegsmöglichkeiten, ein wesentliches Ziel unserer modernen Gesellschaften, gab es in der ständischen Welt praktisch nicht.

Den einzigen, allerdings bedeutenden Freiheitsraum bildeten die Städte, deren Zahl im Hochmittelalter erheblich anwuchs. Stadtbürger, da an kein Grundeigentum gebunden, waren frei von jeglicher Grundhörigkeit.[10] Als Kaufleuten, Händlern und Handwerkern war es ihnen vielmehr gestattet, innerhalb der Mauern ihrer Stadt Waren zu tauschen, Güter zu produzieren oder anderweitige Dienste anzubieten. Entscheidend für den Aufschwung der Städte war das Marktrecht, welches der Territorialherr, auf dessen Gebiet die Stadt sich befand, ihren Bürgern erteilte. Auch darüber hinaus gelang es den Städten und ihren Bürgern, ihren Herren im Laufe der Zeit immer mehr Freiheitsrechte abzuringen, darunter das Wehrrecht, das Recht zur Bildung von Gilden und Zünften, Besitz- und Erbrechte, zuweilen eine eigene Gerichtsbarkeit sowie die städtische Selbstverwaltung. Auch wurde die Pflicht zur Zahlung von Zöllen und Abgaben eingeschränkt. Mit den gewährten Freiheiten wuchs naturgemäß die Anziehungskraft der Städte, sodass immer mehr Menschen – Unfreie, Landarbeiter, Knechte – dorthin flohen. Zwar verdingten sie sich dort anfangs oftmals nur als Tagelöhner oder gingen betteln. Wer aber über ein Jahr und einen Tag nicht von seinem Grundherrn wieder aufgegriffen wurde, der erwarb das Recht, auf Dauer in der Stadt zu verbleiben – die Hörigkeit erlosch, Stadtluft macht(e) frei.[11]

Um Freiheit – nicht an ihrer Person, sondern im Sinne von Entscheidungsbefugnis – rangen zuweilen aber nicht nur die Angehörigen des dritten Standes, sondern auch die Fürsten selbst, namentlich im Verhältnis zu ihrem König oder dem Kaiser. Territorialfürsten – weltliche wie geistliche, etwa Erzbischöfe – strebten stets danach, gegenüber der Zentralgewalt ein Stück Handlungsfreiheit wiederzugewinnen. Im Heiligen Römischen Reich Deutscher Nation kam diese Teilhabe an der Macht vor allem in der Einrichtung des Reichstages zum Ausdruck, der sich im Laufe der Jahrhunderte zu einem immer stärkeren Gegengewicht zur Zentralgewalt entwickelte. In England rangen hochgestellte Barone König Johann Ohneland 1215 die Magna Charta Libertatum ab. Johann hatte den Baronen immer höhere Ablösesummen („Schildgeld") für nicht erbrachte Kriegsdienste abgepresst. Daraufhin kündigte eine Gruppe von Baronen dem König Treue und Lehensverhältnis auf – ein unerhörter Akt.[12] In der daraufhin zwischen den beiden

Parteien ausverhandelten Magna Charta gestand Johann den widerständigen Baronen weitgehende Rechte zu. So bedurfte die Erhebung von Steuern fortan der Zustimmung der Kronvasallen. Auch war es dem König untersagt, willkürlich Menschen gefangen zu nehmen oder sie um ihren Besitz zu bringen. Für die englische Geschichte und über England hinaus sollte sich die Magna Charta in den Folgejahrhunderten immer wieder als zentrale, die Freiheit befördernde Referenz erweisen.

Reformation und Humanismus

Drei Jahrhunderte nach der Magna Charta kam der Reformation eine tragende Rolle auf dem langen Weg der Freiheit zu. Dabei ging es deren Protagonisten im 15. und 16. Jahrhundert nicht darum, die Monarchie auszuheben. Sie stellten vielmehr die Autorität der zweiten großen Macht des Mittelalters, der katholischen Kirche, ihrer Institutionen und Lehrsätze, in Frage. So forderte der Wittenberger Augustinermönch und Theologieprofessor Martin Luther im Rückgriff auf Paulus die herrschende Kirche mit der Auffassung heraus, dass allein die Schrift die Grundlage des christlichen Glaubens sei, und nicht die kirchliche Tradition. In der direkten, glaubenden Verbundenheit mit Christus, so Luther, bestehe die spirituelle Freiheit des Christen, aus der das rechte Handeln von selbst fließe. Den Ablasshandel, mit dem Gläubige sich von der Sünde freikaufen konnten, lehnte Luther entschieden ab. Nicht das gute Werk, sondern nur die Gnade Gottes könne den Menschen von seiner Schuld befreien. Mit seinen Thesen ging Luther die katholische Kirche als machtvolle Zwischeninstanz frontal an und provozierte sie aufs Äußerste. Dabei ermöglichte es ihm der Buchdruck, sein Gedankengut weitflächig zu verbreiten. Letztlich erschütterte er mit seiner Kritik im Namen des

> In der direkten, glaubenden Verbundenheit mit Christus, so Luther, bestehe die spirituelle Freiheit des Christen.

gläubigen, sich direkt an Gott wendenden Christen die Grundfesten der mittelalterlichen Ordnung und trug maßgeblich zu deren schlussendlicher Überwindung bei.

Bei dieser Überwindung spielten die geistig-philosophische Bewegung des Humanismus sowie die Renaissance zentrale Rollen. Nicht zuletzt aufgrund von Schriften, die im Zuge des Zusammenbruchs des Oströmischen Reiches um die Mitte des 15. Jahrhunderts in die reichen Städte Norditaliens verschafft wurden, setzte zu jener Zeit eine Rückbesinnung auf die Antike, deren Kunst, Literatur und Philosophie – Homer, Platon, Aristoteles – ein. Gegenüber dem als düster empfundenen Spätmittelalter leuchtete der gebildete, kultivierte Mensch der Antike als geistig-ästhetisches Ideal. Seine Aktivität und intellektuelle Kreativität versetzten ihn in die Lage, sich von vorgeprägten – in Sonderheit kirchlichen – Urteilen, Überlieferungen und Deutungen zu emanzipieren und sich stattdessen von der eigenen Erkenntnis leiten zu lassen. Der Aufschwung der Naturwissenschaften – die Klarheit der Mathematik, die Gesetze der Physik – trug ein Übriges dazu bei, dass die vorherrschende, kirchlich dominierte Weltsicht Zug um Zug unterminiert wurde. Ganz in diesem Sinne veröffentlichte der niederländische Universalgelehrte Erasmus von Rotterdam – laut Ralf Dahrendorf ein „Vorbote der Tugenden der Freiheit"[13] – im Jahr 1516 die von ihm erstellte neue Übersetzung der Bibel ins Lateinische. Dieser stellte er im selben Band, Seite für Seite, den griechischen Text des Neuen Testaments gegenüber und forderte dadurch die als kanonisch geltende Vulgata-Übersetzung des Kirchenvaters Hieronymus offen heraus. Der Kirche konnte es keineswegs recht sein, dass Laien plötzlich in der Lage waren, die Bibel selbst zu lesen, anstatt auf die Vermittlung durch kirchliche Instanzen angewiesen zu sein. In Sorge um ihre Deutungshoheit – und damit ihre Macht – setzte die Kirche die Erasmus-Bibel folglich auf den Index. Der Streit um verschiedene Bibelübersetzungen schwoll rasch zu einem Freiheitskampf gläubiger Christen an.[14]

Mit Luther stritt Erasmus darüber, wie radikal die unvermeidliche Kirchenreform und somit der Bruch mit Rom ausfallen sollten. Vollends auseinander aber lagen der ungestüme, oftmals grob formulierende „Rebell" (H. Schilling) Luther und der zu eleganter Gelehrsamkeit neigende Erasmus in der Frage, inwieweit der Einzelne zur Willensfreiheit befähigt war. Erasmus hatte die Schriften des Thomas von Aquin studiert, denen zufolge der Mensch „durch die Erbsünde nur geschwächt, nicht innerlich zerstört" war. Jeder Mensch könne „gute Taten vollbringen im Zusammenwirken mit der göttlichen Gnade". Der Mensch, so Thomas sinngemäß, „hat einen freien Willen und ist daher für seine Taten voll verantwortlich"[15]. Luther hingegen kannte keine Willensfreiheit. Zwar predigte er die Individualität eines jeden Menschen vor Gott. Jedoch könne der Mensch nicht von selbst Gutes tun, sondern müsse auf das Gnadengeschenk Gottes *(sola gratia)* hoffen, dem er sich im Glauben zuwende *(sola fide)*.[16] Die These von der Freiheit des menschlichen Willens betrachtete Luther als „Verunreinigung des Evangeliums"[17], welche die Erlösungstat Christi entwerte. Anders – wie gesagt – Erasmus: Sein Menschenbild war positiv. Erasmus hielt den Menschen für ein vernunftbegabtes Wesen, welches in der Lage und dazu aufgerufen sei, verantwortlich zu handeln. Eine zentrale Voraussetzung dafür sei ausreichende Bildung, weil erst diese den Menschen dazu befähige, seine Vernunft auch anzuwenden. Erasmus kann somit als „früher Repräsentant des modernen liberalen Geistes"[18] betrachtet werden, der zur Erosion der mittelalterlichen Ordnung entscheidende Beiträge leistete.

Das neue, optimistische Menschenbild des Humanismus und der Renaissance stellte das selbstverantwortliche Individuum in den Mittelpunkt. Das Leben des individuellen Menschen hat einen Wert, der Mensch seine Würde, seinen Stolz. Diese Grundauffassung öffnete das Tor zum Zeitalter der Aufklärung.

Als dominierende Geistesströmung des 17. und 18. Jahrhunderts befreite die Aufklärung den Menschen aus dem Klammergriff sowohl der katholischen Kirche als auch des Feudalismus, beförderte und begleitete den Siegeszug der Wissenschaften und mündete schließlich in die großen politischen Revolutionen 1776 in den Vereinigten Staaten von Amerika sowie 1789 in Frankreich.

Die Philosophen der Aufklärung vertrauten auf die Kraft des Verstandes und die Autorität menschlicher Vernunft; sie verwarfen den Gedanken starrer, feststehender Gesellschaftsordnungen und Glaubenswelten und setzten dagegen die immerwährende Dynamik des geistigen, technischen und zivilisatorischen Fortschritts. Dabei pflegten sie den unvoreingenommenen Dialog, den geistreichen Austausch, das kultivierte Gespräch. Aufgeklärte Geister gründeten Debattierclubs, parlierten in Salons und unternahmen Reisen zur Erweiterung des eigenen Bildungshorizonts.

> Die Philosophen der Aufklärung vertrauten auf die Kraft des Verstandes und die Autorität menschlicher Vernunft.

Die Zahl der Denker, die die Aufklärung beförderten, ist kaum zu überschauen. Heraus ragen, wenn wir nach Frankreich blicken, Denis Diderot (1713–1784) und die Enzyklopädisten, die das Wissen der Welt zusammentrugen, ordneten und veröffentlichten; Voltaire (1694–1778), der den königlichen Absolutismus, die Feudalherrschaft sowie die Machtansprüche der katholischen Kirche verwarf und den Gedanken der Gleichheit der Menschen propagierte; Jean-Jacques Rousseau (1712–1778), der sich Fragen der Erziehung („Emile") ebenso widmete wie dem Konzept eines Gesellschaftsvertrages *(contrat social)*, welcher den Allgemeinwillen *(volonté générale)* und das Wohl aller in Einklang bringen sollte; schließlich Charles de Montesquieu, der Urheber des Gedankens der

Gewaltenteilung („De l'esprit des lois", 1748) – wir kommen auf ihn zurück.

In England begegnen wir John Locke (1632–1704), der 1689, zeitgleich mit der *Glorious Revolution*, mit seinen „Two Treatises of Government" die Grundlagen der parlamentarischen Demokratie mit einem besonderen Blick auf staatlichen Eigentumsschutz schuf; David Hume (1711–1776), demzufolge Wissen und Erkenntnis primär auf Sinneserfahrungen beruhen (Empirismus); sowie dem Moralphilosophen und Ökonomen Adam Smith (1723–1790), der sich zunächst mit der Theorie moralischer Gefühle und zwischenmenschlicher Solidarität *(fellow feelings)* befasste, bevor er 1776 mit „The Wealth of Nations" gleichsam die Bibel der liberalen Staats- und Wirtschaftsordnung vorlegte.

In Deutschland verliehen Gottfried Wilhelm Leibniz (1646–1716), Gotthold Ephraim Lessing (1729–1781) und Friedrich Schiller der Aufklärung wesentliche Impulse – Leibniz, indem er im Jahr 1700 in Berlin die Preußische Akademie der Wissenschaften schuf; Lessing, dem es um religiöse und gesellschaftliche Toleranz und Humanität ebenso zu tun war wie um die Stärkung bürgerlichen Selbstbewusstseins; und Schiller, eher schon ein Spätaufklärer, der seinen Marquis de Posa im „Don Carlos" Spaniens absolutistischem König Philip II. einen Kernsatz der Aufklärung entgegenschmettern lässt: „Sire, geben Sie Gedankenfreiheit!"

Immanuel Kant

Der wohl größte unter den deutschen Aufklärern war aber ein die große Bühne eher meidender Gelehrter, der sich eine Zeitlang als Hauslehrer verdingte, bis er vom ostpreußischen Königsberg aus das europäische Denken revolutionierte: Immanuel Kant (1724–1804). Ihm ging es, anders als beispielsweise John Locke, nicht – oder jedenfalls nicht primär – um die Freiheit des Bürgers als Wirtschaftssubjekt. Für Kant ist Freiheit eine sittliche, eine transzendentale Kategorie. Moralische Strenge und Unbedingtheit prägen Kants Denken, sein Schreiben, sein monumentales Werk. Dessen erster Meilenstein – Kant hatte im Alter von 46 Jahren den lang ersehnten Ruf auf den Lehrstuhl für Philosophie in Königsberg erhalten – war die 1781 vorgelegte „Kritik der reinen Vernunft". Darin geht es Kant um die Frage, ob die menschliche Erkenntnis allein auf der Vernunft oder doch auch auf sinnlichen Erfahrungen basiert. Kant stellt sich damit dem gleichsam säkularen Streit zwischen zwei Grundströmungen der abendländischen Philosophie – dem Rationalismus, wie ihn etwa René Descartes („Ich denke, also bin ich") vertrat, und dem Empirismus. Der Rationalismus besagt, „dass die Sinneserfahrung weder Grundlage noch Grenze der Erkenntnis sein kann". Wahr ist demnach „nicht, was die Sinne, sondern was die Vernunft über die Welt (aussagt)"[19]. Empiriker wie John Locke und David Hume hingegen sehen in der sinnlichen Erfahrung die Quelle aller Erkenntnis.[20] Empiriker treten vorurteilsfrei an Sachverhalte heran, sammeln „beobachtbare Tatbestände" und kommen auf diesem Wege zu verallgemeinernden Schlüssen.[21]

Kant räumt ein, dass „alle unsere Erkenntnis mit der Erfahrung anfange (...); denn wodurch sollte das Erkenntnisvermögen sonst zur Ausübung erweckt werden, geschähe es nicht durch Gegenstände, die unsere Sinne rühren und teils von selbst Vorstellungen bewirken, teils unsere Verstandestätigkeit in Bewegung bringen, diese zu vergleichen, sie zu verknüpfen oder zu trennen (...)?"[22] Zugleich stellt er sich die „Frage, ob es ein(e) (...) von der Erfahrung und (...) von allen Eindrücken der Sinne *unabhängige* Erkenntnis gebe"[23], und kommt zu dem Schluss, dass diese Frage bejaht werden kann, es also reine Vernunftideen gibt: „Wir sind", schreibt Kant, „im Besitze gewisser Erkenntnisse *a priori*, und selbst der gemeine

Verstand ist niemals ohne solche." Damit meint er – im Gegensatz zur erfahrungsbasierten Induktion – Urteile, die „in strenger Allgemeinheit gedacht" werden, und zwar dergestalt, „dass gar keine Ausnahme als möglich verstattet wird"[24]. Diese Art der Erkenntnis nennt Kant transzendental.[25] Als Beispiel aus der Wissenschaft führt er „alle Sätze der Mathematik"[26] an. Insbesondere Raum und Zeit haben für Kant apriorischen Charakter.[27]

Im Kern geht es Kant um drei Begriffe: Kritik, Vernunft und Freiheit. Dabei meint Freiheit in erster Linie nicht politische Freiheit, sondern die Autonomie des Willens. Darin wiederum liegt der Kern der kantischen Moralphilosophie: Der Mensch muss in der Lage sein, eigenständig zu denken und dadurch zu autonomen Schlüssen zu kommen. Ist diese Voraussetzung erfüllt, dann ist der Mensch zu einem Handeln befähigt, welches übergeordneten moralischen Grundsätzen entspricht.[28] Moralität hat demnach, so Otfried Höffe, „ihren Ursprung in der Freiheit"[29]. Dabei darf diese Moralität, dürfen die moralischen Gesetze als *a priori* zu definierende Leitsätze explizit nicht den „Antrieben der Sinnlichkeit" unterworfen werden. Vielmehr möge der Mensch so handeln, „dass die Maxime deines Willens jederzeit zugleich als Prinzip einer allgemeinen Gesetzgebung gelten könne" – der berühmte kategorische Imperativ, dem zufolge das individuell Gewollte nur dann Bestand hat, wenn es sich als verallgemeinerungsfähig (und somit als vernünftig) erweist.[30] Die Vernunft ist die Basis menschlicher Ethik, deren Forderungen von allgemeiner Gültigkeit sind. Freiheit, Autonomie und Moralität gehören untrennbar zusammen und regeln das Zusammenleben der Menschen im Privaten – aber auch als Bürger einer verfassten Gemeinschaft.

Entscheidend für das Funktionieren einer solchen Gemeinschaft ist für Kant die Befähigung des Menschen zum eigenständigen Denken. Dies bringt uns zu Kants berühmter, im Dezember 1784 herausgebrachten Schrift „Was ist Aufklärung?". „Aufklärung", so Kant zwei Jahre vor dem Tod des aufgeklärten Monarchen Friedrich II. von Preußen und fünf Jahre vor dem Sturm auf die Pariser Bastille, „ist der Ausgang des Menschen aus seiner selbstverschuldeten Unmündigkeit. Unmündigkeit ist das Unvermögen, sich seines Verstandes ohne Leitung eines anderen zu bedienen. Selbstverschuldet ist diese Unmündigkeit, wenn die Ursache derselben nicht am Mangel des Verstandes, sondern der Entschließung und des Muthes liegt, sich seiner ohne Leitung eines anderen zu bedienen. Sapere aude! Habe Muth, dich deines eigenen Verstandes zu bedienen! ist also der Wahlspruch der Aufklärung."[31]

In diesem „Wahlspruch" fasst Kant in kürzester Form zusammen, was den großen Epochenwandel seit dem Humanismus, der Reformation und der Renaissance ausmachte: Der Mensch begreift sich fortan als Individuum, welches sich aus der Vormundschaft durch sowohl geistliche als auch weltliche Herren befreit. Der Mensch denkt, urteilt und handelt eigenständig auf Basis seines Verstandes und Erkenntnisvermögens. Der Mensch bestimmt selbst über sein Leben, seinen Beruf, seine Geisteshaltung. Somit befreit er sich von Willkür, Dogmen und Zwang.

Mit Blick auf seine Umgebung kommt Kant allerdings zu dem Schluss, dass es mit dem Ausgang des Menschen aus der Unmündigkeit noch nicht sehr weit her ist. Faulheit und Feigheit seien weitverbreitet. Mit der Mündigkeit der Menschen konkurriere ihre Bequemlichkeit. Noch immer behandelten einzelne Menschen die

Masse der Unmündigen als „Hausvieh". Für den Einzelnen sei es nahezu unmöglich, dieser Situation zu entkommen. Eher schon könne dies in der Gemeinschaft, als „Publikum", gelingen. Voraussetzung dafür sei es jedoch, den Menschen Freiheit zu geben – die Freiheit, ihren Verstand einzusetzen und sich so aus der Unmündigkeit herauszuarbeiten. Dies, so Kant, müsse in einem Reformprozess geschehen, in dessen Verlauf sich eine die Freiheit befördernde, sie schützende rechtsstaatliche Ordnung herausbilden müsse.

Diese Ordnung, die Organisation des Staates nach dem Recht, markiert einen weiteren zentralen Gedanken in der Philosophie Immanuel Kants, der ein erklärter Anhänger des aufgeklärten Absolutismus war. Mit Blick auf einen gedachten Naturzustand – Hobbes' „Krieg aller gegen alle" – konstatiert Kant, dass Leib und Leben des Einzelnen durchaus bedroht sind. Die Herrschaft des Rechts dagegen gewähre dem Einzelnen Schutz, wobei dieser Schutz nur wirksam durchgesetzt werden kann, wenn den Organen des Staates bestimmte Zwangsmittel an die Hand gegeben werden. Das ist ein zentraler Punkt: So sehr Kant, ganz im Sinne der Aufklärung, den Einzelnen vor Willkür bewahren und von Zwang und Angst befreien will, so unverzichtbar sind Zwangsbefugnisse des Staates, um Unrecht zu verhindern. Das Vorhandensein dieser Zwangsbefugnisse ändert zwar nichts daran, dass dem Einzelnen neben der unabdingbaren inneren auch ein weitreichendes Maß an äußerer Freiheit zusteht. Jedoch reicht diese äußere Freiheit gerade (nur) so weit, wie sie „mit jedes Anderen Freiheit nach einem allgemeinen Gesetz zusammen bestehen kann"[32]. Zum kategorischen Imperativ, der auf moralische Maximen abstellt, gesellt sich hier ein Freiheitsverständnis, welches kontinuierlich mit den Freiheitsansprüchen des jeweiligen Gegenübers in Einklang zu bringen ist. Kants Freiheitsbegriff, obschon geboren aus der Autonomie (des Willens), wird gleichsam eingebettet in übergeordnete Maßstäbe der – oder auch: Begrenzungen durch die – Vernunft.

Wir werden im weiteren Verlauf – etwa mit Blick auf Freiheitseinschränkungen zur Bekämpfung der Coronapandemie – darüber
zu sprechen haben, inwieweit diese über 200 Jahre alte Dichotomie
auch heute und in Zukunft als Handlungsanleitung für die politische Organisation von Gesellschaften herangezogen werden kann
oder sogar sollte.

DAS VERSPRECHEN DER **OFFENEN GESELLSCHAFT**

Mit seiner Moral- und Staatsphilosophie legte Kant die Grundlage für das, was der österreichisch-britische Philosoph Karl Popper (1902–1994) später als „offene Gesellschaft" bezeichnen sollte. In der offenen Gesellschaft fließt zusammen, was die großen Philosophen der Aufklärung über mehrere Jahrhunderte erdacht und erschaffen haben – und was in Summe „das normative Projekt des Westens" (Heinrich-August Winkler) ausmacht. Im weiteren Verlauf werden wir die Bedrohungen, denen dieses Projekt – und somit die Freiheit – ausgesetzt ist, im Einzelnen darstellen. Zuvor wollen wir uns etwas genauer ansehen, worin das Versprechen der offenen Gesellschaft eigentlich besteht. Dabei geht es im Kern um drei Bereiche.

Gewaltenteilung und Rechtssicherheit

Politisch gesehen, ist die offene Gesellschaft durch Volkssouveränität, Gewaltenteilung *(checks and balances)* und Rechtssicherheit gekennzeichnet. Eine Gemeinschaft freier Individuen entscheidet autonom und unabhängig von etwaigen höher gestellten Mächten (absolutistischen Monarchen, Kirchen o. dgl.) darüber, ob und in welcher Form sie sich als Staat organisieren möchte. Das Volk, und niemand anders, ist Träger der Staatsgewalt. Die Volkssouveränität schließt das Vorhandensein eines Monarchen nicht aus, jedoch ist dieser nicht souverän, sondern eingebunden in ein durch eine Verfassung getragenes System.

Ein wesentlicher Inhalt der Verfassungen offener Gesellschaften besteht darin, dass die Gewalten geteilt sind. Dieses Prinzip der Gewaltenteilung hat zwei große Väter, namentlich John Locke und Charles de Montesquieu. Der britische Moralphilosoph John Locke legte 1689, zeitgleich zur *Glorious Revolution* in seinem Heimatland, seine „Two Treatises of Government" vor.[33] Demnach überwinden die Menschen den Naturzustand, indem sie einen – ihr Eigentum schützenden – Staat gründen. Innerhalb dieses Staates übertragen sie sodann einen Teil der Gewalt auf eine gesetzgebende Instanz (Legislative), typischerweise ein Parlament. Die Mitglieder des Parlaments vertreten die Bevölkerung, erarbeiten in deren Auftrag Gesetze und erlassen diese. Zudem setzen sie eine ausführende Gewalt, die Exekutive, ein. Im England John Lockes war dies der *King-in-Parliament*, also ein ans Parlament gebundener Monarch, im Unterschied zu den absolutistisch regierenden Herrschern in Frankreich, aber natürlich auch zu den katholischen Stuarts in England, die im Zuge der *Glorious Revolution* endgültig vom Thron verbannt wurden. Als weitere Vorsichtsmaßnahme sah Locke ein Widerstandsrecht des Volkes vor für den Fall, dass die herrschende Instanz die ihr qua Verfassung zugewiesenen Handlungsbefugnisse missbraucht. Ein solches Widerstandsrecht ist heute Kernbestandteil freiheitlicher Verfassungen und findet sich somit auch in Art. 20 (4) unseres Grundgesetzes wieder.[34]

Noch konsequenter formte sodann der südfranzösische Baron und Gerichtsbeamte Charles de Montesquieu das Prinzip der Gewaltenteilung aus. Montesquieu stellte zunächst fest, dass die

> **Ein wesentlicher Inhalt der Verfassungen offener Gesellschaften besteht darin, dass die Gewalten geteilt sind.**

Verfasstheit eines Staates nicht zuletzt von bestimmten mentalen Faktoren abhänge, aus denen sich der „allgemeine Geist" einer Nation entwickele. Dieser wiederum präge den „Geist der Gesetze", mit dem die Bürger eines Staates ihr Zusammenleben regelten. In seinem Buch „De l'esprit des lois" von 1748 sprach sich Montesquieu für die parlamentarische Monarchie als bevorzugte Staatsform aus – ein Affront ohnegleichen gegenüber dem in Frankreich seit 1723 in absolutistischer Manier regierenden Ludwig XV. Die parlamentarische Demokratie mit ihrer Trennung zwischen gesetzgebender und ausführender Gewalt, so Montesquieu, sei am besten geeignet, vor staatlicher Willkür zu schützen. Gewaltenteilung zwischen den beiden Instanzen war für den Gelehrten aus Bordeaux somit eine Grundbedingung der Freiheit. Diesem Ansatz fügte der Jurist Montesquieu sodann eine dritte Gewalt, die Judikative, hinzu, die ebenfalls autonom agieren können müsse. Montesquieus zentraler Gedanke: *que le pouvoir arrête le pouvoir"*.

Die bahnbrechenden Konzeptionen Lockes und Montesquieus blieben nicht ohne Wirkung: So geht die *Declaration of Independence*, mit der 13 Kolonien in Nordamerika sich am 4. Juli 1776 von Großbritannien loslösten, ganz wesentlich auf den Einfluss und die Gedanken John Lockes zurück. In der Präambel der Unabhängigkeitserklärung werden sowohl die unveräußerlichen Rechte des Menschen – *life, liberty and the pursuit of happiness* – als auch die Verantwortlichkeit jedweder Regierung gegenüber den Regierten und nicht zuletzt das Widerstandsrecht der Bürger eines Staates gegen Usurpatoren kodifiziert.[35]

Ein Vierteljahrhundert nach der Unabhängigkeitserklärung erhoben sich die Untertanen der französischen Krone gegen den verhassten Absolutismus der Bourbonen. Der Sturm auf die Bastille am 14. Juli 1789 führte zur Abschaffung des Feudalismus am 4. August 1789, zur Erklärung der Menschen- und Bürgerrechte vom 26. August 1789 und zwei Jahre später zur Verfassung von 1791.

Die Erklärung der Menschen- und Bürgerrechte erhob die zentralen Werte der Aufklärung zu unveräußerlichen Bürgerrechten: So heißt es in Artikel 1: *„Les hommes naissent et demeurent libres et égaux en droits. Les distinctions sociales ne peuvent être fondées que sur l'utilité commune."* Dem folgt in Artikel 2 die Definition der natürlichen und unveräußerlichen Menschenrechte: Freiheit, Eigentum, Sicherheit und das Recht auf Widerstand. Artikel 3 legt sodann fest, dass der Ursprung der Souveränität ihrem Wesen nach beim Volk liege: *„Nul corps, nul individu ne peut exercer d'autorité qui n'en émane expressément."*[36]

Mit dieser Erklärung wurden die Rechte des vormaligen Dritten Standes, zumal des Besitzbürgertums, einklagbar. Der Verfassungstext vom 3. September 1791 vollzog sodann den Wandel Frankreichs von der absoluten zur konstitutionellen Monarchie: Dem König als Spitze der Exekutive oblagen – gemeinsam mit den von ihm berufenen Ministern – die Leitung der Staatsgeschäfte sowie der Oberbefehl über die Streitkräfte im Kriegsfalle. Gegen Gesetze konnte der König ein aufschiebendes Veto einlegen. Erlassen wurden die Gesetze hingegen von der Nationalversammlung, die im Turnus von zwei Jahren durch Wahlmänner gewählt wurde. Hinzu kam in der Verfassung von 1791 als dritte Gewalt die Judikative, unterteilt in Hochgericht, Berufungsgericht und Gerichtshöfe. Diese Trennung zwischen ausführender, gesetzgebender und rechtssprechender Gewalt ging unmittelbar auf Charles de Montesquieus „Geist der Gesetze" zurück.

Besitzindividualismus als Gesellschaftskonzept

Die offene Gesellschaft beinhaltet – zweitens – ein ökonomisches Versprechen. Dieses Versprechen reflektiert manches von dem, was uns bereits im Zusammenhang mit der Stadt im Mittelalter begegnet ist: Die Bürger sind frei in der Wahl ihres Gewerbes. Sie haben das Recht, die von ihnen produzierten Waren auf dem

Markt feilzubieten. Die Preisbildung ist frei und gestaltet sich nach Angebot und Nachfrage. Das Betreiben eines Geschäfts vollzieht sich unter dem Schutz des Rechts.

Zentral für die ökonomische Facette der offenen Gesellschaft ist das Recht auf Eigentum.

Zentral für die ökonomische Facette der offenen Gesellschaft ist das Recht auf Eigentum. Auch dieser Gedanke geht wesentlich auf John Locke zurück. Bereits im Naturzustand, so Locke, wurde das Tier, das der Mensch erlegte, oder die Frucht, die er vom Baum pflückte, durch individuelle Anstrengung zu seinem Eigentum. Ähnlich verhielt es sich mit Blick auf Grund und Boden: „Wer … sich irgendein Stück Land unterwarf, es bebaute und besäte, fügte ihm dadurch etwas hinzu, das sein Eigentum war, worauf kein anderer einen Anspruch hatte und was ihm niemand nehmen konnte, ohne ein Unrecht zu begehen."[37] Zur Untermauerung seines Eigentumsrechts sollte derjenige, der ein Stück Boden fruchtbar gemacht hatte, dieses einzäunen und dadurch für jedermann erkennbar vom Gemeingut abgrenzen dürfen.[38]

Dabei hat der Einzelne nicht nur Anspruch auf den Erwerb von Privateigentum, sondern auch auf dessen – im Prinzip unbegrenzte – Mehrung. Ermöglicht wurde diese Anhäufung in historischer Betrachtung durch Tauschhandlungen („… Pflaumen, die in einer Woche verfault wären, gegen Nüsse"[39]) sowie insbesondere durch die Einführung des Geldes als Mittel zur Wertaufbewahrung. Geld ließ es zu, das Wesen des Privatbesitzes von der Verderblichkeit der Güter und somit von der Beschränkung auf jenen Anteil zu trennen, der zum eigenen Überleben erforderlich war. Die Erfindung des Geldes gab den Menschen „Gelegenheit, den Besitz zu vergrößern und beständig zu machen", so John Locke.[40] Die Anhäufung von Privatbesitz über den eigenen Bedarf hinaus ist somit zulässig. Dadurch ist aber auch die „Verteilung der Dinge zu einem ungleichen Privatbesitz" ausdrücklich erlaubt, sofern sie rechtmäßig erfolgt und auf menschlichen Fleiß zurückzuführen ist.[41]

Wir treten John Locke nicht zu nahe, wenn wir ihn – gerade mit Blick auf die von ihm postulierte Zulässigkeit von Einkommens- und Vermögensunterschieden – als einen der Urväter nicht nur des Liberalismus, sondern auch des kapitalistischen Wirtschafts- systems bezeichnen. England war bereits zu seiner Zeit das Land der Manufakturen, der Händler wie auch sehr reicher Grundbesit- zer. Bestimmte Teile der *Two Treatises* lesen sich wie ein Spiegelbild ihrer materiellen Interessen.

Noch weiter ausbuchstabiert wurde das Konzept eines auf dem freien Markt basierenden Wirtschaftssystems sodann durch den schottischen Nationalökonomen Adam Smith (1723–1790). In seiner „Untersuchung über die Natur und den Ursprung des Wohlstands der Nationen"[42], erschienen 1776, im Jahr der Unabhängigkeitserklärung der britischen Kolonien in Nord- amerika, ging es Smith um die Frage, wie die Produktivität des Einzelnen zum Nutzen aller gesteigert werden könne. In seinen Augen bestand die Antwort in einer zunehmenden Arbeits- teilung, bei der jeder genau der Tätigkeit nachgeht, die er am besten beherrscht. Es mache, so Smith, wenig Sinn, wenn ein Mensch allein jeden Arbeitsschritt selbst erbringe, der zur Herstel- lung von Stecknadeln erforderlich sei. Viel sinnvoller und effektiver sei es, diesen Prozess in einzelne Schritte wie etwa das Zuschneiden des Drahtes, das Schleifen der Nadelspitze oder das Anfertigen des Stecknadelkopfes zu unterteilen. Der Ausstoß an Nadeln könne damit deutlich gesteigert werden.[43] Der Preis der gefertigten Waren, so Smith weiter, solle sich am freien Markt und mithin ohne staat- liche Einwirkung bilden – bis heute ein Kernelement der offenen Gesellschaft in ihrer Ausprägung als Marktwirtschaft. Zwingende

Voraussetzung für die freie Preisbildung sei die Abwesenheit jeglicher Monopole und Kartelle. Diese behinderten den Wettbewerb als Quelle jeglichen – insbesondere auch gesellschaftlichen – Reichtums und gehörten somit unterbunden. Dasselbe gelte – hier grenzt sich Smith von der Stadt des Mittelalters klar ab – für die „Privilegien der Zünfte"[44]. Löhne, so Smith, sollten das Ergebnis fairer Verhandlungen zwischen Unternehmern und Arbeitern sein und sich nach der Qualifikation des Arbeiters richten.[45] Der Staat solle sich für die Legalisierung von Arbeiterorganisationen, einen ausreichenden Arbeiterschutz sowie Bildung einsetzen.

Unternehmer sind nach Smith Akteure, die Kapital einsetzen, um Menschen zu beschäftigen. Der Unternehmer beschafft Rohware und lässt diese in einem ebenfalls von ihm bereitgestellten Betrieb (Fabrik o. dgl.) durch seine Beschäftigten veredeln. Der somit geschaffene Mehrwert fließt in den Verkaufspreis gemeinsam mit sämtlichen Kosten (Material, Arbeitskräfte) ein. Dies erlaubt es dem Unternehmer, einen Gewinn zu erzielen.[46] Die Möglichkeit, Gewinne zu erzielen, zählt bis heute zu den wichtigsten Anreizmechanismen der Marktwirtschaft.

Das Zauberwort in Smiths „Wohlstand der Nationen" ist die vielzitierte *unsichtbare Hand:* Sie sorge dafür, dass viele Einzelne durch Verfolgung ihres individuellen ökonomischen Vorteils – den Verkauf ihrer Waren auf dem freien Markt – gleichsam unbemerkt auch gesellschaftlichen Wohlstand und allgemeines Glück schaffen. Ein von Egoismus geprägtes Handeln sei durchaus zulässig, sofern allgemeingültige Regeln des Zusammenlebens dabei respektiert würden. Smith wörtlich: „(Gerade) dadurch, dass (der Einzelne) das eigene Interesse verfolgt, fördert er häufig das der Gesellschaft nachhaltiger, als wenn er wirklich beabsichtigt, es zu tun."[47] Dabei legte Smith – dies ist weniger bekannt – größten Wert darauf, dass das Streben des Menschen nach Eigennutz in tugendhaften Bahnen verlaufe. Smith zufolge (vgl. seine „Theorie der ethischen

Gefühle" von 1759) ist der Mensch zwar vom Eigeninteresse (*self interest*) geleitet, nimmt aber doch auch Anteil am Schicksal seiner Mitmenschen (*fellow feelings*), deren Glückseligkeit ihm ein Bedürfnis sei. Diese „Erfahrung des emotionalen Teilens und Anteilnehmens ist (...) der Ausgangspunkt von Smiths Ethik"[48]. Die Fähigkeit des Mitfühlens wiederum versetze den Menschen in die Lage, ein Urteil darüber zu fällen, ob das Handeln eines anderen Menschen als schicklich (*proper*) betrachtet werden könne. Über diese Befähigung zur moralischen Bewertung hinaus bescheinigt Smith dem Menschen einen ausgeprägten Gerechtigkeitssinn, Pflichtbewusstsein sowie ein Streben nach Unparteilichkeit als Voraussetzung zur Bewertung auch des eigenen Handelns.

In Summe trügen diese Eigenschaften zur notwendigen Zügelung des – dem Menschen zweifelsohne innewohnenden – Strebens nach Eigennutz bei.[49]

Wir können festhalten: In ökonomischer Hinsicht stellt die offene Gesellschaft einen Möglichkeitsraum für Unternehmer und deren Gewinnstreben dar. Der unter Einsatz von abhängig Beschäftigten geschaffene Mehrwert an einer Ware oder Dienstleistung fließt weit überwiegend dem Unternehmer zu, der dafür aber auch entsprechende Risiken – bis hin zum Verlust des eingesetzten Kapitals, schlimmstenfalls seiner bürgerlichen Existenz – eingeht. Angestellte und Arbeiter wiederum können ihre Arbeitskraft entsprechend ihrer individuellen Qualifikation jenem Arbeitgeber zur Verfügung stellen, der ihnen den höchsten Lohn zahlt. Dass es dadurch zu Unterschieden in den Einkommens-, Eigentums- und Vermögensverhältnissen kommt, liegt auf der Hand und ist im Rahmen eines offenen Wirtschafts- und Sozialsystems ausdrücklich zugelassen. Dies heißt aber nicht zwingend, dass das gesellschaftliche Ganze vernachlässigt wird. Locke, Smith und insbesondere Karl Popper war bewusst, dass eine Gesellschaft dauerhaft nur existieren kann, wenn Ausgleichsmechanismen greifen.

Smith vertritt ein „geläutertes, aufgeklärtes Selbstinteresse, das (...) sozialen und rechtlichen Regeln unterworfen ist"[50]. Popper spricht von der „Sozialtechnik der kleinen Schritte", mittels derer stetige Verbesserungen für die Gesamtheit der Bürger eines Staates erzielt werden sollen.

Bürgerliche Freiheits- und Menschenrechte

Die offene Gesellschaft ist, drittens, ein Raum bürgerlicher Freiheiten, wie sie in den Erklärungen von 1776 und 1789 aufgelistet sind und wie wir sie in der Allgemeinen Erklärung der Menschenrechte von 1948 und im Grundrechtekatalog des Grundgesetzes von 1949 finden. Der Bürger ist demnach – im Rahmen des Sittengesetzes – frei in der Entfaltung seiner Persönlichkeit. Er besitzt das Recht auf Leben und körperliche Unversehrtheit. Der Mensch ist frei in der Äußerung seiner Meinung, sofern er den Jugendschutz und das Recht der persönlichen Ehre seiner Mitbürger nicht verletzt. Eine Zensur findet nicht statt. Die Kunst ist ebenso frei wie Wissenschaft, Forschung und Lehre. Bürgerinnen und Bürger haben das Recht, sich zu versammeln, Vereine oder Gesellschaften zu gründen. Sie können sich frei bewegen und sind frei in der Wahl von Beruf und Arbeitsplatz. Zwangsarbeit, wie wir sie in der Antike und im Mittelalter, teils auch noch in der Neuzeit antreffen, ist nur bei gerichtlich angeordnetem Freiheitsentzug erlaubt. Die Wohnung ist unverletzlich, es gelten Post- und Fernmeldegeheimnis.

Wo immer möglich und verantwortbar, verzichtet die offene Gesellschaft, ganz im Sinne der Humanisten und der Philosophen der (Früh-)Aufklärung, somit auf Zwang. Die Abwesenheit von Zwang, Willkür und Bevormundung ist konstitutiv für die offene Gesellschaft, sie macht ihre Anziehungskraft aus und unterscheidet sie fundamental von den totalitären Regimen auch und gerade unserer Zeit. Allerdings kann die Abwesenheit von Zwang selbst im Rahmen einer offenen, verfassten Gesellschaft nicht unlimitiert sein. Dies hat John Stuart Mill 1859 in seiner Schrift „On Liberty" herausgearbeitet: Der Staat darf Zwang „gegen den Willen eines Mitglieds einer zivilisierten Gemeinschaft rechtmäßig ausüben", wenn es keinen anderen Weg gibt, „die Schädigung anderer zu verhüten"[51]. Schaden von seinen Bürgerinnen und Bürgern abzuwenden, ist eine zentrale Bestimmung des Staates. Rücksichtnahme, Respekt und Solidarität gehören zur offenen Gesellschaft unabdingbar hinzu. Freiheit gelingt nur, wenn sie – siehe Kant – an Verantwortung geknüpft ist.

> Freiheit gelingt nur, wenn sie – siehe Kant – an Verantwortung geknüpft ist.

Zugleich kann es gesicherte Freiheiten nur dort geben, wo das Recht herrscht. Nach Kant ist die beste Regierungsform diejenige, „worinn dem Bürger sein Recht am meisten gesichert ist"[52]. Das Recht leitet sich aus der praktischen Vernunft ab. Es ermöglicht Freiheit, indem es den Naturzustand, in dem das Recht des Stärkeren gilt, durch eine Ordnung allgemein gültigen, einklagbaren Rechts ersetzt. Mit der Einhaltung des Rechts werden staatliche Instanzen beauftragt. Diesen stehen bestimmte Zwangsbefugnisse zu, die zur Anwendung kommen, sofern Einzelne durch übertriebenes Ausreizen ihrer Freiheitsräume oder unrechtmäßiges Verhalten die äußere Freiheit anderer gefährden.

Popper vs. Platon

Auch für Karl Popper ist es im Kern die Herrschaft des Rechts, die die offene Gesellschaft von nichtoffenen Gesellschaften unterscheidet. Anstatt der Willkür und Bevormundung eines Herrschers ausgesetzt zu sein, der seine Freiheiten beschneidet, kann der Bürger sich jederzeit auf geltendes Recht berufen. Dieses definiert klar und einklagbar seine bürgerlichen Freiheiten – wie auch deren Grenzen. Die Herrschaft des Rechts gibt dem Bürger Sicherheit.

Die Herrschaft des Rechts gibt zugleich, wie gezeigt, auch dem Unternehmer einen verlässlichen Rahmen vor, innerhalb dessen er sich entfalten kann. Das Recht schafft und schützt den freien Markt, in dem der Unternehmer agieren kann, ohne einem staatlichen Plan (bspw. einer Produktionsvorgabe) folgen zu müssen. Auch der Verbraucher ist frei in der Entscheidung für das eine oder andere Produkt. Sollte dieses mangelhaft sein, hat der Verbraucher ein Anrecht auf Rückgabe oder Entschädigung. Der Schutz durch das Recht ist eine Grundbedingung bürgerlicher Freiheit.

Was aber brachte Karl Popper auf sein Konzept der offenen Gesellschaft? Popper, der eine Tischlerlehre absolviert und von 1930 bis 1935 als Hauptschullehrer für Mathematik und Physik in Wien gearbeitet hatte, setzte sich in seinem 1934 erschienenen erkenntnistheoretischen Hauptwerk „Die Logik der Forschung" zunächst kritisch mit dem Empirismus auseinander, demzufolge – vereinfacht gesagt – aus kumulierten Erfahrungswerten im Zuge der Induktion allgemeingültige Naturgesetze abgeleitet werden können. Popper entwickelte stattdessen einen Ansatz, demzufolge theoretische Basissätze gleichsam voraussetzungsfrei – durch Deduktion – aufgestellt werden dürfen. Allerdings muss jederzeit die Möglichkeit bestehen, die Tragfähigkeit dieser Theorien durch Experimente in Frage zu stellen – die Theorien müssen *falsifizierbar* sein. Am Ende bleiben somit nur jene Theorien übrig, die nicht widerlegt werden können. Poppers Weg der Wahrheitsfindung (oder besser: -annäherung) gründet somit auf der anhaltenden Bereitschaft zur (Selbst-)Kritik, einem ständigen (Sich-)Hinterfragen, dem Prozess von Versuch und Irrtum.[53] Für unumstößliche, gar auf ewig angelegte Wahrheiten oder gar Dogmen, wie sie im Mittelalter vorherrschten, ist in der offenen Ordnung kein Platz.

> Poppers Weg der Wahrheitsfindung gründet auf der anhaltenden Bereitschaft zur (Selbst-)Kritik.

Poppers Hauptwerk „Die offene Gesellschaft und ihre Feinde"
(erste engl. Ausgabe: 1945) entstand, nachdem der Autor 1937,
gerade noch rechtzeitig vor dem „Anschluss" Österreichs an das
Deutsche Reich, mit seiner Frau aus Wien nach Christchurch/Neu-
seeland exiliert war. In dem zweibändigen Werk zieht Popper mit
einem unbändigen, aus unmittelbarem Erleben gespeisten Furor
gegen Totalitarismen jeglicher Art zu Felde. Dabei sind für ihn die
Ursachen allen totalitären Übels in den Schriften des griechischen
Philosophen Platon zu finden. In ihm sieht er, wie er noch 1992
betonte,[54] den „ersten großen politischen Ideologen, der in Klas-
sen und Rassen dachte und Konzentrationslager vorschlug". Platon habe, nicht zuletzt durch den Krieg des demokratischen Athens
mit Sparta, „schwer ... unter der politischen Instabilität und Unsicherheit seiner Zeit gelitten". Seine Hauptsorge sei es fortan gewesen, den Staat vor Verderbnis, Verfall oder Degeneration zu bewahren.[55] Dazu müsse – so Platon in Poppers Deutung – jeglicher
politischen, zumal revolutionären Veränderung Einhalt geboten
werden. Platons Ideal sei „der zum Stillstand gebrachte, der verstei-
nerte Staat"[56], dessen Ruhe „göttlich" sei.[57] Der Wesenszug dieses
Staates ist das Königtum weiser, gottesähnlicher Menschen. Ihr Tun
sei der Garant dafür, dass das Gemeinwesen nicht zur Oligarchie,
Demokratie (sic!) oder Tyrannei entarte. Um zugleich die innere
Einheit der „Herrenklasse" zu erhalten, bedürfe es der „Ausschal-
tung ökonomischer Interessen, die Anlaß zur Uneinigkeit geben
könnten"[58]. In Platons Staat werde das Privateigentum daher abgeschafft. Dieser „Kommunismus der herrschenden Klasse", in dem
die Herrscher alles, Arbeiter, Händler und insbesondere Sklaven
jedoch nichts gelten, sei die notwendige Bedingung der politischen
Stabilität.

Popper geißelt Platons in seinen Augen zutiefst menschenverachtende Spaltung der Gesellschaft in die herrschende Klasse auf
der einen und „menschliches Herdenvieh" auf der anderen Seite.

Die herrschende Klasse habe das Monopol auf kriegerische Tugenden und militärische Ausbildung, vor allem aber auf „Erziehung jeglicher Art"[59]. Dabei seien jegliche Neuerungen in Erziehung, Gesetzgebung und Religion zu unterdrücken. „Nicht zu Unrecht", schreibt Popper an dieser Stelle, „kann man ein solches Programm totalitär nennen."[60] Mehr noch, sei auch Platons Begriff der Gerechtigkeit „von unserer herkömmlichen Auffassung (...) grundverschieden". Für Platon seien Klassenprivilegien gerecht, „während wir unter Gerechtigkeit eher die Abwesenheit derartiger Privilegien verstehen"[61]. Und während Platon den Individualismus als Selbstsucht brandmarke, stelle dieser in Verbindung mit dem Altruismus in Wahrheit „die Grundlage unserer abendländischen Zivilisation" dar, schreibt Popper und bezieht sich hier explizit auf Immanuel Kant, dem zufolge der Einzelne „die Menschheit (...) jederzeit als Zweck, nie als bloßes Mittel" gebrauchen möge.[62]

Schließlich lenkt Popper den Blick aber doch auf das aktuelle weltpolitische Geschehen[63] und zitiert Platon mit dem Satz, wonach „niemand, weder Mann noch Weib, (...) jemals ohne Führer sein" solle. Vielmehr solle jeder, „im Krieg und auch mitten im Frieden, auf seinen Führer blicken und ihm gläubig folgen"[64]. Dies seien – so Popper – schwerwiegende Worte, in denen Platons Hass auf das Individuum zum Ausdruck komme. Das Einzige, was für Platon zähle, sei die Stabilität der staatlichen Ordnung. Ihr müsse alles, insbesondere die Freiheit des Einzelnen, konsequent unterworfen werden. Nur so könne die Sittlichkeit des Staates, in dem Macht und Philosophie miteinander verschmölzen,[65] aufrechterhalten werden. Der platonische Politiker „komponiert Staaten – um ihrer Schönheit willen", resümiert Popper und kritisiert umso mehr, dass die Freiheit des Individuums dabei auf der Strecke bleibe.

In Poppers Augen ist Platons kollektivistische, stammesgebundene Gesellschaft eine geschlossene Gesellschaft. Ihr stellt er sein Ideal einer offenen Gesellschaft gegenüber, in welcher das Individuum sich gemäß seiner Anlagen und unter Rücksichtnahme auf seine Mitbürger frei entfalten könne. Die offene Gesellschaft sei eine Gesellschaft der kritischen Diskussion, des Hinterfragens, der Vernunft. Ein Wesensmerkmal der offenen Gesellschaft sei die (bereits erwähnte) „Sozialtechnik der kleinen Schritte", bei der die politisch Verantwortlichen sich „nach den größten und dringlichsten Übeln in der Gesellschaft umsehen", um diese pragmatisch, Schritt für Schritt zu beseitigen. Ziel einer solchen Politik der kleinen Schritte sei es, das Leben der Menschen konkret – etwa im Bereich der Kranken- oder Arbeitslosenversicherung – zu verbessern.[66]

Naturgemäß sei die offene Gesellschaft von Unsicherheiten geprägt, aber dies sei der Preis der Freiheit und der Humanität.[67] Popper kann mit dieser Unsicherheit leben, weil Veränderung für ihn – anders als für Platon – etwas Positives ist. „Es gibt keine Rückkehr in einen harmonischen Naturzustand", mahnt Popper, der Platons „Liebe eines himmlischen Staatswesens" für einen ästhetizistischen Traum hält. „Wir müssen ins Unbekannte", appelliert er stattdessen an seine Leser – „wir müssen die Vernunft benutzen, die uns gegeben ist, um, so gut wir es eben können, für beides zu planen: für Sicherheit und für Freiheit"[68]. Entscheidend sei, „dass wir dem Gebote einer Autorität niemals blind gehorchen dürfen, ja, dass wir uns nicht einmal einer übermenschlichen Autorität als einem moralischen Gesetzgeber blind unterwerfen sollen"[69]. Im Angesicht der Totalitarismen des 20. Jahrhunderts beruft sich Popper, wie an so vielen Stellen, auch hier auf Immanuel Kant, dessen Sittenlehre und Staatsphilosophie die Menschheit davor bewahren mögen, „zu den Raubtieren zurück(zu)kehren"[70].

ZWISCHENBETRACHTUNG

Der lange Weg der Freiheit, den wir nachvollzogen haben, ermöglichte es einem Teil der Menschheit,[71] das Joch des Absolutismus abzuschütteln und die Allmacht kirchlicher Dogmen zu brechen – die „Freiheit führt(e) das Volk", um nochmals das Gemälde von Eugène Delacroix zu bemühen. Allerdings stellt sich die Frage, wohin die Freiheit die Völker denn nun führte. Die Französische Revolution entglitt dem Bürgertum, sie radikalisierte sich und kulminierte im Terror der Jakobiner. Napoleon, „General der Revolution und ihr Bändiger zugleich"[72], trug die Errungenschaften von 1789 und den *Code Napoléon* nach Europa hinaus, bis die von ihm herausgeforderten Mächte ihn auf dem Schlachtfeld in die Knie zwangen. Österreichs Kanzler Clemens von Metternich drehte auf dem Wiener Kongress das Rad der Geschichte zurück und betrieb gemeinsam mit dem russischen Zaren und Preußens König die Restauration, die weitreichende Wiederherstellung vorrevolutionärer Zustände. Die Heilige Allianz der drei Monarchien verbannte Freiheit und Demokratie. An ihre Stelle traten vielerorts nun wieder Willkür, Zensur und Zwang.

Die Sache der Freiheit geriet dadurch vorübergehend in die Defensive, musste sich sortieren, neu ausrichten. Ihr universalistischer Anspruch schien bis auf weiteres nicht realisierbar. Allein, der ansteckende Gedanke der Freiheit war in der Welt und ließ sich aus dieser nicht mehr entfernen. Stattdessen suchten die Verfechter der Freiheit mit Blick auf die durchaus ambivalente Erfahrung der Revolution nach anderen, neuen Vehikeln, um ihre Ziele zu realisieren. Hier kam, als große, treibende Kraft des 19. Jahrhunderts, der nationale Verfassungsstaat ins Spiel: Ihn ihm sahen die Liberalen als Nationalliberale den geeigneten Rahmen, um Freiheitsrechte zu verwirklichen und einklagbar zu machen. Der Nationalstaat sollte, im Unterschied zum dynastisch-partikularen Anstalts- bzw. Obrigkeitsstaat, politische Teilhabe ermöglichen, individuelle Entfaltung erlauben und Eigentumsrechte garantieren. In der Nation wird das Volk zum sich selbst bestimmenden Staatsvolk. Aus dieser Überzeugung heraus gingen Liberalismus und Nationalismus im Deutschland des 19. Jahrhunderts über weite Strecken buchstäblich Hand in Hand. Die Freiheit bedurfte der staatlichen Einheit, weshalb jede Frage der Freiheit auch „eine Frage der nationalen Neuorganisation Deutschlands" war.[73]

Ihre philosophische Entsprechung fand diese Entwicklung im Idealismus und in Sonderheit bei Hegel (1770–1831), welcher die Idee der Freiheit ins Zentrum seines Denkens stellte. Für Hegel, einen großen Anhänger der Französischen Revolution (freilich nicht ihres Abdriftens in den Terror – eher ihrer gemäßigt-bürgerlichen, girondistischen Variante), war Freiheit gleichbedeutend mit der Idee von der unbedingten Selbstbestimmung des Menschen. Den notwendigen Rahmen zur Verwirklichung dieser Idee bot der Staat, der somit Garant und Bedingung der Freiheit war. Zugleich war der neuzeitliche Staat in Hegels Augen aber auch nur legitimiert, soweit er Freiheit tatsächlich herzustellen und zu sichern in der Lage war.[74]

Beflügelt wurde der Freiheitsgedanke im 19. Jahrhundert durch die zunehmende Industrialisierung. Ausgehend von England, verbreiteten sich auch auf dem Kontinent neue Formen der Warenproduktion, die auf technischer Innovation und Arbeitsteilung basierten und eine kontinuierliche Effizienzsteigerung zum Ziel hatten. Getragen und vorangetrieben wurde diese „epochale" (Thomas Nipperdey) Entwicklung durch einen

Beflügelt wurde der Freiheitsgedanke im 19. Jahrhundert durch die zunehmende Industrialisierung.

neuen, kapitalistischen Unternehmertypus, für den Rationalität, Konkurrenzdenken und die maximale Verzinsung des eingesetzten Kapitals im Vordergrund standen. Dem bürokratischen Obrigkeitsstaat standen diese Unternehmer äußerst skeptisch gegenüber. Um ihre Geschäfte entfalten und weiter dynamisieren zu können, benötigten sie vielmehr eine möglichst regulierungsarme Umgebung sowie einen großräumigen, zollfreien Binnenmarkt. Die Gründung des Zollvereins 1834 gereichte Industriellen und Handeltreibenden insofern ebenso zum Vorteil wie der Bau neuer Fernstraßen und Eisenbahnlinien. Politisch unterstützten die Unternehmer (zumal die Protestanten unter ihnen) mehrheitlich die liberale Agenda, sprich die Ablehnung spätfeudalistischer Privilegien, die Beseitigung des die ökonomische Dynamik behindernden Zunftwesens sowie die Entwicklung hin zum säkularen, vernunftbasierten Verfassungsstaat als Garant für bürgerliche Freiheitsrechte und den Schutz des Privateigentums.

Am Abgrund

In die Defensive geriet der Freiheitsgedanke, als Europa (und ab 1917 die Vereinigten Staaten von Amerika) im frühen 20. Jahrhundert durch ein Amalgam aus zunehmend aggressivem Nationalismus, ungelösten ethnischen Konflikten sowie wirtschaftlicher, handelspolitischer und kolonialer Konkurrenz in den Ersten Weltkrieg stürzte. Nicht weniger als 17 Millionen Menschen fielen dem Stellungskrieg, den Grabenkämpfen, den erbitterten Materialschlachten in Europa wie auch in Vorderasien, Afrika, Ostasien und auf den Ozeanen zum Opfer. Zugleich markierte der Erste Weltkrieg mit dem Einsatz von Chlorgas den Übergang zur industrialisierten, auf Massenvernichtungswaffen gestützten Auseinandersetzung. Das Individuum und seine zu schützende Würde wurden in Verdun, an Marne und Somme buchstäblich untergepflügt. Die Friedensordnung von Versailles erwies sich sodann als brüchig, weil zu viele Nationen glaubten, zu kurz gekommen oder gedemütigt worden zu sein. Der Nährboden für die großen, aggressiven Totalitarismen des 20. Jahrhunderts und ihre kollektivistischen Regime war geschaffen. Freiheit, Individualität und Menschenrechte bedeuteten Hitler und Stalin schlichtweg nichts. Ihnen, den Menschenverächtern, ging es um Raumgewinn, Rasse und Vernichtung. So verdrängte die Barbarei die Zivilisation, und die Zahl der Opfer stieg ins Unermessliche. Renaissance, Humanismus, Individualismus? Poppers „Raubtiere" hatten die Menschheit in den Abgrund gestoßen.

Aus den Trümmern des Zweiten Weltkrieges indes stieg die Erkenntnis empor, dass die Welt sich noch einmal auf die Errungenschaften der Aufklärung besinnen, dass Staaten und Gesellschaften ihre künftige Ordnung an ihr ausrichten sollten. Das war der Geist der Allgemeinen Erklärung der Menschenrechte von 1948, und das war und ist der Geist des deutschen Grundgesetzes: dass die – so furchtbar geschundene – Würde des Menschen unantastbar sei. Gewiss: Horkheimer und Adorno waren erst kurz zuvor zu dem Schluss gekommen, dass der Aufklärung eine – in ihren Augen höchst problematische – „Dialektik" innewohne. Aufklärung, so schrieben sie, habe sich die „Entzauberung der Welt" zum Ziel gesetzt. Jedoch habe die Verabsolutierung des Vernunftbegriffs letztlich zu neuen, eben totalitären Formen der Herrschaft und zu einer Konzentration von Macht und Monopolkapital geführt: „(Die) vollends aufgeklärte Erde strahlt im Zeichen triumphalen Unheils", so die ernüchternde Feststellung der beiden führenden Köpfe der Frankfurter Schule.[75]

Von 1945 nach 1989

Die Skepsis einiger brillanter Denker gegenüber der Aufklärung hielt die Staatenlenker am Tisch der Vereinten Nationen wie auch die Väter und Mütter des Grundgesetzes jedoch nicht davon ab, die Neuordnung der zivilisierten Welt an den Werten von 1776 und

1789 auszurichten: Freiheit des Individuums, Rechtsstaatlichkeit, Volkssouveränität, Gewaltenteilung, parlamentarische Demokratie. Das normative Projekt des Westens wurde zur beherrschenden Vorlage, zum staatsphilosophischen Referenzpunkt für die Neugestaltung der Welt, bei der Locke, Montesquieu und Kant offenkundig Pate standen. In London und in Paris, in Washington und in Bonn bestand weitgehende Einigkeit darüber, welche – zumal konstitutionellen – Konsequenzen aus der Erfahrung des Totalitarismus und dem Grauen des Zweiten Weltkrieges gezogen werden mussten. Allerdings: Der bald einsetzende Kalte Krieg spaltete die neue, vom Freiheits- und Menschenrechtsgedanken inspirierte Welt auf brutale Art und Weise, woraufhin Abermillionen von Menschen der eben erst in New York postulierten Freiheit gleich wieder verlustig gingen. Die Aufstände von 1953 (Berlin), 1956 (Budapest) und 1968 (Prag) vermochten daran nichts zu ändern. Es bedurfte der Zeitenwende von 1989, um das vermeintliche Ende der Geschichte, den endgültigen Sieg der Freiheit, einzuleiten.

Aber diese Wende liegt auch schon wieder über drei Jahrzehnte zurück. Die Geschichte rast weiter, sie findet keinen Halt. Wo stehen wir heute? Wie ist es um Freiheit, Demokratie und Rechtsstaatlichkeit in der Welt bestellt – wie weit ist die Aufklärung vorgedrungen, wo hat sie sich durchgesetzt, vor allem aber: Wo ist sie in die Defensive geraten, und wo hat sie niemals stattgefunden?

Tatsächlich müssen wir konstatieren, dass die freiheitliche Demokratie sich im dritten Jahrzehnt des 21. Jahrhunderts in härtester Konkurrenz zu einer Reihe anderer, nichtfreiheitlicher Staats- und Regierungsformen befindet. Global betrachtet, sind es mindestens vier Regimearten, die die westliche, liberale Demokratie systemisch herausfordern: autokratische, neoimperialistische Regime, Einparteienstaaten, theokratische Regime sowie sogenannte illiberale Demokratien.[76]

Im nächsten Kapitel sehen wir uns die genannten Kategorien anhand einiger ausgewählter, ihnen zuzuordnender Staaten etwas genauer an. Zudem werfen wir einen Blick auf die Vereinigten Staaten von Amerika, in denen die Grundkonstanten der politischen Ordnung unter Druck geraten sind, seit der ehemalige Präsident Donald Trump das Ergebnis der Präsidentschaftswahlen von Ende 2020 nicht anerkannt hat.

GEFÄHRDUNGEN DER **FREIHEIT** (I): DER BLICK IN DIE WELT

AUTOKRATISCHE, NEOIMPERIALISTISCHE REGIME

Autokratische, neoimperialistische Regime sind solche, die im Innern keine bürgerlichen Freiheiten zulassen, während sie im Äußeren vor dem Einsatz militärischer Mittel zur Durchsetzung revisionistischer oder auch expansionistischer Ziele nicht zurückschrecken. An vorderster Stelle ist hier sicherlich Russland zu nennen.

RUSSLAND

Russland ist ein autokratisch regierter, ganz auf die Person Wladimir Putins zugeschnittener Staat mit neoimperialistischem Antrieb. Die Kriterien der offenen Gesellschaft erfüllt das heutige Russland definitiv nicht. Das beginnt mit der fehlenden Gewaltenteilung: Montesquieu ist in Moskau nie angekommen. Stattdessen hat sich Russland in den vergangenen Jahren faktisch zu einer Diktatur Wladimir Putins, zum „feudalistische(n) Lehnsgut seines

unabsetzbaren Präsidenten"[77] entwickelt. Ein Politbüro, wie zu
Zeiten der Sowjetunion, gibt es nicht mehr. Die Duma agiert als
Scheinparlament, nicht als unabhängige Legislative. Eine Opposition, die diesen Namen verdient, existiert nicht. Die Recht-
sprechung steht unter dem Einfluss des Alleinherrschers, eines
ehemaligen KGB-Agenten, dessen Arme bis in den letzten Winkel
des riesigen Landes reichen. Aus erlassenen Urteilen, insbesondere
gegen Regimekritiker wie etwa Alexei Nawalny oder zuvor die
Sängerinnengruppe Pussy Riot, spricht die Willkür des Systems.
Dieses schreckt dem Anschein nach auch nicht davor zurück,
Kritiker wie Boris Nemzow kaltblütig auf offener Straße ermor-
den zu lassen. Rechtsstaatlichkeit, eine zentrale Säule der offenen
Gesellschaft, gehört nicht zu den Erkennungsmerkmalen der Putin-
Diktatur. Bürgerliche Freiheitsrechte? Fehlanzeige.

Spiegelbildlich zur Autokratie im Innern verfolgt Russland nach
außen eine neoimperialistische Agenda, die geeignet ist, die europäische Friedensordnung zu perturbieren. Der Übergriff auf vormals zur Sowjetunion gehörige Territorien begann 2008 mit dem
Konflikt in Georgien, der zur Abspaltung der Provinzen Abchasien
und Südossetien führte. Im Jahr 2014 schockte Putin Europa und
die Welt durch die völkerrechtswidrige Annexion der Krim sowie
das Entfachen des bis heute andauernden Grenzkrieges im Donbass.
Am 24. Februar 2022 überfiel Russland die Ukraine und trug den
Krieg damit an die Grenzen der NATO. Entsprechend vehement
fällt insbesondere die Unterstützung Polens für die Ukraine aus,
mit den USA als unverzichtbarem transatlantischen Partner. Hinter der fortwährenden Aggression Putins steht dessen Auffassung,
dass der Zerfall der Sowjetunion als „größte Katastrophe des
20. Jahrhunderts" zu betrachten sei. 25 Millionen russischstäm-
mige Menschen lebten außerhalb Russlands und müssten, so Putin,
von der Fremdherrschaft durch andere Staaten, welche Putin regelmäßig als „faschistisch" oder „neonazistisch" diffamiert, erlöst wer-

den. Hier tritt in Putins Sichtweise das Völkerrecht hinter den imperialen Anspruch zurück. Unter vollständigem Bruch der Grundregeln der Vereinten Nationen setzt Putin massive militärische Mittel ein, um Grenzen innerhalb Europas zu verschieben.

Haben wir es dabei auch mit einem Ringen, einem „clash" (S. Huntington) zweier sich feindlich gegenüberstehender Zivilisationen – der westlichen und der russischen – zu tun? Bestehen keinerlei tragfähige Verbindungen zwischen den liberalen, in der EU zusammengeschlossenen Demokratien und dem eurasischen Riesenreich? Historisch betrachtet, fällt die Antwort keineswegs eindeutig aus. So hat das zaristische Russland sich im 17. und 18. Jahrhundert immer wieder auf die europäische Aufklärung eingelassen. Zar Peter I., der Große (1672–1725), setzte eine Reihe weitreichender Reformen in Verwaltung, Militär und Bildung ins Werk und schuf das prachtvoll-imperiale Sankt Petersburg als Schaufenster russischer Stärke und Modernität. Die dort eröffnete Akademie der Wissenschaften entsprach vergleichbaren Gründungen in Westeuropa (u. a. Leibniz in Berlin). Peter gründete Manufakturen und Fabriken, führte westliche Kleidung ein und stellte die russisch-orthodoxe Kirche unter Staatsverwaltung – all dies mit dem Ziel, Russland zu einem modernen Staat weiterzuentwickeln. Die absolute Autorität des Zaren wurde dabei allerdings zu keinem Moment in Frage gestellt.

Russland als „europäische Macht"

Katharina II., die Große, die von 1762 bis 1796 regierte, setzte das reformerische Werk Peters fort. Die in Stettin geborene Monarchin aus dem Hause Anhalt-Zerbst – ihr Porträt zierte zweieinhalb Jahrhunderte später den Schreibtisch Angela Merkels im Bundeskanzleramt – tauschte sich mit Voltaire und Diderot aus, modernisierte Bildungs- und Gesundheitswesen. Kunst und Lite-

ratur erlebten unter ihrem Regiment einen Aufschwung, die vornehmen Kreise in den Petersburger Salons parlierten in französischer Sprache. Kaufleute und ihre Gilden wurden besonders gefördert. Die Große Instruktion von 1767
als Grundlage für die Einberufung einer Gesetz-
gebungskommission gilt als zentrales Dokument

Die vornehmen
Kreise in den
Petersburger Salons
parlierten in fran-
zösischer Sprache.

des aufgeklärten Absolutismus, wie viele Herrscher, darunter Friedrich der Große von Preußen, ihn zu jener Zeit praktizierten. Tatsächlich bezeichnete Katharina das zaristische Russland in diesem
Dokument als „europäische Macht"[78]. Allerdings trug gerade die
partielle Hinwendung zum Westen dazu bei, dass das zaristische,
orthodoxe Russland sich im Gegenzug auch wieder stärker seiner eigenen Herkunft und Andersartigkeit bewusst wurde.[79] Eine
Rückbesinnung auf die spezifisch russische Identität hatte somit
bereits eingesetzt, als sechzehn Jahre nach Katharinas Tod Napo-
leons Marsch auf Moskau 1812 geradewegs zu einer Aufwallung
national-patriotischer Emotionen führte. Viktor Jerofejew bezeichnet die russischen Reformen des 18. Jahrhunderts daher nur als
„Atempause einer Europäisierung"[80].

Im 19. Jahrhundert trieben die Zaren Alexander I. und Alexander II. zwar die Modernisierung des russischen Reiches voran –
herausragend in dieser Hinsicht war die Aufhebung der Leib-
eigenschaft durch Alexander II. im Jahr 1861. Die verschiedenen
Reformen, darunter im Bildungsbereich, in der Verwaltung und
im Militär, führten jedoch nicht dazu, dass Autokratie und Orthodoxie fundamental in Frage gestellt wurden. Selbiges galt für maß-
gebliche Grundprinzipien russisch-slawischer Kultur, darunter die
Dominanz des Kollektivismus, eine gewisse Skepsis gegenüber der
rein vernunftbasierten Erkenntnis sowie eine ausgeprägte Volks-
tümlichkeit. Richtig ist, dass die Industrialisierung im letzten Drittel
des 19. Jahrhunderts seitens des sich herausbildenden städtischen

Bürgertums zu Forderungen hinsichtlich einer politischen Partizipation führte, weshalb Zar Nikolaus II. Ende 1905 den Aufständischen die Verabschiedung einer Verfassung sowie die Einberufung eines Parlaments versprechen musste.[81] Der sozialistische Sowjetstaat ab Ende 1917 wiederum verstand sich als Gegenentwurf sowohl zur zaristischen Autokratie als auch zur demokratischen Ordnung des Westens.

Von der Perestroika zu Putin

Als KPdSU-Generalsekretär Michail Gorbatschow Mitte der 1980er Jahre damit begann, die damalige Sowjetunion schrittweise einem Öffnungsprozess zu unterziehen, schien es für einen historischen Augenblick, als trete das Land – nach stalinistischem Terror, Gulag und Jahrzehnten düsterer Einparteienherrschaft – aufs Neue den politisch-kulturellen Weg gen Westen an. Glasnost und Perestroika ließen die Mauer einstürzen, die Europa über Jahrzehnte getrennt hatte. Selbst wenn Gorbatschows Wirtschaftspolitik auch weiterhin auf eine Dominanz des Staatseigentums setzte, öffnete Russland sich unter seiner Ägide auf bemerkenswerte Weise. Jedoch geriet diese hoffnungsvolle Neuausrichtung unter Präsident Boris Jelzin außer Kontrolle; die großen Staatsbetriebe wurden im Zuge einer radikalen Abkehr von der Staatswirtschaft zu zweifelhaften Bedingungen verschachert („Voucher-Kapitalismus"), was Oligarchen in die Lage versetzte, geradezu märchenhafte Reichtümer anzuhäufen. Derweil breiteten Korruption und Vetternwirtschaft sich in rasender Manier aus. Die Unzufriedenheit in der Bevölkerung nahm zu, der Ruf nach Ordnung wurde laut – der Boden war bereitet für den bis dahin weithin unbekannten Wladimir Putin, der seit seiner Berufung zum Ministerpräsidenten 1999 die Macht nicht mehr aus den Händen gab. Unter ihm ist der Graben zwischen Russland und dem Westen zuletzt immer tiefer geworden. In Putins Deutung ist daran allein der Westen schuld. Dieser betreibe eine Politik der Eindämmung, die Russland zurückdrängen, seines Einflusses beschneiden wolle. Dies empört und provoziert Putin umso mehr, als er den Westen in Wahrheit für schwach, dekadent und verweichlicht hält. Ganz im Unterschied zur stolzen Selbstverortung des Westens als Hüter europäischer Werte habe Europa genau diese Werte verraten, wie man doch an der Zulassung der gleichgeschlechtlichen Ehe oder vergleichbarer gesellschaftlicher Reformen ablesen könne. Dem gelte es, ein von Ordnung, Disziplin und dem wahren Glauben getragenes System entgegenzusetzen.

Ein Kennzeichen dieses Systems liegt in der weitgehenden Abwesenheit einer aufgeklärten, selbstbewussten Zivilgesellschaft. Stalin und alle nachfolgenden Sowjetherrscher unterdrückten deren eventuelles Aufkeimen, hätte es doch das Risiko des Aufbegehrens gegen die vorherrschenden Verhältnisse in sich geborgen. Bürgerrechtsgruppen wie Memorial, die sich um die kritische Aufarbeitung der Vergangenheit verdient machte und dafür 2022 den Friedensnobelpreis erhielt, gibt es, jedoch haben sie, ebenso wie kritische Intellektuelle, einen äußerst schweren Stand. Tatsächlich zählt das Individuum wenig im stark kollektivistisch geprägten Russland, welches sich jedenfalls in dieser Hinsicht fundamental vom aufgeklärten Westen unterscheidet – und in welchem sich die Herausbildung eigenständiger Städte mit einem selbstbewussten Bürgertum deutlich später vollzog als etwa in Deutschland oder dem Norden Italiens.[82] Sinnstiftende Instanz ist derweil die russisch-orthodoxe Kirche, deren Patriarch Kyrill den Neoimperialismus Putins offen unterstützt – dies aus dem Verständnis heraus, dass der slawische Kosmos auch „die ganze Rus" umfasse. Mit den zentralen Errungenschaften der Reformation hat die russische Orthodoxie nichts gemein, im Gegenteil: „Über das tiefere, theologisch-biblische Wissen verfügen nur die Priester."[83] Damit fand aber auch die – für den Westen konstitutive – Emanzipation des Individuums von übergeordneten, mystischen Mächten und Dogmen in weiten Teilen Russlands nie wirklich statt.

Das russische System unter Putin ist ein System des Zwangs und der Willkür. Zugleich fördert es nach Kräften eine Renaissance slawischer Eigenständigkeit und des russischen Nationalstolzes. Vor diesem Hintergrund wird der Dialog zwischen Russland und dem Westen, ganz unabhängig vom Ukrainekrieg, immer schwierig bleiben. Während Europa sich auf Renaissance, Humanismus und Aufklärung beruft, ist Russland ungeachtet seiner großen Komponisten, Maler und Schriftsteller nicht der Westen. Ebenso wenig ist es zu einhundert Prozent Asien. Seine Zwischenlage verleiht ihm einen ewigen Sonderstatus – eine Feststellung, die aufgrund seiner besonderen geografischen Lage auch für einen weiteren autoritären Staat gilt: die Türkei.

TÜRKEI

Die Türkei hat sich in den vergangenen Jahren in wachsendem Maße zu einem autoritären Regime entwickelt, in dem Staatspräsident Erdoğan den Großteil der Macht an sich gezogen hat. Die Unabhängigkeit der Justiz, Meinungsfreiheit und Rechtsstaatlichkeit sind dabei zunehmend unter die Räder geraten. Willkürliche Verhaftungen vermeintlicher Regimegegner sind spätestens seit dem – inszenierten oder tatsächlichen – Putsch von 2016 an der Tagesordnung. Der Putsch wird dem Prediger Fethullah Gülen zur Last gelegt; seine Anhänger leben dementsprechend in ständiger Gefahr. Aufgrund der neuen Verfassung von 2018, durch die die Stellung des Staatspräsidenten gestärkt und die Gewaltenteilung geschwächt wurde, nimmt der Staatspräsident Einfluss auf die Besetzung der Gerichte.[84] Dies führt zu fragwürdigen Entscheidungen wie etwa der Verhaftung der Vorsitzenden der türkischen Ärztevereinigung und Menschenrechtlerin Şebnem Korur Fincancı im Oktober 2022. Sie hatte eine Untersuchung darüber angeregt, ob bei einem Einsatz der türkischen Armee gegen die kurdische Befreiungsbewegung PKK im Irak möglicherweise Chemiewaffen zum Einsatz gekommen waren. Daraufhin wurde ihr vorgeworfen, die türkische Armee „mit Dreck beworfen" zu haben – nur ein Beispiel für eine Vielzahl politisch motivierter Justizfälle, denen nicht zuletzt Vertreter der Kurdenpartei HDP und der größten Oppositionspartei CHP zum Opfer fallen. Sowohl EU-Kommission als auch Europäisches Parlament beklagen die justiziellen Defizite regelmäßig. Besondere Sorge bereitet die Lage in den Haftanstalten, wo Menschenrechtsverletzungen vermutet werden oder nachgewiesen werden konnten.

Zu beklagen ist ebenso die fortschreitende Einschränkung der Meinungsfreiheit. Journalisten oder Bloggern, die „Desinformationen" verbreiten, droht eine Haftstrafe von bis zu drei Jahren, wobei das neue Mediengesetz vom Oktober 2022 nicht eindeutig definiert, welche Form der Meinungsäußerung in die Kategorie der Desinformation fällt. Auch hier sind, Beobachtern zufolge,[85] der Willkür Tür und Tor geöffnet.

In der Türkei, seit der Staatsgründung unter Kemal Atatürk 1923 ein säkularer Staat, hat eine Reislamisierung eingesetzt, mit einer besonderen Förderung des sunnitischen Islam, dem die große Mehrheit der Bevölkerung angehört. Bereits seit 2010 dürfen Frauen in Lehrveranstaltungen Ganzkörperschleier tragen. Die Hagia Sophia in Istanbul, jahrzehntelang ein säkularisiertes Museum, wurde zur Moschee umgewandelt. Zwar gilt die Scharia in der Türkei nicht, dennoch ist eine stärkere Besinnung auf den Islam deutlich spürbar.

Aufklärung am Bosporus: Kemal Atatürk

Insbesondere der letztgenannte Punkt markiert einen Bruch mit den Grundprinzipien der modernen Türkei, wie Kemal Atatürk sie ab 1923 geschaffen hat. Atatürk, dem westlichen Lebensstil nicht abgeneigt,[86] zog aus dem Zusammenbruch des Osmanischen Reiches nach dem Ersten Weltkrieg den Schluss, dass der Nachfolgestaat sich radikal dem Westen gegenüber öffnen und zahlreiche seiner Errungenschaften übernehmen müsse. Atatürk glaubte an die Vernunft, die Wissenschaft und den Fortschritt. Er bereiste Deutschland und Österreich, lernte Französisch und befasste sich mit den Schriften der großen Aufklärer, darunter Voltaire, Rousseau, Hobbes und Mill. Noch vor der Staatsgründung ließ er durch das Parlament unter Berufung auf die Volkssouveränität die Monarchie abschaffen. Kurz darauf beförderte er das islamische Kalifat in die Asservatenkammer der Geschichte. Das Tragen des Schleiers verachtete er und ließ den muslimischen Kalender 1925 durch den europäisch-christlichen ersetzen, ebenso wie lateinische Buchstaben an die Stelle arabischer Schriftzeichen traten. Der Bruch mit jahrhundertelang gepflegten Traditionen hätte radikaler nicht ausfallen können. Das Licht der Aufklärung schien unter Atatürk, dem Revolutionär, auf Ankara und Istanbul.

Zu einer voll ausgereiften Demokratie – einer offenen Gesellschaft, die Menschenrechte respektiert und die Meinungsfreiheit gewährleistet – wurde die Türkei hingegen nie. Zwar wurde der Staat 1952 in die NATO aufgenommen, was zu einer engen Zusammenarbeit mit den USA zumindest in militärischer Hinsicht führte. Aber die inneren Spannungen des riesigen Landes, verursacht nicht zuletzt durch die Sehnsucht der Kurden nach einem eigenen Staat, erleichterten es autoritären Kräften immer wieder, nach der Macht zu greifen. Die Geschichte der Türkei ist auch eine Geschichte ihrer Militärputsche (1960, 1971, 1980, 1997). Zwar folgte auf den Putsch von 1980 die fortschrittliche Verfassung von 1982 mit einer Stärkung der parlamentarischen Demokratie. Aber spätestens seit den Ereignissen von 2016 und dem darauffolgenden mehrjährigen Ausnahmezustand rutscht das von Präsident Erdoğan mit harter Hand geführte Land auf den globalen Indizes für Demokratie und Rechtsstaatlichkeit immer weiter nach unten.

EU-Mitglied Türkei?

Entsprechend schlecht stehen die Chancen für die Türkei, in die Europäische Union aufgenommen zu werden. Beitrittskandidat ist das Land seit 1999, offiziell verhandelt wird seit 2005. Aber die wiederholten Menschenrechtsverletzungen, die anhaltende Besetzung Nordzyperns durch die Türkei sowie die zunehmende Missachtung bürgerlicher Freiheiten haben die Gespräche einfrieren lassen. Im Mai 2021 forderte das Europäische Parlament, welches sich als Wächter des europäischen Wertekanons versteht, die EU-Kommission dazu auf, die Beitrittsverhandlungen mit der Türkei auszusetzen. Zwar knüpfte Erdoğan nach seiner Wiederwahl im Mai 2023 seine Zustimmung zur Aufnahme Schwedens in die NATO an die Wiederaufnahme der EU-Beitrittsverhandlungen. Aber selbst wenn die EU darauf eingehen sollte, dürften entsprechende Verhandlungen sich über Jahre hinziehen. Was den Westen und die Türkei – Regionalmacht zwischen West und Ost, Heimat des Literaturnobelpreisträgers von 2006, Orhan Pamuk – einstweilen zusammenhalten, sind in erster Linie geopolitische Motive sowie der unter Kanzlerin Merkel geschlossene Flüchtlingspakt zur dauerhaften Aufnahme insbesondere syrischer Flüchtlinge in der Türkei.

EINPARTEIENSTAATEN

Einparteienstaaten zeichnen sich durch die Herrschaft einer einzigen Partei aus. Alle wichtigen Positionen in Staat und Verwaltung sowie im verstaatlichten Teil der Wirtschaft werden durch führende Mitglieder der Einheitspartei besetzt. Freie Wahlen, bei denen der Wähler zwischen verschiedenen, in Konkurrenz zueinander stehenden Parteien auswählen kann, finden nicht statt. Dies gilt zuvorderst für China.

CHINA

Die vielleicht größte Gefahr für die liberale Demokratie geht von China aus. Während Russland durch den Krieg in der Ukraine auf Jahre vollkommen ausgezehrt sein und als Paria behandelt werden wird, konkurriert China mit den Vereinigten Staaten von Amerika um nichts weniger als die Weltherrschaft. An Provokationen mangelt es dabei nicht: So hat China nach den Protesten in Hongkong 2019/20 den Klammergriff um die einstmalige britische Kolonie spürbar erhöht, mit der Folge, dass die bei Beendigung des Kolonialregimes bestätigte Formel *One country, two systems* heute zu einer inhaltsleeren Chiffre verkommen ist. Mit Blick auf Taiwan wiederum legt China eine aggressive Rhetorik an den Tag, die die Wiedervereinigung der Insel mit Festlandchina als dessen historische Mission bezeichnet. Entsprechend demonstriert China um Taiwan herum zu Wasser und in der Luft seine militärische Stärke, was wiederum die Streitkräfte der Vereinigten Staaten in erhöhte Alarmbereitschaft versetzt. Bei aller strategischen Ambiguität, die Washington seit Präsident Nixons historischer Begegnung mit Mao im Jahr 1972 mit Blick auf Taiwan pflegt, werden die Vereinigten Staaten einen Zugriff Pekings auf Taiwan nicht unerwidert lassen können. Sollte sich je ein Großkonflikt zwischen den beiden Supermächten des 21. Jahrhunderts entzünden, dann könnte Taiwan der Anlass dafür sein.

Die Verhärtung der Fronten zwischen China und den USA hat kontinuierlich zugenommen, seitdem in Peking Staats- und Parteichef Xi Jinping mit eiserner Hand regiert. Xi, 1953 als Sohn eines hohen Parteifunktionärs zur Welt gekommen, wurde 2012 erstmals zum Generalsekretär der Kommunistischen Partei Chinas gewählt. Seither nutzte er jede Gelegenheit, um seine Machtposition auszubauen. So fand sein Gedankengut an zentraler Stelle Eingang in die Parteiverfassung – eine Ehre, die vorher lediglich Mao Tsetung und Deng Xiaoping zuteilgeworden war. Auch gelang es Xi, die Amtszeitbefristung des Präsidenten aufzuheben. Mit dem Parteitag im Oktober 2022 schwang Xi sich endgültig zum allmächtigen Diktator auf, der – einhergehend mit der Bestätigung im Präsidentenamt im März 2023 – für mindestens fünf weitere Jahre über 1,4 Milliarden Menschen herrschen wird. Widerspruch ist dabei nicht zu erwarten: Im ständigen Ausschuss des Politbüros, dem engsten Führungszirkel, sitzen nur noch Vertraute Xis, darunter an erster Stelle Li Qiang, der vormalige Parteichef in Schanghai, verantwortlich für den rigorosen Lockdown dort. Derweil wurde Hu Jintao, Xis Vorgänger im Amt, auf besagtem Parteitag vor laufenden Kameras in demütigender Weise aus dem Sitzungssaal entfernt. Diese kaltblütige Machtdemonstration zeigte Beobachtern zuhause wie in der Welt, dass in China nur noch eine Person das Sagen hat – eben Xi.

In einem solchen auf einen einzigen Führer zugeschnittenen System hat das politische Versprechen der offenen Gesellschaft keine Chance. Ob Volkssouveränität oder Gewaltenteilung, ob Rechtsstaatlichkeit oder Meinungsfreiheit – die Leitbegriffe der europäischen Aufklärung sind Fremdwörter im Reiche Xis. Freie Wahlen finden nicht statt, die Einheitspartei ist die alles

Xi hat China
zu einem Über-
wachungsstaat
umgebaut, dessen
kameragestützter
Erkennungsappa-
ratur niemand
entkommt.

beherrschende Instanz. Die Justiz urteilt willkürlich, Prozesse sind eine Farce. Derweil hat
Xi China zu einem Überwachungsstaat umgebaut, dessen kameragestützter Erkennungs-
apparatur, ob auf der Straße oder im Netz, niemand entkommt. Das Belohnungssystem der
Social Credits soll die Chinesinnen und Chinesen
zu einem besseren, regimekonformen Verhalten erziehen. Der Schutz der Privatsphäre oder
die Unverletzlichkeit der Wohnung als zentrale
Errungenschaften des aufgeklärten Rechtsstaates
gelten dabei nichts.

Ein Reich in Quarantäne

Mit besonderer Härte ging das Pekinger Regime bis zum Spät-
herbst 2022 gegen die Ausbreitung der Covid-19-Pandemie vor.
Etwaige bürgerliche Freiheiten standen dem sicherheitsfixierten
Einschreiten der Behörden dabei nicht im Weg. Stattdessen wurden
Häuserblocks und ganze Stadtteile hermetisch und ohne Vorwar-
nung abgeriegelt, ihre Bewohnerinnen und Bewohner wochenlang
in die Isolation geschickt. Zwangstests gehörten über Monate zum
Alltag von zig Millionen von Menschen. Wer aus dem Ausland
nach China einreiste, musste sich bei Reiseantritt für bis zu zwei
Wochen in Quarantäne begeben – die Erzählungen von Angehörigen, die Tabletts mit warmem Essen vor Hotelzimmertüren stellten, sind Legende. Ende 2022 erfolgte dann eine Kehrtwendung,
wie sie radikaler nicht hätte ausfallen können: Aus der Einsicht
heraus, dass die Politik der Isolation die Wirtschaft abzuwürgen
und Protestbewegungen zu schüren drohte, setzte Peking von einem Tag auf den anderen plötzlich auf Durchseuchung: Die strengen Auflagen wurden aufgehoben, eine weitgehende Bewegungsfreiheit wiederhergestellt – ein Anzeichen dafür, dass das System Xi
nicht allmächtig ist, es ihm am finalen Durchgriff fehlt, es gar zu

Kompromissen bereit ist? Mitnichten – die Abkehr von der Null-Covid-Strategie erfolgte aus der puren Angst heraus, weltwirtschaftlich den Anschluss zu verlieren. An der harten Hand des diktatorischen, persönliche Freiheiten weitreichend missachtenden Regimes ändert sich dadurch gar nichts.

Der Willkür der Staatsmacht ist in besonderem Maße die muslimische Minderheit der Uiguren ausgesetzt. In der Provinz Xinjiang im Nordwesten Chinas werden Hunderttausende von Uiguren in Umerziehungslagern gefangen gehalten. Medienberichten sowie Untersuchungen der Vereinten Nationen[87] zufolge müssen die Insassen dort Zwangsarbeit verrichten. Das Regime in Peking verbittet sich eine offene Diskussion darüber und betrachtet die Zustände in den Lagern als innere Angelegenheit. Auch Vorwürfe, denen zufolge China das Bevölkerungswachstum der Uiguren durch Zwangssterilisationen und Abtreibungen begrenzen wolle, werden als gezielte Falschdarstellungen westlicher Medien abgetan. Den Berichten chinesischer Medien wiederum ist kaum zu trauen, stehen diese doch unter der vollständigen Kontrolle von Staat und Partei.

Die harte Hand des Regimes bekommt in wachsendem Maße auch die Wirtschaft zu spüren. Zwar wird Privateigentum an Produktionsmitteln bis auf weiteres geduldet. Jedoch musste der Gründer und langjährige Vorstandsvorsitzende des Internetgiganten Alibaba, Jack Ma, vor wenigen Jahren erfahren, wie rasch unternehmerische und persönliche Freiheit verloren gehen können, wenn erfolgreiche, wohlhabende Unternehmer beginnen, sich kritisch zu politischen Themen zu äußern. Der geplante Börsengang der von Ma dominierten, milliardenschweren Ant-Gruppe wurde kurzfristig abgesagt, Mas Handlungsautonomie spürbar beschnitten. Der Börsenkurs des Konzerns rauschte in den Keller, während der chinesische Staat seinen Zugriff auf das Konglomerat sukzessive erhöht. Derweil taucht der einstige Starunternehmer

Ma nur noch selten in der Öffentlichkeit auf – eine Zeitlang war gar nicht bekannt, ob er überhaupt noch lebte und wo er sich aufhielt. Auch über den Einzelfall Ma hinaus regiert der chinesische Staat immer stärker in einzelne Unternehmen hinein und unterwirft sie dem übergeordneten Ziel, in definierten Industrien im Wettbewerb mit den USA technologische Souveränität zu erlangen. Um sicherzustellen, dass Unternehmen zur Erfüllung dieses Plans beitragen, werden in ihren Betriebsstätten systematisch Parteizellen installiert – eine Vorgehensweise, die auch deutsche Unternehmen in China zu spüren bekommen. Dabei legen diese Wert auf die Feststellung, dass das Vorhandensein von Parteielementen in ihren Betrieben sie in ihrer relativen Autonomie nicht behindere.

Gewagte Öffnung unter Deng

Die zunehmende Indienstnahme der chinesischen Wirtschaft für Xis größeren Plan muss jeden befremden, der sich an die Öffnung Chinas unter Deng Xiaoping ab dem Ende der 1970er Jahre erinnert. Deng, ein Parteifunktionär aus der Provinz Sichuan, der einen Teil seiner Schulzeit ab 1920 in Frankreich und Studienjahre in Moskau verbracht hatte, gelangte 1978 an die Spitze des chinesischen Staates. Sogleich nutzte er seine neue Position, um an zwei entscheidenden Stellen einen neuen Kurs einzuschlagen. So gab er den Landwirten die Verantwortung für ihre Parzellen zurück; Produkte über der staatlich festgelegten Quote konnten am Markt zu Marktpreisen verkauft werden.[88] In der Folge stieg die landwirtschaftliche Produktion innerhalb weniger Jahre um ein Drittel an: „For the first time in decades, everyone had enough food on the tables."[89] Zugleich ließ Deng im Süden Chinas, in Zhuhai, Shenzhen, Shantou und Xiamen, vier Sonderwirtschaftszonen einrichten. Unternehmen aus dem Ausland wurden durch Steueranreize, niedrige Löhne und ein investorenfreundliches Arbeitsrecht dazu animiert, in diesen Zonen Produktionsstätten zu errichten. Auf diesem Wege gelangten technologisches Know-how, aber auch moderne

Produktions- und Managementmethoden ins Land – ein gewagter Flirt mit der Marktwirtschaft, der naturgemäß die orthodoxen Kräfte in der Kommunistischen Partei auf den Plan rief, zumal Korruption und Schattenwirtschaft sich auszubreiten begannen. Deng hielt an seinem Kurs, den er explizit als Experiment mit neuen Methoden betrachtete, jedoch unbeirrt fest – ihm ging es darum, die Exportfähigkeit der chinesischen Wirtschaft zu erhöhen und dadurch Devisen zu erwirtschaften. Viele westliche Unternehmen ließen sich darauf ein, gründeten Joint Ventures mit chinesischen Partnern und leisteten so ihren Beitrag zum Aufstieg Chinas zur Wirtschaftsmacht.

Dabei blieb die Politik der Öffnung stets auf den wirtschaftlichen Sektor beschränkt – eine politische Liberalisierung hin zu demokratischen, pluralistischen Strukturen schloss die Parteispitze rigoros aus.[90] Davon unbeschadet, trug der Umbau der Wirtschaft erkennbare Früchte: Im Jahr 1982 – zeitgleich zu den Reformen Ronald Reagans in den USA und Margaret Thatchers in Großbritannien – wuchs das chinesische Bruttoinlandsprodukt um fast acht Prozent. Das Pro-Kopf-Einkommen der Bevölkerung stieg kontinuierlich an, und immer mehr Menschen ließen die Armutsschwelle hinter sich. Das kräftige Wachstum löste zwischenzeitlich erhebliche Inflationsschübe aus, die aber wieder eingefangen werden konnten. 1984 wurde die Öffnungspolitik auf 14 weitere Küstenstädte ausgedehnt. Abgesandte der Weltbank reisten in der ersten Hälfte der 1980er Jahre mehrfach durch China, nachdem das Land in der Weltbank den Platz Taiwans eingenommen hatte. Im April 1988 stimmte der Nationale Volkskongress einer Verfassungsänderung zu, die Unternehmen in Privatbesitz formell anerkannte.[91] China schien auf einem unaufhaltsamen Weg in die Spitzengruppe der Weltwirtschaft – bis die Entwicklung durch die Studentenproteste in Peking und deren brutale Niederschlagung auf dem Tian'anmen-Platz im Juni 1989 einen empfindlichen Dämpfer erfuhr. Sogleich glaubten die Konservativen in der KP, die Dengs Kurs der Öffnung ohnehin mit größter Skepsis begleitet hatten, dass nun die Stunde der Umkehr gekommen sei. Deng sah dies anders – so sehr er politisch eisern an der Diktatur der Partei festhielt, so sehr war er von der Richtigkeit eines Kapitalismus *à la chinoise* überzeugt. Um dieser Überzeugung Ausdruck zu verleihen, unternahm er 1992, im Alter von 88 Jahren, seine legendäre „Reise in den Süden", die ihn – beginnend in Shenzen – noch einmal zu den Hotspots der marktwirtschaftlichen Erneuerung führte. In einer der vielen Reden, die er während dieser Reise hielt, sagte er: „Man muss etwas mehr Mut bei der Reform- und Öffnungspolitik an den Tag legen, Mut zum Experiment (...); unsere Politik lässt Versuche zu, das Zulassen von Versuchen ist viel besser als jeder Zwang. (...) (W)enn man eine Chance sieht und sie nicht nutzt, ist auf einmal der richtige Zeitpunkt vorbei."[92]

Alibaba statt Amazon

Versuche statt Zwang, Experimente statt staatlicher Vorgabe – für einen historischen Moment schien Karl Poppers Lehre vom *Trial and Error*, fast ein halbes Jahrhundert nach dem Erscheinen von „Die offene Gesellschaft und ihre Feinde", auch in China angekommen zu sein. Tatsächlich blieben Dengs flammende Appelle nicht ohne Wirkung: Die Reise des greisen Führers erwies sich als „the catalyst for change that has propelled China to where it is today"[93]. Eine zweite Generation von Unternehmern entstand und schickte sich – in Gestalt von Alibaba, Baidu oder Tencent – bald an, die Giganten der US-amerikanischen Internetwirtschaft herauszufordern. Parallel dazu wurde China, seinerzeit ein einzigartiger Hybrid aus Diktatur und Marktwirtschaft, eine entscheidende Anerkennung zuteil: 2001 wurde es in die (1995 als Nachfolger des GATT gegründete) Welthandelsorganisation (WTO) aufgenommen. In den Folgejahren nahm der Anteil Chinas am Welthandel beständig zu. Ebenso stiegen das Bruttosozialprodukt sowie die Durchschnittseinkommen der arbeitenden Bevölkerung. Die Folge: Heute ist China die zweitgrößte Wirtschaftsnation der Welt nach den USA.

Aber Staats- und Parteichef Xi Jinping will mehr. Während er im Innern – nach Jahren des ungestümen Wachstums insbesondere der Internetwirtschaft mit der Folge wachsender Einkommensgefälle – neuerdings einen „gemeinsamen Wohlstand" anstrebt, treibt ihn geopolitisch die Überzeugung an, dass China die globale Führungsposition zustehe. Um diesem Ziel näher zu kommen, investiert er gigantische Beträge in die *Belt and Road Initiative*, auch „Neue Seidenstraße" genannt – eine globale Infrastrukturoffensive, die an historische Handelsrouten anknüpft und im Bau von Straßen, Brücken oder der Beteiligung an Häfen in Europa und Afrika ihren Ausdruck findet. Ziel der Initiative ist es, immer mehr strategisch gelegene Knotenpunkte in Abhängigkeit von China zu bringen, wie dies etwa mit dem Hafen von Piräus in Griechenland oder einer Transportroute über Kasachstan, Russland, Belarus und Polen nach Duisburg bereits gelungen ist. Parallel dazu beteiligt sich China an einer wachsenden Zahl westlicher Unternehmen, die in strategischen Schlüsselindustrien tätig sind und dort zu den Technologie- und Innovationsführern zählen. Die Bundesregierung hat dies eine Zeitlang aus neutraler Warte beobachtet und beispielsweise gegen die Übernahme des Roboterherstellers Kuka durch das chinesische Unternehmen Midea im Jahr 2015 keinen Einspruch erhoben. Anders beim Energienetzbetreiber 50 Hertz, der für die Stromversorgung in den ostdeutschen Bundesländern und Hamburg zuständig ist: Als 2018 dort 20 Prozent der Anteile zum Verkauf anstanden, vereitelte die Bundesregierung in letzter Minute den Einstieg des chinesischen Staatskonzerns SGCC und erwarb die Anteile stattdessen selbst mittels der bundeseigenen KfW Group. 2022 intervenierte die Bundesregierung, um den Einstieg Chinas beim Hamburger

Hafenbetreiber Tollerort auf ein unkritisches Niveau herabzusenken. Die Vorfälle zeigen, dass Chinas ökonomische Expansion zunehmend als geopolitische Bedrohung betrachtet wird.

Partner, Wettbewerber und Systemrivale

China gilt in den Augen des Westens heute als Partner, Wettbewerber und systemischer Rivale. Die neue China-Strategie der Bundesregierung versucht auf diese dreifache Herausforderung eine Antwort zu finden. Fest steht dabei: Mit Anwandlungen Chinas in Richtung einer offenen Gesellschaft ist nicht zu rechnen. Eher wird der Marsch hin zu einer geschlossenen, autoritären, potentiell expansionistischen Supermacht nochmals forciert werden. Eine Herausforderung stellt dies nicht nur für die westlichen Regierungen, sondern vor allem auch für die Wirtschaft dar. Insgesamt hängen rund 1,1 Millionen Arbeitsplätze in Deutschland am Austausch mit China. Deutsche Unternehmen sind in China massiv investiert. Deutsche Autohersteller erzielen dort rund ein Drittel ihrer Umsätze. Beim Chiphersteller Infineon sind es fast 40, bei Adidas über 20, bei der BASF 15 Prozent. Die BASF investiert nicht weniger als zehn Milliarden Euro in einen neuen Verbundstandort im südchinesischen Zhanjiang. Vorstandschef Martin Brudermüller saß deshalb mit im Flugzeug von Bundeskanzler Olaf Scholz (SPD), als dieser im Oktober 2022 mit einer kleinen Gruppe von Konzernlenkern Xi Jinping nur wenige Tage nach dessen Bestätigung als Parteichef seine Aufwartung machte.[94] Für Brudermüller und die meisten seiner deutschen CEO-Kollegen steht trotz der chinesischen Rückendeckung für Russlands Überfall auf die Ukraine ein Herunterfahren des China-Engagements nicht zur Debatte.

Für die meisten deutschen CEOs steht ein Herunterfahren des China-Engagements nicht zur Debatte.

Zwar betonen die Unternehmenslenker, dass es auch ihnen um westliche Werte und deren Einhaltung gehe. Jedoch fällt die offene Kritik, etwa an den Menschenrechtsverletzungen in

Xinjiang, wo die deutsche Industrie (über Joint Ventures) mehrere Werke unterhält, oder hinsichtlich der wachsenden Präsenz von KP-Aufsehern in den Betrieben, eher verhalten aus. Zu groß sind die Abhängigkeiten, zu verheißungsvoll die Marktchancen. Ihretwegen wird vorrangig Reziprozität im Sinne gleicher Wettbewerbsbedingungen eingefordert. Als Vorkämpfer der Freiheit außerhalb der eigenen Herkunftsregion verstehen sich Wirtschaftsvertreter – auch unter dem Druck ihrer Anteilseigner – eher weniger und nehmen wachsende Kritik seitens Politik, Medien und Zivilgesellschaft dafür in Kauf. Die Bundesregierung nimmt dies zur Kenntnis, erwartet jedoch von den Unternehmen, ihre Risikomanagementprozesse in Bezug auf China zu überprüfen und gegebenenfalls nachzuschärfen, um Abhängigkeiten zu verringern. Die Kosten von Klumpenrisiken müssten „unternehmensseitig verstärkt internalisiert werden, damit im Falle einer geopolitischen Krise nicht staatliche Mittel zur Rettung einstehen müssen". Staatliche Exportunterstützung dürfe keinesfalls dazu führen, „übermäßige wirtschaftliche Abhängigkeiten" von Unternehmen zu verstärken, konstatiert die Bundesregierung und macht damit unmissverständlich klar, dass sie risikobehaftete Engagements deutscher Firmen in China im Zuge des *de-risking* künftig nur noch bedingt zu unterstützen bereit ist.[95]

NORDKOREA

Schon China wirft viele Fragen auf, sein politisches System ist in hohem Maße intransparent. In nochmals erhöhter Form gilt dies jedoch für Nordkorea – einen Staat, der so systematisch abgeschottet ist, dass wir fast gar nichts über ihn wissen. Fest steht, Nordkorea wurde im September 1948 gegründet. „Ewiger Präsident" ist Staatsgründer Kim Il-sung, der 1994 verstarb. Das Sagen im Staat hat Kim Jong-un, der als „Oberster Führer" (seit 2011) die Ämter des Generalsekretärs der Einheitspartei, des Vorsitzenden des Komitees für Staatsangelegenheiten sowie des militärischen Oberbefehlshabers in seiner Person vereint. Ein Parlament existiert formell, jedoch tritt es nur ein-, maximal zweimal pro Jahr für wenige Tage zusammen. Von einer Volksvertretung mit Einfluss, gar auf die Gesetzgebung, kann somit keine Rede sein, und von einer dem Parlament gegenüber verantwortlichen Regierung ebenso wenig – von einer unabhängigen Justiz ganz zu schweigen. Stattdessen ist das Regime gänzlich auf das Militär und die stetige Steigerung seiner Verteidigungsfähigkeit ausgerichtet. Der eigentliche Staatszweck Nordkoreas besteht ganz offensichtlich darin, sich gegen angeblich bevorstehende Angriffe der USA, Japans und Südkoreas zu rüsten. In diesem Narrativ einer ständigen „imperialistischen" Bedrohung liegt auch die Begründung für das Atomprogramm Nordkoreas. Den ersten unterirdischen Atomtest führte das Land nach eigenen Angaben im Oktober 2006 durch. 2016 wurde der Test einer Wasserstoffbombe verkündet, 2017 war erstmals von einer Interkontinentalrakete die Rede.[96] Die fortwährenden Provokationen verschärften die außenpolitische Isolation des Landes und zogen scharfe Resolutionen und massive Sanktionen seitens der UN nach sich. Davon unbeirrt, setzt Kim Jong-un sein Atomprogramm und die zugehörige Propaganda konsequent fort. Erst im November 2022 schreckte er die Welt mit der Mitteilung auf, Nordkorea wolle die stärkste Atommacht der Welt werden. Kurz zuvor hatte Nordkorea eine Interkontinentalrakete abgefeuert und behauptet, diese könne die USA erreichen. Weitere Raketentests folgten im Frühjahr sowie im Sommer 2023.

Am Pranger steht das Regime von Pjöngjang aber nicht nur wegen seines Atomprogramms, sondern auch wegen der Missachtung der Menschenrechte sowie der Unterdrückung jeglicher Meinungsfreiheit. In allen relevanten Demokratie- und Menschenrechtsindizes steht Nordkorea auf den hintersten Plätzen. Beziehungen unterhält das Land zu Kambodscha, Laos und Vietnam, zu Kuba, Venezuela, Russland, dem Iran und China. Die Abhängigkeit von China ist besonders hoch, weil der Warenverkehr von und nach Nordkorea hauptsächlich über die Grenze zu China erfolgt.

Das Gefährliche an Nordkorea ist seine vollständige Intransparenz und somit Unberechenbarkeit. Nordkorea ist eine geschlossene Gesellschaft par excellence. Ob das Regime zum Angriff auf den Westen bereit oder gar entschlossen ist, weiß niemand – ausgeschlossen werden kann ein solches Szenario aber keinesfalls.

> Das Gefährliche an Nordkorea ist seine vollständige Intransparenz und somit Unberechenbarkeit.

KAMBODSCHA

Faktisch kann auch Kambodscha zu den Einparteienstaaten gerechnet werden. Im Juli 2023 wurde Premierminister Hun Sen für weitere fünf Jahre im Amt bestätigt. Er regiert das Land seit beinahe vierzig Jahren. Bei den Wahlen erzielte seine Partei ein Ergebnis von über achtzig Prozent. Die übrigen Stimmen entfielen auf zahlreiche Kleinparteien. Die einzige ernstzunehmende Oppositionspartei war im Mai von der Wahl ausgeschlossen worden. Die westliche Staatengemeinschaft betrachtet die Wahlen in Kambodscha nicht als frei. Lediglich China, Russland und Guinea-Bissau entsandten Wahlbeobachter. Kurz nach der Wahl übergab Hun Sen die Macht an seinen Sohn, was den quasidynastischen Charakter seines Systems nur unterstreicht.

THEOKRATISCHE REGIME

In theokratischen Regimen herrscht nicht das Volk, sondern der Wille Gottes. Die höchste politische Macht wird durch Schriftgelehrte ausgeübt. Gesetze sind göttlichen Ursprungs. Sie zu verletzen, gilt als Blasphemie und wird aufs Schärfste bestraft – so aktuell in der islamischen Republik Iran.

IRAN

„Frau, Leben, Freiheit" – mit diesem Slogan ziehen Protestierende im Iran auf die Straße, seit am 16. September 2022 die 22-jährige Jina Mahsa Amini in Teheran ihr Leben lassen musste. Die junge Iranerin kurdischer Abstammung war drei Tage zuvor von der Sittenpolizei festgenommen worden, weil sie das obligatorische Kopftuch, den Hidschab, nicht ordnungsgemäß getragen habe. Zwei Stunden nach ihrer Festnahme brachte ein Rettungswagen sie ins Kasra-Krankenhaus. Den Behörden zufolge hatte sie einen Herzinfarkt und einen Hirnschlag erlitten, dem sie drei Tage später erlag. Ihrer Familie zufolge sind diese Behauptungen falsch. In Wahrheit sei Amini von den Behörden geschlagen worden und habe dabei Verletzungen erlitten, die kurz darauf zu ihrem Tod geführt hätten. Jina Mahsa Aminis Tod und die offenkundigen Versuche des Staates, über die wahre Todesursache einen Schleier zu legen, führten zu landesweiten Protesten mit der Folge heftiger gewaltsamer Zusammenstöße zwischen Demonstranten und Sicherheitskräften. An zahlreichen Orten entledigten iranische Frauen sich vor laufenden Handykameras ihrer Kopfbedeckung, warfen diese ins offene Feuer und tanzten freudig im Kreis. Auch schnitten hunderte von Frauen sich demonstrativ die Haare kurz. Das teilweise brutale Einschreiten der Sicherheitskräfte mit der Folge zahlreicher Toter stimulierte den Aufruhr zusätzlich und rief weltweite Proteste hervor. Die EU verhängte Sanktionen gegen Angehörige der Sittenpolizei sowie der Revolutionsgarden. Der Menschenrechtsrat der Vereinten Nationen beschloss im November 2022, das Vorgehen des iranischen Staates gegen die Protestierenden zu untersuchen. Das Votum war wesentlich von der deutschen Außenministerin Annalena Baerbock (Grüne) mit herbeigeführt worden, die sich eine „feministische, menschenrechtsgeleitete Außenpolitik" auf die Fahne geschrieben hat. Mit 25 von 47 Stimmen fiel der Beschluss allerdings auffällig knapp aus. Von einer einhelligen Verurteilung des Irans konnte keine Rede sein.

Die Proteste im Iran richten sich gegen ein Regime, das in seiner streng theokratischen Ausrichtung aus westeuropäischer Perspektive geradezu mittelalterlich wirkt. Die Grundlage allen staatlichen und gesellschaftlichen Handelns ist die Scharia – die Gesamtheit der sich aus dem Koran ableitenden Gesetze. Diese Gesetze sind göttlichen Ursprungs und somit unveränderbar. Ein kritisches, diskursives Infragestellen des Vorhandenen als Motor einer kontinuierlichen Verbesserung gesellschaftlicher Verhältnisse findet im Iran nicht statt. Stattdessen wird absoluter Gehorsam gegenüber dem geistlichen Führer verlangt, der als legitimer Vertreter des zwölften Imams, an dessen Rückkehr die Schiiten glauben, auf Erden betrachtet wird. Der von insgesamt 86 Geistlichen („Expertenrat") ernannte religiöse Führer – seit 1989 ist dies Ali Chamenei, davor war es zehn Jahre lang, seit der Islamischen Revolution von 1979, Ayatollah Khomeini – herrscht nahezu uneingeschränkt über das Land und seine 84 Millionen Einwohner. Er ernennt den (vom Volk gewählten) Präsidenten, dessen Handlungsfreiheit durch die Allmacht des Führers limitiert ist. Der Führer ernennt zudem die obersten Richter und ist Oberbefehlshaber der Streitkräfte. Ebenso obliegt ihm die Ernennung von sechs der insgesamt zwölf Mitglieder des sogenannten Wächterrats. Dieser wiederum wacht darüber, ob die vom Parlament beschlossenen Gesetze mit dem Islam konform sind. Zudem müssen Kandidaturen für die insgesamt 290 Parlamentssitze vom Wächterrat genehmigt werden.

Präsident und Parlament sind somit nur untergeordnete Institutionen mit vielfach beschränkter Handlungs- oder Entscheidungsbefugnis – die Macht im Gottesstaat Iran liegt bei der Geistlichkeit und ihren Institutionen. Eine Gewaltenteilung, wie John Locke und Charles de Montesquieu sie erdacht haben, existiert in der Teheraner Theokratie nicht. Minderheiten, so die kurdische, werden verfolgt, Medien zensiert, während insbesondere Frauen sich einer strengen, schariakonformen Kleiderordnung zu unterwerfen haben.

Eine Gewaltenteilung existiert in der Teheraner Theokratie nicht.

Der tiefere Grund dafür liegt im Menschenbild des Islam, welches sich fundamental vom Menschenbild der europäischen Aufklärung unterscheidet. Wie oben beschrieben, steht die Autonomie des menschlichen Willens im Zentrum des aufgeklärten Denkens. Der Mensch ist frei, indem er es „wagt, sich seines Verstandes zu bedienen". Der Mensch wurde frei, indem er sich von kirchlicher Bevormundung emanzipierte und seinen unmittelbaren Weg zu Gott fand. Im Islam hingegen ist der menschliche Wille vom Willen Gottes abhängig. Gott und dem göttlichen Gesetz ist uneingeschränkt Folge zu leisten. Kein Gesetz, welches von einem irdischen Parlament beschlossen wurde, kann den Willen Gottes außer Kraft setzen. Wer sich dem Willen Gottes widersetzt, dem drohen Verhaftung, Misshandlung oder die Todesstrafe. Tatsächlich werden, gemessen an der Gesamtbevölkerung, in keinem Land der Erde so viele Menschen hingerichtet wie im Iran. Im schiitischen Gottesstaat ist die Würde des Menschen *an*tastbar.

Der Iran als konstitutionelle Monarchie

Jedoch war dies nicht immer so. Der Iran, neuzeitlicher Nachfolgestaat Persiens, einer der großen Hochkulturen der Menschheitsgeschichte, hat in seiner jüngeren Geschichte mehrere Phasen der Öffnung und Annäherung an den Westen erlebt. Zu erwähnen ist die konstitutionelle Revolution von 1905. Die Herrscher der Kadscharen-Dynastie hatten durch Vergabe von Konzessionen das Land in eine wachsende Abhängigkeit von Großbritannien und Russland gebracht. Dagegen erhoben sich sowohl persische Kaufleute, die wirtschaftliche Nachteile befürchteten, als auch Geistliche, die keine Beschneidungen der islamischen Gerichtsbarkeit hinzunehmen bereit waren. Unter Naser ad-Din Schah wurde daraufhin im Jahr 1906 eine Verfassung erlassen, die die Volkssouveränität, bürgerliche Grundrechte sowie eine Gewaltenteilung nach westlichem Vorbild vorsah. Allerdings wurde die Gesetzgebung auf Druck der Geistlichen unter den Vorbehalt der Vereinbarkeit mit der Scharia gestellt. Ein Kontrollgremium aus fünf Geistlichen wachte über die Einhaltung dieses Grundsatzes. Aber immerhin: Ab diesem Zeitpunkt galt der Iran als konstitutionelle Monarchie – für ein Jahrzehnt noch unter den Kadscharen, ab 1925/26 unter den Pahlavi. Deren erster Vertreter auf dem Thron, Reza Schah, reformierte das Bildungs- und Justizsystem des Landes und baute die Infrastruktur aus. Frauen wurde es, analog zur Entwicklung in der Türkei unter Atatürk (s. o.), untersagt, den Schleier zu tragen, während Männer westliche Kleidung tragen sollten. Gleichwohl blieb der Iran ein autokratisches Regime, von Reza Schah mit harter Hand geführt. Seine Herrschaft endete, als 1941 britische und sowjetische Truppen ins Land einmarschierten, um sich den Zugriff auf iranische Ölvorkommen zu sichern – es war das Jahr des Angriffs Hitlers auf Sowjetrussland.

Rezas Sohn, der 22-jährige Mohammad Reza Pahlavi, bestieg als Nachfolger seines Vaters den Pfauenthron, den er bis 1979 innehaben sollte, wobei er 1953 infolge der von Premierminister Mossadegh erwirkten Verstaatlichung der Ölindustrie vorübergehend das Land verlassen musste. Nach seiner Rückkehr und einigen Jahren der eher autokratischen Herrschaft leitete der Schah 1963 die *Weiße Revolution* ein – ein Reformprogramm mit dem Ziel, den Iran wirtschaftlich, politisch und auch sozial zu modernisieren. Tragpfeiler dieses Programms waren eine forcierte Industrialisierung auf Basis sprudelnder Öleinnahmen, eine Landreform sowie die Einführung des aktiven und passiven Frauenwahlrechts – Maßnahmen, die den Argwohn der schiitischen Geistlichkeit unter Ayatollah Ruhollah Khomeini provozierten, welcher sich später ins französische Exil begab. Neben dem Widerstand der Geistlichkeit formierte sich im Iran jedoch auch eine linke Guerillabewegung, die das Regime zusätzlich ins Wanken brachte. Die Geheimpolizei des Schahs (SAVAK) vermochte trotz ihres brutalen Vorgehens die zunehmenden Unruhen nicht weiter zu unterdrücken. Schließlich beschloss der Westen Anfang 1979, den Schah nicht weiter zu unterstützen. Reza begab sich ins Ausland, während Khomeini triumphal aus Frankreich nach Teheran zurückkehrte. Kaum gelandet, verwarf er die Verfassung von 1906/07 und begann, das Land in einen islamischen Gottesstaat umzuformen. In den Folgejahren musste der Westen, während in Berlin die Mauer fiel und kurz darauf das Sowjetimperium zusammenbrach, mit ansehen, wie im Nahen Osten eine veritable freiheitsverachtende Theokratie errichtet wurde. Zeitgleich zum vielzitierten Ende der Geschichte kehrte zwischen Kaspischem Meer und Persischem Golf die mittelalterliche Finsternis zurück. Entsprechend gebannt blickten die politischen Führer in Washington und London, in Berlin und Paris auf die weiteren Entwicklungen, darunter die Proteste nach der – von Vorwürfen der Manipulation überschatteten – Wiederwahl des konservativen Präsidenten Mahmud Ahmadineschad im Jahr 2009 sowie die Straßenkämpfe 2019/20, die sich an einer massiven Benzinpreiserhöhung entzündet und zu hunderten von Toten geführt hatten. Der Aufstand von 2022 – Frauen, Leben, Freiheit – bildet insofern nur das jüngste Kapitel einer Abfolge von Erhebungen, deren Botschaft eindeutig ist: Hunderttausende, wenn nicht Millionen von Menschen im Iran haben, auch infolge einer immer weiter reichenden globalen digitalen Vernetzung, eine deutlich andere Vorstellung vom Leben, als es ihnen unter der bleiernen Schwere der Scharia zu führen gestattet ist.

Nuklearmacht Iran?

Heißt dies, dass die Freiheit eines Tages auch im Iran Einzug halten wird, mit der Folge, dass das Land der Mullahs sich zur offenen Gesellschaft wandelt? Etwas salopper formuliert: Wird Popper in Persien ankommen? Und wie wird sich das Verhältnis der freien Welt zum Teheraner Gottesstaat entwickeln? Bis 1979 war der Iran aufgrund seines Ölreichtums ein zentraler Vorposten und auch Verbündeter des Westens im Mittleren Osten. Heute hingegen, bald 45 Jahre nach der Islamischen Revolution, sind die Beziehungen maximal abgekühlt. Tatsächlich ist der Iran – sieht man von opportunistischen Sonderbeziehungen zu Russland, China und Syrien sowie von der jüngst durch China herbeigeführten Wiederannäherung mit Saudi-Arabien ab – international weitgehend isoliert. Der Hauptgrund dafür ist der Streit um das iranische Atomprogramm, welcher seit bald zwanzig Jahren andauert. Ursprünglich waren es westliche Staaten – die USA, Frankreich wie auch Deutschland – gewesen, die Schah Reza dabei unterstützt hatten, zur Diversifizierung der Energieerzeugung eigene nukleare Kapazitäten aufzubauen. Präsident Eisenhower schenkte den Iranern 1959 einen Forschungsreaktor, Außenminister Henry Kissinger handelte 1975 den Verkauf von Nukleartechnik an den Iran aus. Bundeskanzler Helmut Schmidt (SPD) unterstützte das Engagement der Kraftwerksunion aus Siemens und AEG im Iran. Zwar wurde das Programm im Zuge der Islamischen Revolution ab 1979 für fünf Jahre unterbrochen. Jedoch ließ Revolutionsführer Khomeini es 1984 wieder aufnehmen und verschärfen. Seither nehmen die Sorgen des Westens vor einer unkontrollierten, auf militärische Nutzbarkeit abzielenden Forcierung des iranischen Atomprogramms stetig zu. Zum offenen Konflikt kam es während der Präsidentschaft Mahmud Ahmadineschads, der von der Internationalen Atombehörde versiegelte Anlagen wieder anwerfen ließ und schließlich im Jahr

2009 die Gespräche mit dem Westen abbrach. Daraufhin verfügten zuerst die USA unter Präsident Barack Obama und anschließend die EU umfangreiche Sanktionen gegen den Iran, die dem Land schwer zusetzten. So kam es 2012 zur Wiederaufnahme der Verhandlungen im 5+1 (UN-Vetomächte plus Deutschland)-Format, die 2015 zum Abschluss des Atomabkommens in Wien führten. Die anschließende Aufhebung der Sanktionen rief die entschiedene Ablehnung Israels hervor, welches sich durch den Iran existentiell bedroht fühlt. Den eigentlichen Bruch führte dann US-Präsident Trump herbei, als er 2018 den einseitigen Rückzug der USA aus dem Abkommen erklärte. 2020 zog der Iran nach und trat seinerseits von der Vereinbarung und den damit einhergehenden Verpflichtungen zurück. Seither befindet sich das Thema in einer gefährlichen Schwebe – man könnte von einem Pulverfass sprechen. Derweil setzt Russland bei seinem Angriffskrieg in der Ukraine Drohnen aus iranischer Produktion ein und ist im Gegenzug auch ein wichtiger Rüstungslieferant für den Mullahstaat. China bezieht Öl aus dem Iran zu günstigen Konditionen und investiert zugleich im Rahmen des Neue-Seidenstraße-Projekts in Schlüsselindustrien im Iran – Autokratie und Theokratie reichen sich die Hand. Leidtragende sind die Menschen im Iran, denen elementare Freiheitsrechte versagt bleiben. Die – vielleicht schon nahe – Zukunft wird zeigen, ob ein isolierter Gottesstaat im Zeitalter globaler Vernetzung überlebensfähig ist oder ob sich die Kräfte der Freiheit und die Sehnsucht nach Öffnung auch am Persischen Golf durchsetzen werden.

AFGHANISTAN

Als weitere Theokratie kann hier Afghanistan angeführt werden. Seit der Rückkehr der Taliban an die Macht im August 2021 betreiben diese unter ihrem Anführer und De-facto-Staatschef Hibatullah Achundsada die Umwandlung des Landes in einen islamischen Gottesstaat. Dessen Motto lautet: „Es gibt keinen Gott außer Allah, und Mohammed ist der Gesandte Gottes." Im täglichen Leben bedeutet dies: weitgehendes Nichtvorhandensein von Bürgerrechten; systematische Diskriminierung von Mädchen und Frauen, etwa deren Aussperrung aus Schulen und Universitäten; eklatante Verletzung der Menschenrechte. Hinzu kommt eine dramatische Unterversorgung der Bevölkerung mit Lebensmitteln. Zuletzt, im Juli 2023, wurde afghanischen Frauen untersagt, Schönheitssalons zu betreiben. Das Islamische Emirat Afghanistan, welches weltweit noch von keiner nationalen Regierung anerkannt wurde, steht in den einschlägigen Demokratie-, Freiheits- und Menschenrechtsindizes auf den hintersten Plätzen.

> Zuletzt wurde afghanischen Frauen untersagt, Schönheitssalons zu betreiben.

„ILLIBERALE" DEMOKRATIEN

Demokratien, die den liberalen, freizügigen Westen mit seiner (Über-)Betonung des Individualismus, des Materialismus und der Vielfalt zum Feindbild deklariert haben, können als „illiberal" kategorisiert werden. Diese Staaten suchen ihr Heil in der Besinnung auf tradierte, christliche Werte wie Arbeit, Familie und Vaterland. Geprägt wurde der Begriff der illiberalen Demokratie von Ungarns Regierungschef Viktor Orbán.

UNGARN

Es war ein Paukenschlag, als das Europäische Parlament im September 2022 Ungarn – Mitglied der EU seit 2004 – den Status als vollwertige Demokratie absprach. Das Land sei zu einem „hybriden System der Wahlautokratie" degeneriert, so die Abgeordneten in Straßburg. Dabei habe auch das Fehlen entschlossener Maßnahmen seitens der EU zu einem Zerfall der Demokratie, der Rechtsstaatlichkeit und der Grundrechte in Ungarn beigetragen.

Mit ihrem Votum wollten die Parlamentarier die Grundlage dafür schaffen, dem Mitgliedstaat Ungarn unter Verweis auf Korruption und Defizite bei der Rechtsstaatlichkeit EU-Gelder in Milliardenhöhe vorzuenthalten. Vertreter der Regierung in Budapest empörten sich über den Beschluss, den sie als Beleg dafür ansahen, dass die EU Ungarn beleidigen und erniedrigen wolle.

Der Entschließung des EP war ein jahrelanger, bis heute nicht beigelegter Streit zwischen Budapest und Brüssel über die vermeintliche oder tatsächliche Abweichung Ungarns von den Grundwerten der EU vorausgegangen. Auslösendes Moment war die neue Verfassung, die Ungarn sich im Jahr 2011 gab. Kurz zuvor, 2010, war Viktor Orbán zum Ministerpräsidenten gewählt worden, nachdem er das Amt bereits von 1998 bis 2002 bekleidet hatte. Mit seiner Fidesz-Partei vertritt Orbán einen streng nationalistisch ausgerichteten Kurs auf Grundlage christlicher Werte. Entsprechend hebt die Verfassung in ihrer Präambel auf die jahrhundertelange Geschichte Ungarns, König Stephan den Heiligen und die besondere Rolle und Bedeutung des Christentums ab. Zentral für den Zusammenhalt der Gesellschaft seien das Bekenntnis zum ungarischen Vaterland, die Familie, Treue, Glaube, Liebe und Nationalstolz. Schon diese Betonung traditioneller Werte rief bei liberalen und linksliberalen Beobachtern heftige Magenschmerzen hervor. Konkrete Kritik entzündete sich sodann an den eingeschränkten Befugnissen des ungarischen Verfassungsgerichts. So kann dieses nur in sehr begrenztem Umfang Haushalts- und Steuergesetze überprüfen oder kassieren (Art. 37 Abs. 4). Ein weiterer Kritikpunkt sind die weitreichenden Befugnisse des sogenannten Haushaltsrates, bestehend aus einem (vom Staatspräsidenten ernannten) Präsidenten, dem Präsidenten der Ungarischen Nationalbank sowie dem Präsidenten des Staatlichen Rechnungshofes. Ohne Zustimmung des Haushaltsrates darf kein Haushalt verabschiedet werden.[97] Kritiker sehen darin eine Beschneidung der Rechte des gewählten Parlaments.

Gegen die neue Verfassung zogen Demonstranten zu Tausenden Anfang 2012 in Ungarn auf die Straße. Zeitgleich äußerte auch die EU-Kommission deutliche Kritik an der Verfassung und beschloss bereits Ende April 2012, Ungarn wegen Verletzung der EU-Verträge vor dem Europäischen Gerichtshof zu verklagen. Hauptvorwurf: Budapest missachte die Unabhängigkeit der Justiz. Seither nahmen die Vorwürfe, auch im Lichte der Verfassungsnovelle von 2013, stetig zu. Konkret werden Ungarn die Einschränkung der Medien- wie auch der Wissenschaftsfreiheit, die Verletzung von Bürger- und Minderheitsrechten, eine eingeschränkte Unabhängigkeit der Zentralbank sowie generell eine autoritäre Ausrichtung des Staates und Regierungshandelns vorgeworfen. Im Parlament seien die Möglichkeiten zur freien Fraktionsbildung beschränkt. Korruption und Günstlingswirtschaft breiteten sich aus, während Vertreter des Fidesz-Regimes – so ein oft gehörter Vorwurf – sich persönlich bereicherten. Weil somit aus Brüsseler Sicht zentrale Eckpfeiler der liberalen Demokratie bedroht sind, haben die Brüsseler Institutionen vor einigen Jahren damit begonnen, ein ganzes Arsenal an juristischen Geschützen gegen Budapest aufzufahren. So forderte das EP im September 2018 den Europäischen Rat zur Einleitung eines Verfahrens gegen Ungarn wegen Verletzung europäischer Grundwerte auf. Im Juli 2021 wurde ein Vertragsverletzungsverfahren gegen Ungarn eingeleitet und im Frühjahr 2022 der neu geschaffene EU-Rechtsstaatsmechanismus aktiviert. Dieser sieht vor, dass Mitgliedstaaten, die die Menschenwürde, Freiheit, Demokratie, Gleichheit, Rechtsstaatlichkeit sowie Menschen- und Minderheitenrechte missachten, ihren Anspruch auf Förder- oder Hilfsgelder aus dem EU-Haushalt (Kohäsionsfonds o. dgl.) verwirken. Das „normative Projekt des Westens" in seiner ganzen Breite wird hier in Stellung gebracht, um von der Norm abweichende Staaten unter Androhung finanzieller Sanktionen wieder auf Kurs zu bringen. Die entsprechenden Auseinandersetzungen werden mit unerbittlicher Härte ausgefochten, wobei parteipolitische Motive eine nicht zu übersehende Rolle spielen. Aus Sicht der Sozialisten und der Grünen im EP hätten die europäischen Konservativen einschließlich Kommissionspräsidentin Ursula von der Leyen (CDU) Orbán viel zu lange die Treue gehalten und Sanktionen verschleppt.

Gemeinschaft, Sprache, Christentum

Aber worum geht es im Kern? Das Vorgehen der EU gegen Ungarn ist von der Sorge gespeist, dass sich im Zentrum Europas dauerhaft ein System der „illiberalen Demokratie" etablieren könne. Viktor Orbán selbst gebrauchte diesen Begriff erstmals im Jahr 2014. Seine Partei hatte kurz zuvor bei den Wahlen die Zweidrittelmehrheit im ungarischen Parlament erobert. Mit dieser Gestaltungsmacht im Rücken entwarf der Regierungschef in einer Grundsatzrede, gehalten vor der ungarischen Minderheit in Rumänien am 26. Juli 2014, seine Vision des „arbeitsbasierten Staates". In dieser Rede betonte Orbán eingangs, dass die Zweidrittelmehrheit gerade auch den „außerhalb der heutigen (sic!) ungarischen Staatsgrenzen lebenden Ungarn" zu verdanken sei.[98] Sodann stellte er auf die globale Finanzkrise von 2008 als Wendepunkt für die westlich-kapitalistische Wirtschafts- und Gesellschaftsordnung ab. Der Zusammenbruch der Märkte habe, so Orbán sinngemäß, die strukturellen Schwächen der bisherigen westlichen Ordnung offengelegt – zulasten der arbeitenden Mittelschicht, die der eigentliche Leidtragende der Finanzkrise gewesen sei. In der Folge gehe es nun um die Frage, welche Staatsform am ehesten geeignet sei, eine Nation erfolgreich zu machen. Dies lenke den Blick auf Systeme, die „nicht westlich, nicht liberal, und keine liberalen Demokratien, vielleicht nicht einmal Demokratien" seien und trotzdem Nationen erfolgreich machten. Orbán wörtlich: „Die ,Stars' der internationalen Analysen sind heute Singapur, China, Indien, Russland, die Türkei." Auch Ungarn müsse sich mit Blick auf den Erfolg dieser Nationen „von den in Westeuropa akzeptierten Dogmen und Ideologien lossagen". Und selbst wenn es zur „Kategorie der Blasphemie" gehöre, müsse ausgesprochen werden, dass „eine Demokratie nicht notwendigerweise liberal sein muss". Stattdessen wolle und sollte Ungarn „eine auf Arbeit basierte Gesellschaft organisieren, die (...) nicht liberaler Natur ist". Das Organisationsprinzip der ungarischen Gesellschaft solle nicht sein, dass man „alles darf, was die Freiheit von anderen nicht einschränkt, sondern das Prinzip soll sein: Was du nicht willst, was man dir tu, das füg' auch keinem andern zu". Ob Orbán damit auf Immanuel Kants kategorischen Imperativ referenzieren wollte, sei einmal dahingestellt. Für den Fidesz-Chef jedenfalls ist die ungarische Nation „nicht einfach eine bloße Ansammlung von Individuen, sondern eine Gemeinschaft, die organisiert, gestärkt, ja sogar aufgebaut werden muss". In diesem Sinne sei „der neue Staat, den wir in Ungarn bauen, kein liberaler Staat, sondern ein illiberaler Staat". Dieser verneine nicht die Grundwerte des Liberalismus, wie die Freiheit, mache aber „diese Ideologie nicht zum zentralen Element der Staatsorganisation".

Fünf Jahre später und somit vier Jahre nach der Flüchtlingskrise von 2015 zeigte Orbán sich hochzufrieden mit den zwischenzeitlich erzielten Erfolgen eines „auf dem Prinzip der Gemeinschaft" aufbauenden Systems. So habe Ungarn seine Selbstbestimmung zurückerlangt, „der IWF ist nach Hause gegangen, gegenüber Brüssel haben wir unseren Kampf erfolgreich ausgefochten und wir haben auch unsere Grenzen gegenüber der Migration verteidigt"[99]. Mit Blick auf die EU sei es gelungen zu verhindern, dass „die Kandidaten von George Soros" und „ideologische Guerillas" an die Spitze der wichtigsten Institutionen gesetzt worden seien, während die Kommission nun von einer „über eine praktische Herangehensweise verfügende Familienmutter von sieben Kindern" (gemeint: Ursula von der Leyen, Anm. d. Verf.) geleitet werde. Davon unbeschadet, müsse die Kommission mit ihrem „politischen Aktivismus aufhören". Alle Fragen im Zusammenhang mit der Migration müssten dem Rat der Innenminister übergeben werden. Der Gedanke eines europäischen Grundeinkommens müsse verworfen werden, stattdessen brauche es Arbeitsplätze und Steuersenkungen. Statt den Migranten müsse man „das Geld den europäischen Familien geben, damit sie möglichst viele Kinder aufziehen".

Seit der Regierungsübernahme 2010, so Orbán weiter, habe man den Rahmen der kapitalistischen Marktwirtschaft erhalten, aber „die Organisationsweise der Gesellschaft, der Gemeinschaft" radikal verändert. „Demokratie ja, Liberalismus nein", so fasst Orbán die dahinterstehende Devise nochmals zusammen und macht klar, warum er das (im westlichen Sinne) Liberale verachtet. Aufgrund der liberalen Auffassung von Freiheit könne man nur dann frei sein, wenn man sich „all dessen entledigt, was einen irgendwohin zugehörig macht: der Grenzen, der Vergangenheit, der Sprache, der Religion, der Kultur und der Tradition". Demgegenüber vertrete die illiberale Demokratie den Standpunkt, dass „die Berufung auf die Freiheit des Einzelnen (...) die Interessen der Gemeinschaft nicht überschreiten" könne. Illiberal sei, wer seine Grenzen verteidige, seine nationale Kultur schütze und äußere Einmischung zurückweise. Tatsächlich sei „der Sinn der illiberalen Politik nichts anderes (...) als die christliche Freiheit" und deren Schutz.

Demografie und Migration

2022 schließlich hob Orbán, wiederum vor der ungarischen Minderheit in Rumänien, erneut zu einer Grundsatzrede[100] an, in der er die Demografie als auch weiterhin erste und wichtigste Herausforderung bezeichnete, solange es „viel mehr Begräbnisse als Taufen" gibt. Die zweite große Herausforderung sei die Migration. Diese habe Europa geteilt: Die eine Hälfte sei eine Welt, in der europäische und außereuropäische Völker zusammenlebten. Orbán nennt diese Länder den „Postwesten". Dem stehe Mitteleuropa als das wahre, das ursprüngliche, eben christliche Europa gegenüber. Der Westen, so Orbán, sei im geistigen Sinne nach Mitteleuropa gezogen. Derweil wolle „Brüssel", ergänzt durch „die Soros'schen

Truppen", Ungarn die Einwanderer aufzwingen. Ungarn jedoch wolle nicht „gemischtrassig" werden. Dafür habe man 1456 bei Nándorfehérvár (Belgrad) gekämpft, deshalb habe man die Türken bei Wien aufgehalten, und deshalb hätten die Franken die Araber bei Poitiers aufgehalten.

Mit Blick auf den Ukrainekrieg macht Orbán klar, dass dies „nicht unser Krieg" sei. Russland habe vor Kriegsausbruch „einen sehr klaren Sicherheitsanspruch" formuliert und den Amerikanern zugeschickt. Darin habe Moskau gefordert, die Ukraine solle niemals Mitglied der NATO werden. Der Westen habe dieses „Angebot" abgewiesen und sei nicht einmal bereit gewesen, darüber zu verhandeln. Diese Zurückweisung habe dann „jene Konsequenz ausgelöst, dass die Russen heute mit der Waffe jenen Sicherheitsansprüchen Geltung verschaffen wollen, die sie früher auf dem Verhandlungswege erreichen wollten". Eine neue Strategie sei notwendig, in deren Mittelpunkt nicht das Gewinnen des Krieges, sondern Friedensverhandlungen und das Formulieren eines guten Friedensangebotes stehen müssten. Für Ungarn selbst laute das Schlüsselwort „fernbleiben". Ungarn gelinge es, seine Erfolge zu bewahren, „wenn wir dem Krieg fernbleiben, wenn wir nichts mit der Migration zu tun haben, wenn wir dem Genderwahn fernbleiben" und „von der europäischen allgemeinen Rezession ausgenommen" bleiben. Ungarn als „lokale Ausnahme" – in dieser Formel fasst Orbán seine christlich-nationalistische Vision zusammen.

Brüssel als Feindbild

Orbáns Reden, die teils ins diffus Völkische abdriften, sind nach dem klassischen Freund-Feind-Schema aufgebaut: dort der dekadente „Postwesten", der infolge hyperkapitalistischer Finanzspekulation, Überfremdung, abnehmenden Leistungswillens, eines falsch verstandenen Freiheits-

Orbáns Reden sind nach dem klassischen Freund-Feind-Schema aufgebaut.

begriffs, „Genderwahns" sowie der Abkehr von christlichen Werten im Niedergang begriffen sei; und hier das christliche, familiäre Werte sowie den nationalen Geist kultivierende Ungarn, in welchem die Gemeinschaft mehr zähle als das Individuum und dessen Regierung alle Ungarn vor Islamisierung, ideologisch-anmaßender EU-Bürokratie, US-amerikanischem Finanzkapitalismus und *woker* Identitätspolitik bewahre. Orbán ist ein radikaler Populist, der sein Land als Bollwerk christlich-nationalistischer Wertvorstellungen gegenüber einer postmodernen, traditionsbefreiten Libertinage positioniert. Erkennbar geht es dabei um zwei unterschiedliche Vorstellungen von Freiheit: die sehr weitreichende individualistische, konsumistische Freiheitsidee zum einen, die eher kollektivistisch ausgerichtete, christlich basierte Freiheitskonzeption zum anderen. Ungarn als werteorientierte, in ihren Traditionen verhaftete Volksgemeinschaft – mit dieser Profilierung schürt Orbán den Streit mit den EU-Institutionen, insbesondere dem Europäischen Parlament. Orbán nutzt diesen Streit, diese gezielte Polarisierung, um sich als starker Mann[101] in Szene zu setzen, der die ungarische Nation heldenhaft gegen jegliche, in Sonderheit kulturelle Bedrohung von außen und innen sowie gegen die „liberal-progressiven Supranationalisten" in Brüssel verteidigt. In gewisser Weise knüpft Orbán dabei auch an die historische Tatsache an, dass es Ungarn seit Jahrhunderten stets gelungen war, in den jeweiligen Staatenverbünden – dem Osmanischen Reich, der Habsburgermonarchie sowie dem Sowjetreich (Stichwort „Gulaschkommunismus") – eine gewisse Eigenständigkeit zu bewahren. Das Risiko des Entzugs von EU-Mitteln in zweistelliger Milliardenhöhe ist ihm dabei bewusst; allerdings gibt das Einstimmigkeitsprinzip im Rat dem ungarischen Premier einen Hebel an die Hand, um das Thema Rechtsstaatlichkeit mit anderen, davon völlig losgelösten Themen – etwa der Einführung einer globalen Mindeststeuer, die ohne Ungarns Zustimmung nicht hätte beschlossen werden können – zu verknüpfen und die EU dadurch zu lähmen. Tatsächlich scheut Viktor Orbán im Dauerclinch mit Brüssel vor dem Mittel der Erpressung keineswegs zurück.

Was bedeutet dies für die künftigen Beziehungen zwischen Ungarn und der EU? Und wie groß ist die Gefahr, dass auch andere, benachbarte Staaten sich vom Konzept der illiberalen Demokratie anstecken lassen? Fest steht: Nachdem Orbán und die Fidesz im Wahlbündnis mit der Christlich-Demokratischen Volkspartei Anfang April 2022 die Parlamentswahlen gewonnen haben und im Parlament erneut über eine Zweidrittelmehrheit verfügen, muss zumindest für die Jahre bis 2026 mit einer weiteren Verhärtung der Fronten gerechnet werden. Ungarn, von der NGO „Freedom House" als „Hybridstaat in der Grauzone zwischen Demokratien und Autokratien" eingestuft,[102] wird die EU auch weiterhin provozieren und versuchen, die Grenzen der illiberalen Demokratie noch weiter hinauszuschieben, wie im Jahr 2020 bei Verhängung des nationalen Notstands infolge der Coronapandemie. Für Orbán geht es dabei perspektivisch auch darum, sein politisches Erbe über seine eigene Person hinaus zu sichern. Seine tatsächlichen Spielräume werden dabei jedoch nicht unerheblich durch den Grad der Abhängigkeit Ungarns von EU-Fördermitteln definiert. Und diesen Hebel nutzt Brüssel mit aller Härte: Im Dezember 2022 kündigte die EU-Kommission an, sämtliche Gelder aus dem sogenannten Kohäsionsfonds, die Ungarn in den kommenden Jahren erhalten soll, vorerst einzufrieren. Dabei geht es um insgesamt 22 Milliarden Euro.[103]

Die EU-Institutionen sind fest entschlossen, an Ungarn ein Exempel zu statuieren: Bis hierhin und nicht weiter, lautet die Botschaft nicht nur nach Budapest, sondern in Richtung aller Mitgliedstaaten, die aus dem Grundwertekonsens der EU auszuscheren drohen oder offen mit autoritären Strukturen flirten. Mehr denn je betrachten Brüssel und Straßburg es als ihre Mission, die EU als Wertegemeinschaft gegen Feinde von außen wie auch von innen zu verteidigen. Neben Ungarn richtet sich der Blick dabei seit einigen Jahren zunehmend auch auf Polen.

Die EU-Institutionen sind fest entschlossen, an Ungarn ein Exempel zu statuieren.

POLEN

Polens Weg in die illiberale Demokratie (Stand dieses Kapitels: Oktober 2023) setzte etwas später ein als in Ungarn, namentlich nach dem Sieg der PiS-Partei (*Prawo i Sprawiedliwość* – Recht und Gerechtigkeit) unter Jarosław Kaczyński bei den Parlamentswahlen im Jahr 2015. PiS hatte zuvor bereits von 2005 bis 2009 die Regierung in Warschau gestellt, um dann jedoch von der Bürgerplattform unter Führung von Donald Tusk abgelöst zu werden. Nach dem Gewinn der absoluten Mehrheit 2015 machte Kaczyński klar, dass er Polen nach dem Vorbild Ungarns in Richtung einer auf christlich-nationalen Werten basierenden Gesellschaft umgestalten wolle. Gestärkt sahen er und Premierministerin Beata Szydło[104] sich bei diesem Ansinnen vor allem durch die Bevölkerung in den ländlichen, östlich gelegenen Regionen Polens, die – anders als die liberal-aufgeklärten, westlich orientierten Finanz- und Wirtschaftskreise in Warschau – einem eher traditionellen, im katholischen Glauben verankerten Lebensstil anhängen.

Einen zentralen Hebel zur Umsetzung ihrer Vorstellungen sahen Kaczyński und seine Gefolgsleute im Umbau des polnischen Gerichtswesens, insbesondere des Verfassungsgerichts. Dieses sollte, um die angestrebte gesellschaftspolitische Neuausrichtung zu befördern, mehrheitlich mit PiS-Getreuen besetzt werden. Zu diesem Zweck versagte die neue Regierung drei noch von der Vorgängerregierung ernannten Verfassungsrichtern ihre Anerkennung und ersetzte sie durch eigene Kandidaten.[105] Weil sie die entsprechenden Verfahren als zweifelhaft erachtete, leitete die EU-Kommission daraufhin bereits 2016 ein erstes Verfahren zur Überprüfung der Rechtsstaatlichkeit in Polen ein. Brüssel zeigte sich besorgt, dass die Gewaltenteilung im Sinne Montesquieus in Warschau ins Wanken geraten könnte. Derweil betonte Kaczyński, dass es nicht zuletzt darum gehe, verbliebene postkommunistische Kräfte in der Gerichtsbarkeit zu eliminieren. Kaczyński, der gemeinsam mit seinem (später bei einem Flugzeugabsturz ums Leben gekommenen) Zwillingsbruder Lech zum Zeitpunkt der Wende eine Zeitlang mit Solidarność-Führer Lech Walesa kooperiert hatte, betrachtet es als seine Mission, die Revolution von 1989 zu vollenden und das *Ancien Régime* samt seiner – wie er meint – immer noch in den staatlichen Institutionen herumspukenden Übeltäter ein für alle Mal zu beseitigen. Tatsächlich gelang es der PiS in den ersten Jahren nach ihrem Wahlsieg, ihren Zugriff auf die Gerichte sukzessive zu verstärken und immer mehr Schlüsselpositionen der Judikative, in Sonderheit des Verfassungsgerichts, mit Parteigängern zu besetzen. Um auch die letzten Widersacher zu beseitigen, wurde 2018 das Rentenmindesteintrittsalter für Richter herabgesetzt – ein allzu durchsichtiger Trick, mit dem Gegner in den vorzeitigen Ruhestand geschickt werden konnten. Parallel dazu wurden alle Staatsanwaltschaften dem Justizminister unterstellt, was diesem die Möglichkeit eröffnete, beliebig in laufende Verfahren einzugreifen – ein weiterer gezielter Anschlag auf die Unabhängigkeit der Justiz. Wichtig an dieser Stelle: Zum Justizminister hatte Kaczyński Zbigniew Ziobro von der Kleinpartei „Solidarisches Polen" ernannt, auf dessen Unterstützung als Koalitionspartner die PiS angewiesen war.

Der Streit um die Disziplinarkammer

Eigentlicher Stein des Anstoßes für die andauernden Auseinandersetzungen Polens mit der EU war sodann die Einrichtung der Disziplinarkammer am Obersten Gericht im Jahr 2018. Diese sollte Richter, die die Entscheidungskompetenz oder Legalität eines anderen Richters, einer Kammer oder eines Gerichts anzweifelten, mit Geldstrafen belegen, herabstufen oder entlassen können. Die Mitglieder der Disziplinarkammer wurden vom Landesjustizrat ernannt, dessen Mitglieder jedoch seit der Justizreform von 2017 nicht mehr von anderen Richtern, sondern vom Sejm, dem polnischen Parlament, gewählt werden – in dem die PiS die stärkste Fraktion stellt. Damit war aus Brüsseler Sicht der Rubikon über-

schritten: Im Oktober 2019 leitete die Kommission ein Vertragsverletzungsverfahren gegen Polen ein – Warschau stand von nun
an unter engster Beobachtung. Es folgte eine Kaskade gegenseitiger
Anschuldigungen und Verurteilungen: Im Juli 2021 urteilte der
Europäische Gerichtshof, Polen verstoße mit der Disziplinarkammer gegen Unionsrecht.[106] Daraufhin kündigte Kaczyński an,
die Kammer in ihrer bestehenden Form abschaffen zu wollen.
Davon unbeschadet, verkündete das polnische Verfassungsgericht,
dass Teile des EU-Rechts „unvereinbar mit der Verfassung Polens"
seien. Schließlich verurteilte der EuGH Polen am 21. Oktober 2021
zu einer Geldstrafe von täglich einer Million Euro bis zur vollständigen Auflösung der Disziplinarkammer.[107] Zudem behält die EU
Hilfsmittel aus dem Corona-Wiederaufbaufonds sowie aus dem
Kohäsionsfonds in einem Gesamtumfang von 110 Milliarden Euro
bis zur Klärung sämtlicher Streitpunkte ein – ein Druckmittel, welches, wie gezeigt, Brüssel auch gegenüber Ungarn einsetzt. Angesichts der gewaltigen Summen, um die es geht, leitete Warschau
schließlich Reformen der Disziplinargerichtsbarkeit ein, die den
EuGH im April 2023 dazu veranlassten, das tägliche Bußgeld auf
500.000 Euro zu halbieren. Kurz zuvor hatte die EU-Kommission
im Streit über die Prinzipien der Rechtsstaatlichkeit Klage gegen
Polen beim EuGH eingereicht. Zuletzt gab Warschau bekannt,
die Disziplinarkammer nicht aufheben, aber umstrukturieren zu
wollen.[108]

Zeitgleich mit der Einflussnahme auf die Justiz hat die PiS-
Regierung seit 2015 zahlreiche Schritte unternommen, um die
Unabhängigkeit der Medien einzugrenzen. So verschaffte sich die
Regierung mit dem neuen Mediengesetz die Handhabe, wichtige
Posten in den staatlichen Medien mit Parteigängern zu besetzen.
2020 übernahm der staatliche Ölkonzern Orlen die Polska Press,
wodurch nicht weniger als 20 von 24 regionalen Tageszeitungen
unter staatliche Kontrolle gerieten. Das Rundfunkgesetz von 2021
sieht vor, dass außereuropäische Investoren sich mit maximal

49 Prozent an polnischen Medienunternehmen beteiligen dürfen. Dadurch sollte das US-Unternehmen Discovery, welches Anteile am PiS-kritischen Sender TVN hält, aus Polen herausgedrängt werden. Der Beschluss führte zu erheblichen Verstimmungen zwischen Polen und den USA, die darin eine Beschränkung sowohl der Medien- und Meinungs- als auch der unternehmerischen Freiheit sahen. Ende Dezember 2021 legte Polens Staatspräsident Duda sein Veto gegen das Gesetz ein.

Zu den Auseinandersetzungen um die Freiheit der Justiz und der Medien kommen im Dauerzwist zwischen Brüssel und Warschau das äußerst restriktive polnische Abtreibungsrecht sowie die ablehnende Haltung der PiS-Partei gegenüber der gleichgeschlechtlichen Ehe hinzu. Insgesamt ergibt sich, vergleichbar mit Ungarn, das Bild einer ideologisch aufgeladenen Politik, die sich erkennbar vom linksliberalen Mainstream des westlichen, als „postnational" wahrgenommenen EU-Europa distanziert und einen eigenen, nationalkonservativen Kurs mit christlicher Unterfütterung dagegensetzt. Der bulgarische Politologe Ivan Krastev und sein Ko-Autor Stephen Holmes sind 2019 in ihrem Buch „Das Licht, das erlosch" der Frage nachgegangen, wie es nach der anfänglichen Begeisterung für das westliche Zivilisations- und Wirtschaftsmodell zu dieser Entfremdung kommen konnte. Die Staaten Ostmitteleuropas, so schreiben sie, hätten nach 1989 im Rausch des Sieges der Freiheit das westliche Modell als alternativlos betrachtet und entsprechend unreflektiert nachgeahmt. Eine Anpassung an die besonderen Gegebenheiten, wie sie etwa in Polen oder Ungarn anzutreffen waren, habe nicht stattgefunden. Umso größer sei die Ernüchterung gewesen, als sich herausgestellt habe, dass auch das westliche Modell Unzulänglichkeiten aufweise. Die Weltfinanzkrise von 2008 mit der Folge wachsender sozialer Unterschiede habe die Glaubwürdigkeit der Marktwirtschaft erschüttert. Auch der Glaube an eine allzu offene Gesellschaft, die sich jeglicher Ordnungsinstanzen entledigt habe, sei erodiert. Derweil seien große Teile der jungen, gebildeten Bevölkerung der Staaten Ost- und Mitteleuropas nach Deutschland, Großbritannien oder in die Vereinigten Staaten ausgewandert. Die demografische Entwicklung zuhause sei nicht geeignet, den Aderlass zu kompensieren, während die Flüchtlingsströme aus der arabischen Welt wachsende Ängste vor einer Überfremdung aufkommen ließen, kurzum: Die „große Nachahmung" habe zu einer noch größeren Desillusionierung und allgemeinen Verunsicherung geführt – der perfekte Nährboden für Populisten vom Schlage eines Viktor Orbán oder Jarosław Kaczyński.[109]

Polen als Partner

Während diese soziokulturelle Entfremdung noch anhielt und die Fronten zwischen Polen und der EU (genauso wie zwischen Ungarn und Brüssel) sich immer weiter verhärteten, warf Putins Angriff auf die Ukraine im Februar 2022 die Koordinaten des Beziehungsgefüges zwischen PiS und Brüssel vollständig durcheinander. Vom Tag des Kriegsausbruchs an war allen Beteiligten klar, dass Polen und der Westen – EU, NATO, die USA – im Kampf gegen Putin aufs Engste zusammenarbeiten und möglichst jeden Schritt miteinander abstimmen würden. Als NATO-Partner war auf Polen immer Verlass gewesen – dem Land war aufgrund seiner exponierten geografischen Stellung schon vor dem Krieg eine Sonderrolle im Rahmen der Bündnisstrategie zugewachsen. Polens Erzfeindschaft zu Russland, welche in einer jahrhundertealten Unterdrückungserfahrung begründet liegt, trägt ein Übriges dazu bei, dass NATO und EU sich bei ihrem Bemühen, Putin zurückzudrängen, weitreichend auf Polen verlassen können. So liefert Polen der Ukraine in nennenswertem Umfang Waffen und leistet wichtige logistische Unterstützung. Zugleich öffnete Polen seine Grenzen in großzügiger Weise für rund drei Millionen ukrainischer Flüchtlinge und nahm diese als Brudervolk bei sich auf. Diese

Durch Putins Angriff auf die Ukraine ist Polen eine neue Rolle zugewachsen.

Solidarität Polens mit der Ukraine (Ausnahme: der zeitweilige Boy-kott ukrainischer Getreidelieferungen) stärkte zwar Warschaus Position im ewigen Fingerhakeln mit Brüssel. Von ihrer Entschlossenheit, das PiS-Regime durch das Einfrieren finanzieller Zuwendungen auf den Kurs der Rechtsstaatlichkeit sowie der Medien- und Meinungsfreiheit zurückzuzwingen, ließen sich EU-Kommission und Europäisches Parlament dadurch aber nicht abbringen.

SONDERFALL USA – „CHECKS AND BALANCES" *NO MORE?*

„Lange haben wir uns damit beruhigt, dass die amerikanische Demokratie garantiert ist. Aber sie ist es nicht. Wir müssen sie verteidigen. Sie beschützen. Für sie einstehen. (…) Donald Trump und die MAGA-Republikaner repräsentieren einen Extremismus, der die Grundfesten unserer Republik bedroht." Mit diesen mahnenden Worten wandte sich US-Präsident Joe Biden Anfang September 2022 auf einer Wahlkampfveranstaltung in Philadelphia – dem Unterzeichnungsort der Unabhängigkeitserklärung und der US-amerikanischen Verfassung – an seine Anhänger.[110] Wenige Wochen vor den Midterm-Elections (bei denen Bidens demokratische Partei die Mehrheit im Senat halten, jedoch das Repräsentantenhaus an Donald Trumps Republikaner verlieren sollte) spielte Biden damit auf die beharrliche Nichtanerkennung seines Wahlsiegs bei den Präsidentschaftswahlen vom November 2020 durch seinen Vorgänger und Widersacher Donald Trump an. Biden und das demokratische Lager zeigen sich empört: Wer das Ergebnis einer ordnungsgemäß durchgeführten Wahl leugne, der lasse jeden Respekt vor der freien Entscheidung der Wählerinnen und Wähler vermissen und rüttele an den Grundfesten des gesamten politischen Systems. Trump und seine Anhänger hingegen werfen den Demokraten Wahlbetrug vor; das Ergebnis, so sagen sie, sei nicht unter rechtmäßigen Umständen zustande gekommen.

Um ihrer Leugnung der Niederlage Trumps Ausdruck zu ver-
leihen, wählten rund 1 200 seiner Fans einen Weg, der die US-amerikanische Demokratie für einen dramatischen Augenblick ins
Wanken geraten ließ: Am 6. Januar 2021 – dem Tag, an dem der
Wahlsieg Bidens durch die beiden Parlamentskammern offiziell
bestätigt werden sollte – stürmten sie das Washingtoner Kapitol.
Trump hatte auf einer Kundgebung wenige Stunden zuvor bekräf-
tigt, dass er das Wahlergebnis nicht anerkenne und dass der
Moment gekommen sei „to walk down Pennsylvania Avenue".
Während der frühere Präsident selbst sich nach seiner Rede jedoch
zurückzog, verstanden zahlreiche Besucher seiner Kundgebung
Trumps Worte als Aufruf, sich zum Kapitol zu begeben. Wenig
später drangen Hunderte von Demonstrantinnen und Demonstranten in das Parlamentsgebäude ein, liefen die Flure hinab, stürmten
Büros und wüteten. Fünf Personen kamen bei den tumultartigen
Ereignissen, die die Welt erschütterten, ums Leben. Gegen Trump
wurde wegen der Ereignisse ein zweites Impeachmentverfahren
eingeleitet, welches er jedoch, da keine Zweidrittelmehrheit gegen
ihn zustande kam, unbeschadet überstand. Davon unabhängig,
haftet ihm seither der Vorwurf an, die amerikanische Demokratie samt ihrer Institutionen aus den Angeln heben zu wollen.[111] Im
Dezember 2022 empfahl der mit den Ereignissen des 6. Januar
2021 befasste Kongressausschuss, ein Strafverfahren gegen Trump
einzuleiten.

Demokratie in Amerika

Das Wesen der US-amerikanischen Demokratie, mit dem sich
der französische Gelehrte Alexis de Tocqueville in seinem 1835
erschienenen Werk „De la démocratie en Amérique" eingehend
befasst hatte, sind die *checks and balances*. Sie sollen garantieren,
dass im gewaltenteiligen System Exekutive (Präsident), Legislative
(Kongress, bestehend aus Repräsentantenhaus und Senat) sowie

Judikative (Supreme Court) zueinander im steten Gleichgewicht stehen, somit keine Institution eine andere oder die anderen dominiert.[112] Dazu werden die einzelnen Institutionen mit robusten Mitteln ausgestattet: So kann der Präsident gegen Entscheidungen des Kongresses sein Veto einlegen. Der Supreme Court kann Gesetze für verfassungswidrig erklären. Der Kongress kann – entsprechende Mehrheiten vorausgesetzt – den Präsidenten seines Amtes entheben und Untersuchungsausschüsse einrichten. Auf der Bundesebene erscheint diese sorgsam austarierte Machtbalance, die direkt auf Charles de Montesquieus „Geist der Gesetze" (s. o.) zurückgeht, auf den ersten Blick intakt. Zumindest zwischen Präsident und Kongress funktioniert sie; dass das Repräsentantenhaus zur Mitte einer präsidentiellen Amtsperiode an die Opposition fällt, ist eher die Regel als die Ausnahme. Und da der vorausgesagte Erdrutschsieg für Trump ausblieb, werden Demokraten und Republikaner sich bis zur Präsidentschaftswahl 2024 zu jedem einzelnen Gesetz in den Nahkampf begeben müssen. Jede Seite wird dabei Federn lassen, von ihren Ursprungsforderungen abrücken müssen – *checks and balances*.

Mit wachsendem Argwohn blicken Beobachter allerdings auf die Rolle des Supreme Court: Wie jeder Präsident, so unternahm auch Trump alles, um den Obersten Gerichtshof mit Gewährsleuten zu besetzen. Trump gelang dies auf eindrucksvolle Weise – die Mehrheit republikanisch gesinnter oberster Richter ist auf Jahre, wenn nicht Jahrzehnte (die Richter werden auf Lebenszeit ernannt) gesichert. Nicht weiter überraschend, führte dies dazu, dass das historische Urteil von 1973 zur Legalisierung der Abtreibung – *Roe vs. Wade* – 2022 durch den Supreme Court mehr oder weniger gekippt wurde. Fortan ist es den Bundesstaaten überlassen, über die Zulässigkeit des Schwangerschaftsabbruchs zu entscheiden. Im Juni 2023 entschied das Oberste Gericht, dass die Zulassung zu Amerikas Universitäten nicht von der Hautfarbe abhängen und somit afrikanisch-amerikanische Bewerberinnen und Bewerber nicht gegenüber solchen asiatischer Herkunft bevorzugt werden dürfen – das Ende der sogenannten *affirmative action*. Die Sorge der Progressiven besteht darin, dass der Gerichtshof demnächst in ähnlicher Weise auch über die *same sex marriage* neu urteilen und zugleich den privaten unbeschränkten Waffenbesitz trotz wiederholter Massaker an Schulen oder öffentlichen Orten dauerhaft garantieren könne – fundamentale Streitthemen, die Republikaner und Demokraten seit Jahrzehnten entzweien. Dabei ist der „tiefe Graben", von dem der Journalist Ezra Klein spricht, zuletzt immer unüberwindbarer, die Spaltung der US-amerikanischen Gesellschaft immer offensichtlicher geworden.[113]

Der tiefe Graben

Worin besteht diese Spaltung – und woher rührt sie? Eine Ursache – und zugleich Ausdruck – zunehmender Entfremdung ist im Siegeszug der Identitätspolitik zu sehen. Anhänger dieser Politik definieren sich weniger über das, was sie – beispielsweise beruflich – tun, als über das, was sie sind. Die Hautfarbe eines Menschen, seine Religion, die lokale Verankerung (Stadt oder Land) und in besonderem Maße seine sexuelle Orientierung machen demnach den Menschen aus. Diese Fixierung auf die jeweilige Identität führt zu der Erwartung, in und mit genau dieser Identität auch wahrgenommen, respektiert und ge- oder beschützt zu werden. Vertreter der Identitätspolitik sehen sich grundsätzlich als Minderheit. Sie positionieren (manche sagen: inszenieren) sich als Opfer rassistischer, antisemitischer, homo- oder transphober Kräfte, die es – als Repräsentanten der *white supremacy* – versäumten, Sklaverei und Kolonialismus zu verurteilen und anhaltende Rassentrennung zu bekämpfen. Weiße Suprematisten, so der Vorwurf, diskriminierten Schwarze, Homosexuelle oder Einwanderer am Arbeitsplatz, bei der Zuweisung von Wohnungen oder der Vergabe von Krediten. Weiße übten Macht gegenüber Minderheiten unterschiedlicher Art aus, um so ihre gesellschaftliche Vorrangstellung abzusichern.

Diese strukturellen Benachteiligungen gelte es – nicht zuletzt im Sinne von Black Lives Matter – zu bekämpfen und diversen Minderheiten mehr Rechte, Anerkennung und materielle Unterstützung zu verschaffen. Jeglicher latenten Diskriminierung gegenüber gelte es, wach – *woke* – zu sein.

Donald Trump und seine Anhänger lehnen – ähnlich wie die rechtspopulistischen Regime in Mittelosteuropa – den *wokeism* und somit eine progressive Gesellschaftspolitik mit aller Entschiedenheit ab. Sie sind mehrheitlich gegen eine liberale Einwanderungspolitik, gegen die gleichgeschlechtliche Ehe, die Selbstbestimmung des Geschlechts sowie den Schwangerschaftsabbruch. Auch verwahren sie sich gegen den Vorwurf, rassistisch eingestellt zu sein. Für Trumps Republikaner sind Identitätspolitik und *wokeism* vielmehr Ausfluss einer elitären, an den Universitäten der Ostküstenstaaten und Kaliforniens kultivierten Geisteshaltung, die mit der harten sozioökonomischen Realität wenig zu tun habe. Die Realität, das seien die Arbeiter in den Fabriken des *rust belt*, deren Existenz durch den globalen Wettbewerb und die Automatisierung gefährdet sei. Es seien diese *citizens of somewhere*[114], denen die Politik sich zuwenden, denen sie ihren Stolz und ihre materielle Sicherheit zurückgeben müsse. Dies sei allerdings nur möglich, wenn Amerika im internationalen Wettbewerb – insbesondere gegenüber China – andere Saiten aufziehe, die illegale Migration begrenze und seine kostspieligen außenpolitischen Engagements (Syrien, Afghanistan) beende – *America first*. Um einer solchen, den einfachen Arbeiter oder kleinen, unvermögenden Angestellten bevorzugenden Politik zum Durchbruch zu verhelfen, müsse die elitistisch ausgerichtete, *wokeism* und *postcolonialism* unterstützende Partei der Demokraten mit allen Mitteln bekämpft werden. Dabei müsse sichergestellt werden, dass Wahlergebnisse auch tatsächlich den Wählerwillen widerspiegelten und nicht das Ergebnis unzulässiger Eingriffe seien.

Für Trumps Republikaner sind Identitätspolitik und *wokeism* Ausfluss einer elitären Geisteshaltung.

Die Folgen des tiefen Grabens, der sich durch die US-amerikanische Gesellschaft zieht, sind weitreichend und äußerst problematisch. So untergräbt das Anzweifeln von Wahlergebnissen das Vertrauen der Bürgerinnen und Bürger in die Funktionsfähigkeit der Demokratie. Wenn Trump öffentlich unterstellt, ihm und den Republikanern sei der Wahlsieg im November 2020 „gestohlen" worden, dann suggeriert er damit, dass der rechtmäßige, allen Vorschriften entsprechende Ablauf von Wahlen nicht mehr gesichert sei. Dementsprechend wird versucht, Einfluss auf den Zuschnitt von Wahlkreisen, den Zugang zur Briefwahl sowie die unmittelbaren Umfeldbedingungen am Wahllokal zu nehmen.[115] Es ist absehbar, zu welcher Verunsicherung dies bei den Wählerinnen und Wählern führt. Wenn diese sich des Werts und der Berücksichtigung ihrer Stimme nicht mehr sicher sein können, höhlt dies die Demokratie von innen aus.

Besorgen muss auch die Verhärtung und zugleich Verkümmerung des öffentlichen Diskurses. Die beiden beschriebenen Lager – Progressive und Konservative – stehen sich derart verfeindet gegenüber, dass ein geregelter Austausch der Positionen kaum noch möglich erscheint. Stattdessen müssen die Liberal-Progressiven sich den Vorwurf gefallen lassen, gegnerische Stimmen vorsätzlich aus der öffentlichen Diskursarena auszusperren. Tatsächlich wurde es Kritikern der Identitätspolitik, da sie rassistisch oder homophob eingestellt seien, in zahlreichen Fällen untersagt, Vorträge an US-amerikanischen Universitäten zu halten. Von rechtspopulistischer Seite wird dieses Ausblenden gegnerischer Stimmen als *Cancel Culture* bezeichnet. Die *Cancel Culture* hat das politische Klima in den Vereinigten Staaten zusätzlich vergiftet. Problematisch dabei: Die Meinungsfreiheit, eine Grundvoraussetzung der Demokratie, gerät zunehmend in Mitleidenschaft. Wo früher im öffentlichen Raum Meinung und Gegenmeinung aufeinandertrafen, ziehen die Anhänger der Identitätspolitik und des *America First* sich heute in selbstreferentielle Echokammern zurück. TV-Sender und Journale schlagen sich auf die eine (CNN, New York Times) oder andere (Fox News, Wall Street Journal) Seite und befeuern deren Argumentation und Framing zusätzlich. Die Deliberation – das im Geiste der Aufklärung erfolgende, zwar mühsame, jedoch stets auf gesellschaftlichen Fortschritt abzielende Aushandeln von Kompromissen – verkümmert bis zur Unkenntlichkeit.

Auf dem Rückzug aus der Welt?

Eine dritte problematische Folge der inneren Zerrissenheit der Vereinigten Staaten besteht darin, dass die Bereitschaft, sich global für Freiheit und Demokratie zu engagieren, erkennbar abnimmt. Es war Trump, der den Abzug der Amerikaner aus Afghanistan eingeleitet hat. Aber Joe Biden hat diese Entscheidung nicht kassiert. Zu deutlich ist auch für ihn, dass immer mehr Amerikanerinnen und Amerikaner es nicht mehr als prioritäre Aufgabe und Mission der Vereinigten Staaten betrachten *to make the world safe for democracy.*[116] Ohnehin hätten die USA – so die weit verbreitete Auffassung – beim Kampf gegen den Terror nach den Anschlägen vom 11. September 2001 – wie schon in Vietnam – ihre eigenen Werte verraten, seien moralisch diskreditiert. Aber auch unabhängig davon müsse es nun darum gehen, die heimische Wirtschaft zu stärken, Arbeitsplätze und soziale Gerechtigkeit zu schaffen und den Weg in die Klimaneutralität zu beschreiten. Da blieben keine Ressourcen übrig für kostspielige militärische Engagements zur Verteidigung hehrer moralischer Ziele. Joe Biden muss dieses – von Trump geschürte – Sentiment berücksichtigen, wenn er seine Wiederwahl (oder die Wahl eines demokratischen Nachfolgers) nicht gefährden will. Was aber diese Besinnung Amerikas auf sich selbst in Verbindung mit einer offen protektionistischen Wirtschafts- und Industriepolitik für Freiheit und Demokratie weltweit bedeutet, ist noch nicht abzusehen. Dass autoritäre, von Macht-

und Raumhunger getriebene Regime in Regionen vorstoßen, die vormals in den Genuss eines US-amerikanischen Schutzschirms kamen, ist keinesfalls auszuschließen und teilweise schon zu beobachten. Europa scheint aktuell nicht in der Lage, diese Entwicklung substantiell aufhalten zu können. So resultiert aus der tiefen Verunsicherung der amerikanischen Demokratie auch eine Gefahr für die Freiheit weltweit.

ZWISCHENBETRACHTUNG

Unser kurzer „Blick in die Welt", der naturgemäß und ganz bewusst nur ausgewählte Staaten beleuchtet, zeigt zweierlei: Zum einen ist der freie Westen in wachsendem Maße von Staaten umgeben, in denen das Autoritäre, das Antidemokratische, ja das Diktatorisch-Totalitäre vorherrschend ist. In diesen Regimen zählt das Kollektiv viel, das Individuum und dessen Autonomie hingegen wenig bis gar nichts. Die Wahlen sind nicht frei, die Medien sind es auch nicht, während der Staat – oftmals auch in der Wirtschaft – allpräsent ist. Bürgerliche Grundrechte, wie wir sie in der westlichen Welt kennen und jeden Tag genießen dürfen, kommen in diesen Regimen nicht vor, die Gewalten sind nicht geteilt. Ein Grund dafür: Die Aufklärung ist über bestimmte Regionen – West- und Zentraleuropa, die Vereinigten Staaten von Amerika, Kanada, Australien und Neuseeland – nie hinausgekommen. Gewiss, es gab Phasen, in denen das zaristische Russland sich dem Gedankengut der Aufklärung zugewandt hat. Auch hat Atatürk der Türkei die Säkularisation oktroyiert, die strikte Trennung von Kirche und Staat, wie sie für Frankreich bis heute konstitutiv ist. In China vollzog Deng Xiaoping Ende der 1970er Jahre den mutigen Schwenk in Richtung marktwirtschaftlicher Methoden und lockte ausländische, kapitalistische Investoren ins Reich der Mitte, ohne freilich die Diktatur der kommunistischen Einheitspartei anzutasten. So blieb es alles in allem in den genannten Staaten bei punktuellen, temporären, eher experimentellen Annäherungen, denen kein Übertritt zum westlichen, zum aufgeklärten Gesellschaftsmodell folgte – mit dem Ergebnis, dass die Demokratie sich heute im Weltvergleich in der Minderheit befindet. Sie umgibt, wie im Zuge des russischen Überfalls auf die Ukraine angemerkt wurde, ein autoritärer Dschungel. Umso mehr ist der Westen dazu aufgerufen, antidemokratische Missstände in aller Welt anzuprangern und über seine eigenen Grenzen hinaus offensiv für die freiheitliche Demokratie einzustehen.

Zum anderen ist bereits seit einigen Jahren festzustellen, dass die freiheitliche Ordnung in nicht wenigen demokratischen Staaten auch von innen heraus bedroht ist. Hier genügt ein Blick nach Polen oder Ungarn – Staaten, an denen die Moderne keineswegs vorübergegangen ist, deren derzeitige Machthaber (Stand: Oktober 2023) jedoch eine erkennbare Neigung zum Autoritären sowie ein hochproblematisches Verhältnis zum Prinzip der Gewaltenteilung haben. Bedrohungen anderer Art sehen wir in den USA, wo der gesittete demokratische Diskurs einem die Grenzen des Anstands überschreitenden Kulturkampf Platz machen musste – mit schwer absehbaren Folgen für das Überdauern der US-amerikanischen Demokratie, ihrer Verfahren und Institutionen.

Wir sehen weitere Gefährdungen der Demokratie neuerdings in Israel, wo der ewige Premierminister Benjamin Netanjahu nur mithilfe religiös-nationalistischer Kleinparteien an die Macht zurückkehren konnte. Gemeinsam stellen die neuen Bündnispartner die Unabhängigkeit des israelischen Verfassungsgerichts in Frage. Dessen Urteile sollen künftig per Parlamentsbeschluss wieder aufgehoben werden können, was selbst hartnäckigste Freunde des Staates Israel dazu veranlasst, ihre Position zu überdenken. Allerdings ist der Streit darüber durch den Angriff der Hamas auf Israel im Oktober 2023 vorerst in den Hintergrund gerückt.

Nicht unproblematisch sind auch jüngere Entwicklungen in Indien, wo Premierminister Modi einen harten hindunationalistischen Kurs fährt, der zu einer zunehmenden Diskriminierung der muslimischen Bevölkerung in Indien führt.

Inwieweit die weitere Etablierung rechtsnationaler Parteien in Deutschland, Frankreich, Italien, Schweden und Spanien dazu beiträgt, die dortigen Demokratien von innen auszuhöhlen, ist im Einzelnen noch nicht abzusehen. Die herablassende Haltung etwa der AfD oder des französischen Rassemblement National, teilweise auch der Brüder Italiens, der spanischen Vox und der Schwedendemokraten gegenüber dem etablierten politischen System, seinen Verfahren und Institutionen ist jedoch nicht zu übersehen. All diesen Bewegungen geht es darum, das „wahre Volk" gegen die – vermeintlich abgehobenen – politischen Eliten in Stellung zu bringen. Vor allem aber geht es, nicht zuletzt mit Blick auf die Eigendynamik der europäischen Integration sowie den stetig steigenden Migrationsdruck auf die EU, um die Wahrung nationaler Identität.

Speziell in Deutschland hat sich – das Narrativ der nationalen Identität bedienend und verstärkend – die „Alternative für Deutschland" unstrittig etabliert. In den Umfragen im Bund lag sie im Sommer 2023 bei über zwanzig Prozent – vor der SPD, weit vor den Grünen und deutlich vor der Partei, die die Freiheit im Namen führt – der FDP. In den ostdeutschen Bundesländern kommt die AfD gar auf Werte oberhalb von dreißig Prozent. Eine häufig gehörte Interpretation für diesen Aufschwung lautet, dass die Parteien der Ampelkoalition – siehe „Heizungsgesetz" – über die Köpfe der Menschen hinweg regieren, während die AfD den Eindruck vermittle, das bessere Gehör für die Alltagssorgen der Bürgerinnen und Bürger zu haben.[117] Derweil wird die AfD im deutschen Parteiengefüge bis auf weiteres als politischer Paria behandelt. Koalitionen mit einer Partei, die die kritischen Blicke des Verfassungsschutzes auf sich zieht und einen offen ausländerfeindlichen Diskurs betreibt, verbieten sich für

In den ostdeutschen Bundesländern kommt die AfD auf Werte oberhalb von 30 Prozent.

111

CDU/CSU, SPD, Grüne, FDP und Linke. Solange aber die Programmatik der AfD nicht in einem Koalitionsvertrag auf Bundes- oder Landesebene auftaucht, scheint die freiheitliche Grundordnung von dieser Seite her bis auf weiteres nicht gefährdet, selbst wenn sie, dem berühmten Diktum Ernst-Wolfgang Böckenfördes zufolge, die „Voraussetzungen nicht garantieren" kann, von denen sie „lebt".

Dies heißt wiederum nicht, dass nicht auch in Deutschland über Einschränkungen von Freiheit, über Infragestellungen der Mündigkeit des Einzelnen geklagt wird und wohl auch geklagt werden muss. Zwar ist kein Frontalangriff auf die freiheitliche Ordnung zu konstatieren. Jedoch kommt es zu subtilen Beschneidungen von Freiheitsräumen, die in der Summe die Gefahr bergen, die liberale Ordnung jeden Tag ein Stück mehr zu unterminieren. So fühlen viele Bürgerinnen und Bürger wie auch Unternehmerinnen und Unternehmer sich beispielsweise durch ein zu hohes Maß an Bürokratie, durch (in ihren Augen) zu hohe Steuern, ein verkrustetes Arbeitsrecht oder das überbordende Sozialsystem in ihren Freiheitsrechten bedrängt. Auch haben die Coronamaßnahmen zu einer erbitterten Debatte über die Konkurrenz zwischen individueller Freiheit und kollektiver Sicherheit geführt. Schließlich wird über Einschränkungen der freien Rede im Zuge der um sich greifenden Wokeness geklagt und eine neue „Schweigespirale" ausgemacht. Worum es bei diesen spezifischen Herausforderungen der Freiheit im Einzelnen geht und inwieweit sie den Fortbestand der liberalen Demokratie am Ende bedrohen könnten – davon soll im nächsten Kapitel die Rede sein.

GEFÄHRDUNGEN DER **FREIHEIT** (II): DER BLICK INS LAND

HANDLUNGSEINSCHRÄNKUNGEN DURCH STAATLICHE BÜROKRATIE

Überzogene bürokratische Vorschriften belasten den Bürger und stehen wirtschaftlichem Wachstum im Wege. Leicht wäre es somit, jegliche staatliche Bürokratie in Bausch und Bogen zu verdammen. Und doch verdient das Thema einen differenzierteren Blick.

Wie bereits beschrieben, stellt der Rechtsstaat einen Raum sowohl einzelbürgerlicher als auch unternehmerischer Freiheiten dar. Unternehmerische Freiheiten sind geeignet, das Wohlergehen einer Volkswirtschaft und somit eines Gemeinwesens zu befördern. Im Mittelalter waren es Händler und Kaufleute, die ihren Territorialfürsten das städtische Marktrecht abrangen – eine zentrale Voraussetzung für das Florieren der freien Städte. Heute verlassen sich Start-ups, Mittelständler und große Konzerne unter Inanspruchnahme weitreichender Freiheiten – Gewerbefreiheit, Niederlassungsfreiheit, Vertragsfreiheit, Preissetzungsfreiheit – darauf, möglichst ungehindert von staatlichen Eingriffen ihren Geschäften nachgehen zu können. Dabei wünschen sie sich keinen Nachtwächterstaat, sondern eine funktionsfähige, ordnende Instanz, die gleiche

Wettbewerbsregeln für alle Marktteilnehmer schafft und diesen die zum Betreiben eines Gewerbes notwendige Infrastruktur (Verkehr, Telekommunikation, Energie, Bildung) zur Verfügung stellt.

Während ein gewisses Maß an Staatstätigkeit somit ausdrücklich gewünscht wird, gehört die Klage über ein Übermaß an Bürokratie dessen ungeachtet seit Jahrzehnten zum Standardrepertoire der Wirtschaft und ihrer Interessenverbände. Gründe für diese Klagen gibt es genug, nur einige ausgewählte seien hier aufgezählt: So müssen Betriebe seit 2020 bei jedem Verkaufsvorgang dem Kunden mit der Ware einen Beleg aushändigen, selbst wenn auch nur ein einziges Brötchen erworben wurde. Oftmals werden die Belege nicht angenommen oder landen direkt im Papierkorb. Betriebe, die Verpackungen herstellen und in Verkehr bringen, müssen sich bei der Zentralen Stelle Verpackungsregister registrieren lassen und den gesamten Lebensweg einer Verpackung einschließlich ihrer Verwertung umfangreich dokumentieren – so will es das Verpackungsgesetz. Arbeitgeber müssen – was durchaus sinnvoll erscheint – Verzeichnisse darüber führen, wann und in welchem Umfang Beschäftigte in Berührung mit gesundheitsgefährdenden Substanzen bis hin zu krebserzeugenden Stoffen geraten sind. Entsprechende Listen müssen bis zu vierzig Jahre aufbewahrt werden.[118] Das zum 1. Januar 2023 in Kraft getretene – Achtung, Wortungeheuer! – Lieferkettensorgfaltspflichtengesetz verpflichtet Unternehmen ab 3 000 (ab 2024: ab 1 000) Mitarbeiterinnen und Mitarbeitern dazu, ihre Einkaufsbeziehungen sowie die Erbringung von Vorleistungen (Auftragsfertigung in Asien o. dgl.) entlang der gesamten Wertschöpfungskette kontinuierlich zu kontrollieren. Etwaige Missstände im Bereich der Menschenrechte oder des Klimaschutzes müssen gemeldet und möglichst umgehend abgestellt werden. Ein entsprechendes Gesetz auf EU-Ebene ist in Vorbereitung und wird auch Schadenersatzansprüche vorsehen. Die EU ist es auch, die die Pflicht zur Erstellung von Nachhaltigkeitsberichten mit weit über 100 „Leistungsindikatoren" auf immer mehr Unternehmen ausdehnt. Derweil klagen Gastwirte über die Lebensmittelhygieneverordnung, der zufolge sie tägliche Aufzeichnungen über Kühlraum-, Kühlschrank- und Tiefkühltemperaturen vornehmen und entsprechende Listen für ein Jahr aufbewahren müssen, deren Wahrheitsgehalt freilich schwer zu überprüfen ist.

Die Auflistung lässt sich beliebig fortsetzen.[119] Dabei sind es insbesondere die umfangreichen Dokumentations- und Belegaufbewahrungspflichten, über die die Unternehmen und ihre Verbände notorisch klagen. Selbiges gilt für die vielen Beauftragten, die sie vorhalten müssen. Die Spannweite reicht vom Datenschutz- über den Klimaschutz- bis hin zum Abfallbeauftragten. Vor allem kleinere Betriebe haben dafür oftmals gar nicht die Kapazitäten. Währenddessen machen langwierige Planungs- und Genehmigungsverfahren, ein kompliziertes Baurecht sowie Brand- und Immissionsschutzbestimmungen vielen Unternehmen das Leben schwer. Auch die nur schleppend vorankommende Digitalisierung der öffentlichen Verwaltung verleidet ihnen die tägliche reibungslose Ausübung ihrer Geschäfte. Dies kommt besonders bei Startups, deren Geschäftsmodelle oftmals rein digital basiert sind, nicht gut an. Als zu hoch empfundene Steuern, Abgaben und kommunale Gebühren tragen ebenfalls dazu bei, dass der Wirtschaftsstandort Deutschland als überreguliert und überbürokratisiert, der Rechtsrahmen als wachstums- und innovationshemmend wahrgenommen wird.[120]

Ganz ohne Staat geht es nicht

Die Diskussion über „zu viel Staat" und einen „längst überfälligen Bürokratieabbau" – keine Verbändetagung vergeht ohne entsprechende Klagegesänge – bewegt sich auf schmalem Grat. Einerseits steht es den Wirtschaftsakteuren zu, möglichst weitreichende Freiheitsräume zu fordern, um profitabel wirtschaften, wachsen, investieren, forschen und nicht zuletzt Arbeitsplätze schaffen zu können. Andererseits ist offenkundig, dass eine effiziente, verlässliche Bürokratie eine zwingende Voraussetzung für erfolgreiches unternehmerisches Wirken ist. Ohne einen staatlichen Rahmen, der buchstäblich „gleiches Recht für alle (hier: Unternehmen)" garantiert, wäre ein geregelter Austausch von Waren und Dienstleistungen zu fairen, transparenten Wettbewerbsregelungen nicht garantiert. Gesetze und Verordnungen sind, zumindest idealtypisch, Ausdruck einer rationalen, vernunftgeleiteten und zugleich berechenbaren Staatstätigkeit. Sie „begrenzen Entscheidungsspielräume von Behörden und Gerichten. Auf diese Weise beugen sie willkürlichen Entscheidungen vor"[121]. Schließlich: Ohne einen stabilen gesetzlichen Rahmen käme es zu Monopolbildungen gemäß dem Recht des Stärkeren. Diese Rückkehr in den ökonomischen Naturzustand, in einen vorvertraglichen Krieg aller gegen alle, kann niemand wollen, dem an der gedeihlichen Entwicklung einer Volkswirtschaft mit Wohlfahrts- und Wachstumseffekten für alle Beteiligten gelegen ist. Anarchie ist keine Option, auch und gerade auf ökonomischem Terrain.

Treiber der (Über-)Regulierung

Das Problem liegt somit nicht so sehr in der Bürokratie an sich als vielmehr im Hang des Staates und der jeweiligen Regierung zu einer Regelungswut, die das Maß des anerkannt Notwendigen chronisch überschreitet. Für diese Entwicklung gibt es unterschiedliche Treiber:

So ließe sich argumentieren, dass eine immer komplexere Welt zwangsläufig ein höheres Maß an Regulierung nach sich zieht. Hier spielt der technologische Fortschritt sicher eine tragende Rolle. Niemand kann wollen, dass künstliche Intelligenz (bis hin zu

ChatGPT), Roboter oder das autonome Fahren sich vollkommen unreguliert entfalten dürfen. Fortschritte in der medizinischen oder gentechnischen Forschung bedürfen ebenso der staatlichen Kontrolle wie neue Ernährungsformen oder die fortschreitende Digitalisierung der Finanzmärkte (Stichwort Bitcoin). Hier schafft sich die fortschrittsgetriebene Menschheit gewissermaßen selbst einen immer weiter ansteigenden Regulierungsbedarf.

Ein zweiter Treiber für mehr Regulierung sind die multiplen Krisen unserer Zeit: Von der Finanz- und Eurokrise über den Flüchtlingszustrom von 2015 bis hin zur Pandemie und den Folgen des Ukrainekrieges war ein immer weiter anschwellender Ruf nach staatlichen Eingriffen, Sicherheitsvorkehrungen und Hilfsmaßnahmen zu vernehmen. Wenn es eine Uraufgabe des Staates ist, seinen Bürgerinnen und Bürgern innere und äußere Sicherheit zu gewährleisten, dann führen Krisenzeiten fast zwangsläufig zu einer Rückkehr der Politik. Dramatisch anwachsende Staatsschulden, eine in immer mehr Bereiche vordringende Staatstätigkeit sowie zunehmende Staatsbeteiligungen an privaten Unternehmen sind Folgen davon, die selbst bei einem Abklingen auch nur einer dieser Krisen nur schwer wieder aus der Welt zu schaffen sind – siehe etwa die bis heute anhaltende, aus der Finanzkrise herrührende Beteiligung der Bundesrepublik an der Commerzbank.

Ein dritter Grund für die hohe Gesetzes- und Regulierungsdichte liegt in der schlichten Tatsache, dass Gesetze, Richtlinien und anderweitige Bestimmungen auf mindestens vier Ebenen – EU, Bund, Länder und Kommunen – ausgefertigt werden. Und da die dort beschäftigten Beamten es nun einmal als ihre Aufgabe begreifen (oder vom Gesetzgeber damit beauftragt werden), unser gesellschaftliches Leben immer neuen Regeln zu unterwerfen, kann davon ausgegangen werden, dass der Strom an Gesetzen auch in Zukunft nicht abnehmen wird, zumal die Verantwortlichen auf den verschiedenen Ebenen, siehe Lieferkettengesetz, oftmals mit derselben Materie befasst sind.

Viertens gehört zur Wahrheit hinzu, dass es oftmals die Interessenverbände der Wirtschaft selbst sind, die den Gesetzgeber zur Schaffung spezifischer Rahmenbedingungen auffordern, die der eigenen Mitgliedschaft zum Vorteil gereichen sollen. In diesen Zusammenhang gehören die Forderungen zahlreicher Verbände, so etwa im Bereich der erneuerbaren Energien, nach massiven Förderprogrammen oder nach der Gewährung steuerlicher Ausnahmetatbestände, die nachweislich nicht nur zu Steuerausfällen, sondern auch zu einer weiteren Komplizierung des – ohnehin schon kafkaesk anmutenden – Steuergesetzbuches führen.

Ein wesentlicher, fünfter Treiber für immer neue Gesetze besteht in dem nicht zu unterschätzenden Drang der jeweiligen Regierung, oder noch spezieller: der jeweils in Regierungsverantwortung befindlichen Parteien, in der ihnen zur Verfügung stehenden Zeit an möglichst vielen Stellen ihren eigenen Fußabdruck zu hinterlassen. Politischer Gestaltungsehrgeiz führt, dies lässt sich ohne Übertreibung sagen, zu Gesetzgebungseifer. Dies beginnt mit dem Bestreben, möglichst viele Inhalte aus dem eigenen Wahlprogramm in einem Koalitionsvertrag unterzubringen. Sobald dies gelungen ist und die Ressorts verteilt sind, geht ein jedes Kabinettsmitglied daran, die in seine Zuständigkeit fallenden Vorhaben möglichst zügig in Gesetzesform zu gießen. Regierungshandeln hat viel mit der zurückliegenden, aber ebenso viel mit der nächsten Wahl zu tun, in deren Vorfeld man der eigenen Klientel nachweisen können möchte, auf bestimmten Feldern „geliefert", sprich Wahlversprechen eingelöst zu haben. Es genügt ein Blick auf die Website des von der SPD geleiteten Bundesministeriums für Arbeit und Soziales zum Stichtag 1. Januar 2023, um zu sehen, wozu dieser Mechanismus allein im letzten Quartal des Jahres 2022 geführt hat: Vom neuen „Bürgergeld" über den „(s)tärkere(n) Schutz von Menschenrechten und Umwelt in globalen Lieferketten", die „Fünfte Verordnung über eine Lohnuntergrenze in der Arbeitnehmerüberlassung" oder die „Zweite Verkehrsflughafen-Sicherheitskräftearbeitsbedingungenverordnung" bis hin zur Verlängerung der „Erleichterungen beim Zugang zum Kurzarbeitergeld und (der) Öffnung des Kurzarbeitergeldbezugs für Leiharbeitnehmerinnen und Leiharbeitnehmer" ist, salopp formuliert, für jeden etwas dabei.

Der Normenkontrollrat

Wenn der Staat zum einen für ein Übermaß an Bürokratie verantwortlich ist, so kann man ihm zum anderen nicht den Vorwurf machen, dass er hinsichtlich des Ziels, Bürokratie abzubauen, in den letzten Jahren vollkommen untätig gewesen wäre. Im Gegenteil lässt sich eine ganze Reihe von Initiativen auflisten, die erkennen lassen, dass der Staat die Notwendigkeit einer Verschlankung des Regulierungsrahmens, der die Unternehmen in Summe einen zweistelligen Milliardenbetrag pro Jahr kostet,[122] durchaus sieht. An vorderster Stelle ist hier die 2006 erfolgte Einsetzung des sogenannten Normenkontrollrates (NKR) zu nennen – eines Gremiums, welches bei der Bundesregierung (bis 2022 beim Bundeskanzleramt, seither beim Bundesjustizministerium) angesiedelt ist, um das gesetzgeberische Handeln ebendieser Regierung zu überprüfen. Die Konstruktion mutet zunächst bizarr an: Wie unabhängig, wie kritisch kann ein solches Gremium sein, welches von genau der Instanz eingesetzt wurde, deren Handeln es unter die Lupe nehmen soll? Die Tatsache, dass der Vorsitzende des NKR bis zum Ende der Regierungszeit Angela Merkels ein der CDU angehöriger ehemaliger beamteter Staatssekretär des Bundeswirtschaftsministeriums (Johannes Ludewig) war, bürgte nicht für explizite Distanz gegenüber dem Staatsapparat.

Seit dem Regierungsantritt der „Ampel" hat sich das Bild jedoch gewandelt: Vorsitzender des Rates ist nun Lutz Göbel, ein vormaliger Präsident des Verbandes der Familienunternehmer. Eine Professorin für Politikwissenschaft, ein Handwerkskammerpräsident, ein ehemaliger Arbeitgeberfunktionär, eine Oberbürgermeisterin a. D., eine Landrätin und ein Digitalexperte zählen zu den weiteren Mitgliedern. Aufgabe des NKR ist es, Gesetzentwürfe zu begutachten, den zu vermutenden Umstellungs- und Erfüllungsaufwand für die Betroffenen abzuschätzen sowie Ex-post-Evaluierungen in Kraft getretener Gesetze vorzunehmen. Der Rat erarbeitet Stellungnahmen, äußert Kritik, mahnt Verbesserungen an und spricht Empfehlungen aus. Auch fragt er regelmäßig nach dem Nutzen geplanter Gesetze, kurzum: Er zwingt den Staat dazu, Gesetzgebung immer wieder den Maßstäben rationalen Handelns zu unterwerfen und Gesetzentwürfe mit einem „Preisschild" zu versehen. Diese kritische Grundeinstellung schließt die Anerkennung guter Vorsätze der jeweiligen Regierung nicht kategorisch aus. So vermerkt der NKR mit Blick auf den Ampel-Koalitionsvertrag von 2021 wohlmeinend, dass SPD, Grüne und FDP die Verwaltungsmodernisierung vorantreiben, Planungs- und Genehmigungsverfahren beschleunigen und die Leistungsfähigkeit des Föderalismus erhöhen wollen.[123] Dies hindert den NKR aber mitnichten daran, die zahlreichen Missstände auf dem Gebiet des Bürokratieabbaus anzuprangern. So sei der Erfüllungsaufwand zur Anwendung neuer Gesetze in einem Jahr um einen einstelligen Milliarden-Euro-Betrag gestiegen. Die Qualität der Gesetzgebung leide zunehmend unter krisenbedingten Eilverfahren, die selbst den Abgeordneten kaum noch Zeit für eine gründliche Prüfung von Regierungsentwürfen ließen. Die Umsetzung des 2017 beschlossenen Onlinezugangsgesetzes (OZG) hinke dem Plan dramatisch hinterher: So seien „trotz gewisser Erfolge und einem großen Engagement der Beteiligten in Bund, Ländern und Kommunen (…) zwei Monate vor Ende der Umsetzungsfrist erst 33 von 575 Verwaltungsleistungen flächendeckend (digital) verfügbar". Einzig positiv hervorzuheben sei der ab Anfang 2023 verpflichtende „Digitalcheck" von Gesetzgebungsvorhaben.[124] Demnach müssen Ministerien ihre Gesetzentwürfe so gestalten, dass den Bürgerinnen und Bürgern Behördengänge weitgehend erspart bleiben, digitale Unterschriften anerkannt und Papiernachweise durch Registerabfragen ersetzt werden. Vollzugs-

und insbesondere Digitalisierungsaspekte sollen demnach bei der Gesetzgebung von vornherein mitgedacht, quasi in die Gesetze eingebaut werden – ein in jeder Hinsicht löblicher Vorsatz und zugleich ein willkommener Praxistest für die Digitalaffinität der deutschen Ministerialbürokratie, an deren Schreibtischen – in durchaus kritisch zu sehender Aushöhlung der klassischen Gewaltenteilung nach Locke und Montesquieu – die große Mehrzahl der Gesetzesvorlagen entsteht.

Die Bürokratieentlastungsgesetze

Neben der Einrichtung des Normenkontrollrates haben verschiedene Bundesregierungen etwa durch die „One-in-one-out-Regel" von 2015 (für jede zusätzliche Belastung durch ein neues Gesetz soll in selbem Umfang an anderer Stelle eine Entlastung erfolgen), die geplante Einführung des „Once-only-Prinzips" (Bürger und Unternehmen sollen Behörden bestimmte Standardinformationen nur einmal mitteilen müssen, alles Weitere bleibt dem Datenaustausch der Behörden untereinander vorbehalten) sowie insbesondere bislang drei Bürokratieentlastungsgesetze zu zeigen versucht, dass sie die Dringlichkeit des Bürokratieabbaus verstanden haben. Das dritte dieser Gesetze, verabschiedet im Jahr 2019, sieht unter anderem „die Einführung der elektronischen Arbeitsunfähigkeitsmeldung, Erleichterungen bei der Vorhaltung von Datenverarbeitungssystemen für steuerliche Zwecke (sowie) digitale Alternativen zu den Meldescheinen aus Papier im Hotelgewerbe" vor. Zudem „müssen Gründer zukünftig nur noch vierteljährlich – statt wie bisher monatlich – ihre Umsatzsteuervoranmeldung abgeben." [125] Der damalige Bundeswirtschaftsminister Peter Altmaier (CDU) verkündete bei der Verabschiedung des Gesetzes im Bundeskabinett, nun sei „Schluss mit der Zettelwirtschaft". Die Unternehmen würden um mehr als 1,1 Milliarden Euro im Jahr entlastet – „Zeit und Geld, das ihnen nun für ihre Kernaufgaben zur Verfügung steht", so das Ministerium. Bessere Rechtsetzung ist darüber hinaus ein

Kernanliegen auch der aktuellen Bundesregierung, die ein viertes Bürokratieentlastungsgesetz auf den Weg gebracht hat. Grundlage dafür sind 442 Vorschläge, die 57 Verbände im Rahmen einer Online-Befragung zwischen Januar und April 2023 beim Bundesjustizministerium eingereicht haben.

Ungeachtet dieser guten Vorsätze – Kritiker sagen, sie fänden eher in Sonntagsreden der Parteivorsitzenden als im konkreten Regierungshandeln ihren Niederschlag – wird das Ringen der Wirtschaft um „weniger Bürokratie, mehr Freiheit" weitergehen. Fast jedes neue Gesetz, zu dem die Verbände um Stellungnahmen gebeten werden, wird sich den Vorwurf gefallen lassen müssen, zuvorderst neue Belastungen und Mehrkosten für die Wirtschaft nach sich zu ziehen. Ein Stück weit handelt es sich dabei um das übliche, reflexartige Ritual im Zuge der Beratung von Gesetzesentwürfen: Die Regierung legt vor, Opposition und organisierte Interessen erheben schon aus Prinzip ihre Einwände, erreichen dadurch möglicherweise die eine oder andere Nachbesserung, bevor das Gesetz von der Regierungsmehrheit in aller Regel ohne fundamentale Abweichung von der Grundintention verabschiedet wird.[126]

Hinter diesem ritualisierten, zunehmend öffentlich und in den sozialen Medien ausgetragenen Schlagabtausch verbergen sich gleichwohl wachsende Verteilungskämpfe und Zielkonflikte: In Zeiten der Krise und der sogenannten „Zeitenwende", aber auch mit Blick auf disruptive technologische Veränderungen bei gleichzeitig zunehmenden sozialen Spannungen sieht es der Staat in deutlich wachsendem Maße als seine Aufgabe, Bürgerinnen und Bürger umfassend zu betreuen, zu begleiten und materiell zu unterstützen. Dahinter steht ein paternalistisches Selbstverständnis vom Fürsorge- oder auch Kümmererstaat, dessen Vertrauen in die Selbstbestimmung des Individuums erkennbare Grenzen hat. Ein solches

Staatsverständnis geht über das klassische Sicherheitsversprechen weit hinaus und bezieht Fragen des Verbraucherschutzes, des Gesundheitsschutzes und einer immer umfassenderen sozialen Absicherung im Sinne eines „You'll never walk alone"[127] explizit mit ein. Wohl soll dadurch in gewisser Weise auch das Vertrauen der Menschen in Staat und Demokratie gestärkt werden.

Demgegenüber fordert die Wirtschaft gerade in Zeiten der Krise mehr Freiräume zur unternehmerischen Entfaltung, um auf diese Weise eine neue, dringend erforderliche Wachstumsdynamik anfachen zu können. Staatliche Flankierung ist dabei durchaus erwünscht – aber nicht in Form von Melde- und Aufbewahrungspflichten, Nachhaltigkeitsberichten oder der Pflicht zur Bestellung von Klima- oder Datenschutzbeauftragten. „Liefern" soll der Staat vielmehr mit Blick auf eine gesteuerte Fachkräftezuwanderung, Innovationsprämien oder die Verwaltungsmodernisierung. Hier haben die Verbände recht: Angesichts eines eher unsicheren ökonomischen Ausblicks ist es Aufgabe der Regierung, strukturelle Wachstumshemmnisse und Belastungen zu beseitigen und stattdessen Rahmenbedingungen und Anreize zu schaffen, die geeignet sind, neues, nachhaltiges Wachstum zu entfesseln.

FREIHEITSBESCHRÄNKUNG UND FREIHEITSGARANT – ZUR AMBIVALENZ VON STEUERN

Neben einem Übermaß an Bürokratie kann auch ein zu hohes Maß an Besteuerung als freiheitsbeschränkender Eingriff des Staates interpretiert werden. Bürgerinnen und Bürger können weniger konsumieren, aber beispielsweise auch weniger Vorsorge fürs Alter treffen, wenn der Staat einen bestimmten Prozentsatz ihrer Einkünfte einbehält. Eine hohe Mehrwertsteuer wirkt sich potentiell dämpfend auf den Konsum aus und kann Geringverdiener in finanzielle Nöte treiben. Junge Familien hält die Grunderwerbsteuer davon ab, in Wohneigentum zu investieren. Sie verbleiben somit in der Abhängigkeit von ihrem Vermieter und sind dadurch weniger frei. Auch auf Unternehmen wirken sich Steuern freiheitsmindernd aus: Quartalsweise Vorauszahlungen ans Finanzamt schmälern die Liquidität eines jeden Betriebes – vor allem Soloselbständige wissen ein Lied davon zu singen. Körperschafts- und Gewerbesteuer entziehen Kapitalgesellschaften wertvolle finanzielle Mittel, die andernfalls für Investitionen, die Schaffung von Arbeitsplätzen oder die Bildung von Rücklagen eingesetzt werden könnten. Insgesamt kommen in Deutschland annähernd vierzig Steuern zur Anwendung, die den Steuerzahlerinnen und Steuerzahlern in aller Regel wenig Anlass zur Freude verschaffen.

Dennoch käme – von wenigen unbelehrbaren Libertären abgesehen – niemand auf die Idee, die Steuererhebungsbefugnis des Staates fundamental in Frage zu stellen. Das hat mit den weitreichenden Sicherheits- und Leistungsversprechen des modernen westlichen Wohlfahrtsstaates zu tun: Der Staat soll innere und äußere Sicherheit gewähren. Folglich muss er eine Polizei, Streitkräfte sowie nachrichtendienstliche Strukturen unterhalten – ein kostspieliges Unterfangen, welches durch die Notwendigkeit zur Abwehr von Cyberattacken weiter verteuert wird. Ebenso erwarten Bürgerinnen und Bürger vom Staat, dass er eine ausreichende, bedarfsgerechte Bildungs-, Gesundheits- und Verkehrsinfrastruktur vorhält. Schließlich soll der Staat Familien stärken (kostenlose Kitaversorgung, Elterngeld, demnächst Kindergrundsicherung), die Defizite in der gesetzlichen Rente ausgleichen und „Breitband an jeder Gießkanne" ermöglichen. All dies verschlingt Unsummen an Geld und erzeugt zugleich – nicht nur in den Finanzämtern – einen immensen, stetig wachsenden Verwaltungsaufwand, der ebenfalls finanziert werden muss.

Davon unbeschadet, können Steuern als Preis für Sicherheit, Freiheit und gesellschaftliches Wohlergehen interpretiert werden: Ohne eine starke, potentielle Gegner abschreckende Armee könnte unsere freiheitliche Ordnung schon morgen einem expansionistisch gesinnten Aggressor zum Opfer fallen. Und ohne eine funktionierende Infrastruktur und ein breit gefächertes Bildungswesen wäre unser Wohlstand von morgen gefährdet. Diesbezüglich kann der Fiskus sich im Übrigen auch auf seine historischen Vorläufer berufen: So zogen die Herrscher der Antike Steuern, Abgaben und Tribute ein, um ihre Heere, deren Feldzüge, aber auch Verwaltung, Straßenbau und Kanalisation zu finanzieren. Die mittelalterliche Kirche beanspruchte den Zehnt – ein Zehntel des Einkommens ihrer Glaubensangehörigen[128] –, um den Lebensunterhalt des Klerus bestreiten und dessen Einsatz für das Seelenheil der Gläubigen finanzieren zu können. Die von den Königreichen des Absolutismus – man denke an Frankreich unter Ludwig XIV. und dessen Finanzminister Colbert – vereinnahmten Steuern befähigten die Monarchien dazu, Schlösser, aber auch Kanäle und Straßen zu bauen, prunkvolle Höfe zu unterhalten und Kriege gegen feindliche Mächte zu führen.

Adam Smith: Grundsätze für die Steuererhebung

Wenn somit – unabhängig von der Eignung und Aussagekraft dieser Beispiele – grundsätzlich nicht in Frage steht, dass der Staat dazu legitimiert ist, Steuern zu erheben, so darf und muss umso mehr diskutiert werden, welches Maß an Besteuerung als angemessen und gerecht und welche Art der Besteuerung als zweckmäßig gelten kann. Über diese zentrale Frage, deren Beantwortung auch Auswirkungen auf das Vertrauen der Bürgerinnen und Bürger in die freiheitliche Demokratie hat, sinnierte bereits vor 250 Jahren Adam Smith. Im „Wohlstand der Nationen" stellte er vier Grundsätze für die Erhebung von Steuern auf, die bis heute Gültigkeit besitzen. So sollte sich die Besteuerung der Bürger „nach dem Einkommen richten (...), das sie jeweils unter dem Schutz des Staates erzielen". Steuern sollten „genau und nicht willkürlich festgelegt sein". Steuertermin, Zahlungsform und der zu entrichtende Betrag sollten „klar und offenkundig" sein. Die jeweilige Steuer sollte so erhoben werden, „dass die Zahlung der Abgabe dem Pflichtigen am leichtesten fällt". Schließlich sollte darauf geachtet werden, dass eine Steuer „aus den Taschen der Leute nicht viel mehr nimmt oder heraushält, als sie an Einnahmen in die Kasse des Staates bringt". Dahinter stand die Sorge, dass „sehr viele Beamte" und deren Gehälter „bereits den größeren Teil des Steueraufkommens aufzehren" könnten. Deutlich warnte Smith davor, dass „eine Abgabe den Erwerbsfleiß der Bevölkerung beeinträchtigen" könne.[129]

> Deutlich warnte Smith davor, dass „eine Abgabe den Erwerbsfleiß der Bevölkerung beeinträchtigen" könne.

Diese 1776 formulierten Grundsätze spiegeln zentrale Elemente des aufgeklärten Denkens wider: So verwahrt sich der schottische Nationalökonom und Moralphilosoph dagegen, dass Steuern auf der Basis von Willkür erhoben werden. Vielmehr muss für den Einzelnen nachvollziehbar sein, warum die ihn betreffende Besteuerung in der gegebenen Höhe anfällt. Keine steuerliche Willkür bedeutet im weiteren Verlauf auch, dass die Festlegung der Grundsätze und der Höhe der Besteuerung durch ein vom Volk gewähltes Parlament erfolgen muss – *no taxation without representation*, wie die Anführer der amerikanischen Unabhängigkeitsbewegung es im Zuge der Loslösung von der britischen Krone formulierten. Ebenso prägte Smith den bis heute leitenden Ansatz des Leistungsfähigkeitsprinzips, wonach die Steuerlast des Einzelnen mit seiner individuellen Leistungsfähigkeit im Einklang stehen muss. Stärkere Schultern leisten dementsprechend einen höheren Obolus als Geringverdiener. Mit Blick auf diese gewollte Umverteilung von oben nach unten hat das Steuersystem auch eine wichtige soziale Funktion.

Inwieweit die Steuerbelastung in Deutschland nun als freiheits-einschränkend gewertet werden kann, kommt auf die Berechnungs-methode an. Der Bund der Steuerzahler beklagt eine „Einkommens-belastungsquote" von 53 Prozent und berechnet in diesen Wert neben der Lohn- und Einkommensteuer auch die Mehrwertsteuer, Energie-steuern, sonstige Steuern (u. a. Grund-, Versicherungs-, Kraftfahr-zeugsteuer) sowie die Zwangsabgabe für den öffentlich-rechtlichen Rundfunk mit ein. Demnach arbeite der Steuerzahler erst ab dem 13. Juli eines Jahres für sich selbst, während alle zuvor erwirtschaf-teten Einkünfte an den Staat abflössen. Dies lehnt der Steuerzahler-bund ab. Ziel müsse eine Belastungsquote unter der 50-Prozent-Marke sein, denn – so der Verein in einer beinahe kantianischen Wendung: „(M)ündige Bürger sollten über mehr als die Hälfte ihres Einkommens frei verfügen können!"[130]

Anders stellt es das Bundesfinanzministerium (BMF) dar: Das seit Ende 2021 von der FDP geführte Haus operiert mit der Ab-gabenquote, die sowohl Steuern als auch Beiträge zur Sozialversi-cherung ins Verhältnis zum Bruttoinlandsprodukt (BIP) setzt. Diese Quote sei insbesondere in den meisten skandinavischen Staaten, aber auch in Frankreich, Belgien, Italien und Österreich mit über 40 Prozent „vergleichsweise hoch".[131] Dagegen sei die Abgaben-quote in Irland, den USA und der Schweiz relativ niedrig (< 30 Pro-zent). Die deutsche Abgabenquote bewege sich mit 38,3 Prozent (2020) „im oberen Mittelfeld der betrachteten Staaten", räumt das BMF ein – das hohe Maß an sozialer Absicherung in Deutschland fordert ganz offensichtlich seinen Tribut.

Offenkundig ist dabei, dass die angespannte Lage der öffent-lichen Finanzen infolge der Coronakrise, des Ukrainekrieges sowie der Energiepreiskrise absehbar keine signifikanten Steuersenkungen zulassen wird. Die daraus resultierenden Einnahmeverluste wären seitens des Staates schlichtweg nicht zu verkraften und würden bei der Finanzierung der sozialen Sicherung, beim Infrastrukturaus- wie auch beim Schuldenabbau fehlen (selbst wenn zuweilen argumentiert wird, dass die wachstumsstimulierenden Effekte von Steuersenkungen mittelfristig auch wieder zu neuen Steuereinnahmen führen, eine Steuersenkung sich im positiven Falle also selbst finanziert).

Entlastung ist möglich

Wenn signifikante Senkungen somit wenig realistisch erscheinen, so ist damit nicht ausgeschlossen, dass durch strukturelle Reformen des Steuersystems ein wenig mehr Einkommensverwendungsfreiheit für Privatpersonen und Unternehmen geschaffen wird. Ein aktuelles Beispiel dafür ist die Ende 2022 beschlossene Abmilderung der sogenannten „kalten Progression" bei der *Einkommensteuer*. Aufgrund des progressiven Steuertarifs muss ein Steuerzahler oftmals bereits dann höhere Steuern zahlen, wenn sein Einkommen lediglich an die Inflation angepasst wird. Dies führt zu Kaufkraftverlusten, die letztlich auch die Binnenwirtschaft schwächen. Dieser ungewollte Effekt kann beseitigt werden, indem der Steuertarif im Gesamtverlauf nach rechts verschoben wird, sodass die höhere Belastung erst bei einem höheren Einkommen einsetzt. Der Gesetzgeber in Gestalt der Ampelkoalition hat entsprechend gehandelt und dadurch auch jenen Kritikern den Wind aus den Segeln genommen, die die kalte Progression zu Recht als „Steuererhöhung ohne Parlamentsbeschluss" bezeichnen. Das Ergebnis ist nicht unerheblich: In Kombination mit einer Anhebung der Freibeträge, bis zu deren Überschreitung überhaupt keine Steuern gezahlt werden, soll das Ende 2022 beschlossene „Inflationsausgleichsgesetz" in den Jahren 2023/24 zu einer Gesamtentlastung im Umfang von 48 Milliarden Euro führen. Parallel dazu werden Korrekturen am sogenannten Mittelstandsbauch erwogen, welcher zu einer unproportional hohen Belastung in der zweiten Progressionsstufe der Einkommensteuer führt.

Ein weiterer Ansatz zur Entlastung insbesondere geringer und mittlerer Einkommen bestünde in einer Absenkung der *Mehrwertsteuer*. Diese brachte dem Fiskus 2022 rund 285 Milliarden Euro ein und stellt somit – bei einem Gesamtsteueraufkommen von rund 896 Milliarden Euro – vor der Lohnsteuer (227 Milliarden Euro) die größte Einnahmequelle dar.[132] Dementsprechend gering ist unter normalen Umständen die Bereitschaft der jeweiligen Bundesregierung, über eine Senkung der Umsatzsteuer mit sich reden zu lassen. Die Herabsetzung von 19 auf 16 Prozent für sechs Monate ab dem 1.7.2020 zur Wiederbelebung der Konjunktur nach der Coronakrise war eher eine fiskalische Sturzgeburt, der Dynamik nächtlicher Koalitionsberatungen geschuldet. Ein wirklich strategischer Plan steckte nicht dahinter. Auch in naher und mittlerer Zukunft dürfte mit Blick auf die angespannte Lage der öffentlichen Finanzen die politische Bereitschaft zur Absenkung der Mehrwertsteuer äußerst gering sein.

> Ein Beitrag zu mehr individueller Freiheit bestünde in Korrekturen an der Grunderwerbsteuer.

Ein Beitrag zu mehr individueller Freiheit bestünde in Korrekturen an der Grunderwerbsteuer. Diese wird erhoben, wenn eine Privatperson oder ein gewerblicher Käufer eine Immobilie erwirbt. Die auf den Kaufpreis erhobene Steuer variiert je nach Bundesland zwischen 3,5 (Bayern, Sachsen) und 6,5 Prozent (u. a. Nordrhein-Westfalen, Brandenburg, Saarland). Wer eine Eigentumswohnung in Berlin-Mitte (Steuersatz: 6 Prozent) für – sagen wir – 600.000 Euro kauft, zahlt demnach 36.000 Euro zusätzlich an Steuern (plus Maklergebühr plus Notariat). Je nach Größenordnung kann die Grunderwerbsteuer somit abschreckende Wirkung entfalten. Wenn es aber als gesellschaftspolitisches Ziel betrachtet wird, dass mehr Menschen in den eigenen vier Wänden wohnen, dann ist es angezeigt, entweder über eine Absenkung der Steuersätze oder eine Gewährung von Freibeträgen – beispielsweise für die erste selbstgenutzte Immobilie – nachzudenken. Entsprechende Vorschläge liegen vor, wobei die Einwirkungsmöglichkeiten des Bundes begrenzt sind – die Grunderwerbsteuer ist Ländersache.

Schenkt man zahlreichen Wirtschaftsverbänden Glauben, dann liegt die höchste fiskalische Belastung – neben der Einkommensteuer, die auch Personengesellschaften bis hin zu großen Familienunternehmen betrifft – bei den *Unternehmenssteuern*. Die Unternehmenssteuerbelastung in Deutschland beträgt, Körperschaftssteuer (15 Prozent auf einbehaltene Gewinne), Gewerbesteuer und Solidaritätszuschlag zusammengerechnet, nach BMF-Angaben 29,8 Prozent. Darüber liegen lediglich Japan mit 30,4 und Malta mit 35 Prozent. Im Vereinigten Königreich sind es 19, in den USA 26,1, in Frankreich 26,5, in Italien 27,9 Prozent. Die niedrigsten Steuern zahlen Körperschaften in Bulgarien (10), in Ungarn (10,8) sowie in Irland (12,5 Prozent). Mit Blick auf diese Zahlen erstaunt es nicht weiter, dass sämtliche Unternehmensverbände unisono die Absenkung der Unternehmenssteuern in Deutschland zumindest auf einen internationalen Mittelwert (rund 25 Prozent) fordern. Die FDP unterstützt die Unternehmen in diesem Anliegen, weiß aber um die Widerstände bei SPD und Grünen. Diese haben zumindest ein historisches Argument auf ihrer Seite, nämlich dass die Unternehmenssteuern in den zurückliegenden zweieinhalb Jahrzehnten bereits erheblich gesenkt worden sind. So betrug allein die Körperschaftssteuer vor der großen Reform des Jahres 2000 unter Bundesfinanzminister Hans Eichel (SPD) 40 Prozent. Der Absenkung auf 25 Prozent folgte ein weiterer Entlastungsschritt hin zum heutigen Wert im Jahr 2008. Insofern ist der Fiskus den Unternehmen schon einen großen Schritt entgegengekommen. Wer davon rechtsformbedingt allerdings nicht profitiert, sind Personengesellschaften. Viele Familienunternehmen unterliegen der Einkommensteuer, die in der Spitze bei 42 Prozent, bei Einkommen ab 250.000 Euro sogar bei 45 Prozent liegt. Hinzu kommt der für diese Einkommensgruppe auf unbestimmte Dauer fortbestehende

Solidaritätszuschlag. Personengesellschaften müssen daher zumindest über die Option verfügen, sich als Körperschaft zu veranlagen. Alternativ können sie ihre Rechtsform ändern und als Kapitalgesellschaft firmieren, was als nicht völlig unzumutbar erscheint: Die Kapitalmindesteinlage zur Gründung einer GmbH in Höhe von 25.000 Euro stellt keine unnehmbare Hürde dar.[133]

Entscheidend für Körperschaften ist ein ganz anderer Punkt, nämlich dass Gewinne, die an den oder die Gesellschafter ausgeschüttet werden, auch künftig mit nicht mehr als 25 Prozent *Abgeltungssteuer* belastet werden. Dieser Pauschaltarif war vom einstigen SPD-Finanzminister Peer Steinbrück unter dem Motto „25 Prozent auf alles" für Kapitalerträge jeglicher Art – so auch ausgeschüttete Unternehmensgewinne – eingeführt worden. Die Ausschüttung stellt die eigentliche Entlohnung des Unternehmers für das von ihm eingegangene Risiko dar. Sie stärkt ihn in seiner Freiheit und ist Grundlage seiner bürgerlichen Existenz. Eine über 25 Prozent hinausgehende Besteuerung von Einkünften, die zuvor bereits auf der Unternehmensebene besteuert wurden, würde durchgerechnet zu Mehrbelastungen oberhalb des maximalen Einkommensteuersatzes führen. Diesbezügliche Forderungen sind rein ideologisch motiviert und leisten keinerlei Beitrag zu mehr Gerechtigkeit. Im Übrigen ist fraglich, ob ein entsprechendes, die unternehmerische Freiheit beschneidendes Gesetz vor dem Bundesverfassungsgericht bestehen würde.

Steuerentlastungen als Demokratieverstärker

Wie kann dem Freiheitsgedanken auch steuerpolitisch mehr Geltung verschafft werden, ohne die Finanzierung unverzichtbarer Staatsausgaben zu gefährden? Der US-Ökonom und Nobelpreisträger Milton Friedman (1912–2006) schlug einst vor, die progressive Einkommensteuer kurzerhand durch einen einheitlichen Steuersatz in Höhe von 23,5 Prozent zu ersetzen. Die Körperschaftssteuer wollte er gleich ganz abräumen – bei gleichzeitiger Abschaffung nahezu sämtlicher Ausnahmetatbestände, Abschreibungs- und Umgehungsmöglichkeiten.[134] Es ist zu bezweifeln, dass die (deutsche) Politik den Willen und die Kraft zu einer solchen radikalen Vereinfachung aufbringen wird oder überhaupt will. Dagegen sprechen das Aufeinanderprallen konträrer Weltanschauungen innerhalb zunehmend komplexer Regierungskoalitionen wie auch die äußerst diffizile, sich über Bund, Länder und Kommunen erstreckende deutsche Finanzverfassung. Hinzu kommt der naturgemäß von partikularen Interessen geprägte Druck von Interessenverbänden ebenso wie die allseits anerkannte, einen hohen Finanzbedarf erzeugende Notwendigkeit, den Umstieg auf eine klimaneutrale Wirtschaft zu flankieren. Dessen ungeachtet sollte die Steuerpolitik hinsichtlich unsicherer konjunktureller Perspektiven insgesamt wieder mehr Mut zu gezielten Entlastungsschritten aufbringen. Dies könnte auch demokratiestärkende Effekte haben: Wer sich vom Fiskus nicht gegängelt, sondern fair behandelt oder sogar zur Eigeninitiative animiert fühlt, dessen Bekenntnis zum Staat und zur freiheitlichen Ordnung nimmt in aller Regel zu.

SOZIALE SICHERUNG: VOLLKASKOVERSPRECHEN STATT EIGENVERANTWORTUNG

Die Zahl wirkt astronomisch: Nicht weniger als 1,16 Billionen Euro wurden im Jahr 2021 in Deutschland für soziale Leistungen ausgegeben.[135] Bezogen auf das Bruttoinlandsprodukt, bedeutet dies eine Sozialleistungsquote von 32,5 Prozent. Andersherum formuliert: Jeden dritten Euro unserer Wirtschaftsleistung geben wir für soziale Zwecke aus. Die Relation spaltet die Geister: Sozialpolitiker, Gewerkschaften und Sozialverbände sind stolz auf die genannte Zahl, die ein Ausdruck der Leistungsfähigkeit unseres Sozialstaates sei. Dieser schütze die Menschen, bewahre sie vor Armut und sichere sie gegen Krisen ab. Wirtschaftspolitiker, Arbeitgeber, Unternehmer sowie ihnen nahestehende Forschungsinstitute hingegen verweisen auf hohe Lohnstück- und Lohnzusatzkosten, die die Wettbewerbsfähigkeit des Standortes Deutschland gefährdeten. Auch stehe ein überbordender Sozialstaat im Widerspruch zum Menschenbild des eigenverantwortlichen, für sich selbst Sorge tragenden Individuums.

In der Tat fällt die Bewertung eines sehr leistungsstarken Sozialstaates, wie er sich in Deutschland herausgebildet hat, gerade unter dem Aspekt der Freiheit ambivalent aus: Zum einen schafft der Sozialstaat persönliche Freiheit, indem er dem Bedürftigen – aber, so wird eingewandt, nicht nur ihm – ein würdiges, selbstbestimmtes Leben ermöglicht. Zum anderen ist es gerade der in immer mehr Lebensbereiche vordringende, einer Vollkaskoversorgung nahekommende Sozialstaat, der dem Einzelnen die Freiheit zur individuellen Entscheidung – etwa zur privaten Vorsorge – nimmt. Zugleich fehlen staatliche Ausgaben für die soziale Sicherung bei der Finanzierung von Zukunftsinvestitionen, die doch notwendig sind, um Gestaltungs- und Freiheitsräume für nachkommende Generationen zu sichern.

Tatsache ist: Der Sozialstaat hat Verfassungsrang. Nach Artikel 20 und 28 des Grundgesetzes ist der deutsche Staat ein demokratischer und sozialer Bundes- und Rechtsstaat. Damit ist festgeschrieben, dass der Gesetzgeber dafür Sorge zu tragen hat, dass alle Bürgerinnen und Bürger in menschenwürdigen Verhältnissen leben. Ist dies aus eigener Kraft nicht gegeben, wird der Sozialstaat als Fürsorgeinstanz aktiv. Er verteilt um, gleicht Einkommensunterschiede aus und schafft dadurch Gerechtigkeit.[136] Darauf kann sich jeder verlassen, und das macht einen wesentlichen Teil der Stabilität unseres Gemeinwesens aus – dass niemand ernsthaft Sorge haben muss, vergessen zu werden, zu frieren oder zu verhungern.

Ein dicht gewobenes Netz fängt ihn oder sie in aller Regel rechtzeitig auf. Das Gebot christlicher Nächstenliebe besteht in Form staatlicher Fürsorge fort, ungeachtet aller Säkularisierung.

Folgen der Industrialisierung

Dieses soziale Versprechen des Staates geht auf den Umbruch von der Agrar- zur Industriegesellschaft zurück: Im Zuge des Entstehens großer Fabriken mit tausenden von Beschäftigten und der Herausbildung immer größerer Städte lösten sich die familiären, dörflichen oder auch kirchlich getragenen Versorgungsstrukturen der vorindustriellen Gesellschaft, in denen einer für den anderen einstand, sukzessive auf. Jedoch waren die Bedingungen, unter denen die Beschäftigten in der Industrie arbeiteten, oftmals schlichtweg menschenunwürdig, wie Friedrich Engels in seiner Abhandlung zur „Lage der arbeitenden Klasse in England" (1845) eindringlich beschrieb. Sechzig- bis Siebzig-Stunden-Wochen waren demnach keine Seltenheit, bei kümmerlichem Lohn und mangelnder Versorgung. Die „unsichtbare Hand" reichte offenbar doch nicht so weit, wie die Urväter des Kapitalismus es sich vorgestellt hatten. Die Massen verarmten, der Pauperismus griff um sich.

Um die Lage der Industriearbeiterschaft zu verbessern und möglichen sozialen Unruhen entgegenzuwirken, kam die Idee auf, ein staatliches Auffangnetz zu knüpfen, welches Millionen von Menschen eine neue Form des Schutzes und der Absicherung bieten sollte. Im Deutschen Reich war es Reichskanzler Otto von Bismarck, der in mehreren Schritten zuerst die staatliche Krankenversicherung (1883), dann die Unfall- (1884) und schließlich die Renten- und Invaliditätsversicherung (1889/91) schuf. Damit war die Basis für das deutsche Sozialversicherungssystem gelegt. Hinzu kamen 1927, somit in der Weimarer Republik, die Arbeitslosen- und 1995, unter Arbeits- und Sozialminister Norbert Blüm (CDU), die gesetzliche, beitragsfinanzierte Pflegeversicherung. Die soziale Sicherung ist auch institutionell verankert: Starke Gewerkschaften tragen dafür Sorge, dass die Interessen der abhängig Beschäftigten gehört werden. Über das Betriebsverfassungsgesetz und die Betriebsräte bestimmen die Beschäftigten über die Geschicke ihres jeweiligen Unternehmens mit.

Ein tragendes Merkmal der gesetzlichen Sozialversicherung ist die paritätische Finanzierung durch Arbeitgeber und Arbeitnehmer. Dabei bemisst sich die Höhe der Versichertenbeiträge am Bruttoeinkommen. Bis zur gesetzlich festgelegten Beitragsbemessungsgrenze[137] unterliegen alle abhängig Beschäftigten der Versicherungspflicht. Wer mehr verdient, ist von der Pflicht befreit und kann sich privat versichern lassen. Die Beitragseinnahmen fließen zum größten Teil umgehend in die Finanzierung der laufenden Ausgaben der einzelnen Versicherungszweige; Puffer werden allenfalls in geringem Umfang angelegt. Mindereinnahmen, wie sie insbesondere in der gesetzlichen Rentenversicherung anfallen, werden durch Zuschüsse aus dem Bundeshaushalt – aktuell über 100 Milliarden Euro pro Jahr – ausgeglichen. Eine Ausnahme von der paritätischen Finanzierung bildet die Unfallversicherung, sie wird von den Arbeitgebern allein getragen. Die Organisation der Sozialversicherung erfolgt in Selbstverwaltung, die Träger sind Körperschaften öffentlichen Rechts.

Steuerfinanziert: umfassende Transferleistungen

Neben den beitragsfinanzierten Systemen sind die steuerfinanzierten Transferleistungen konstitutiv für den deutschen Sozialstaat. Das Spektrum ist äußerst umfassend, es reicht von der Sozialhilfe und dem neuen Bürgergeld über das Wohngeld bis zu einer Vielzahl familienpolitischer Leistungen.

Anspruch auf *Sozialhilfe* nach dem Sozialgesetzbuch (SGB XII) haben Menschen, die aufgrund von Krankheit, Behinderung

oder ihres Alters nicht in der Lage sind, einer Erwerbsarbeit nachzugehen, somit dem Arbeitsmarkt nicht zur Verfügung stehen.
Ihnen soll gemäß Sozialstaatsprinzip (Art. 20 GG) in Verbindung
mit Art. 1 GG durch Gewährung des soziokulturellen Minimums
ein menschenwürdiges Leben (Unterkunft, Ernährung, Kleidung
u. dgl.) ermöglicht werden.

Im Unterschied dazu kommt das zum 1. Januar 2023 durch die
Ampelkoalition eingeführte *Bürgergeld* (vormals Grundsicherung/
Hartz IV) erwerbsfähigen Menschen zugute, die – etwa infolge
einer Entlassung durch ihren Arbeitgeber – vorübergehend aus dem
Erwerbsleben ausgeschieden, jedoch arbeitsfähig und -suchend
sind. Sie sollen während des Bezugs des Bürgergeldes „besser
qualifiziert" und „in dauerhafte Jobs vermittelt" werden.[138] Der
Regelsatz für einen alleinstehenden Erwachsenen beträgt 502 Euro,
ab 2024 sind es 563 Euro. Kosten für Unterkunft werden im ersten
Jahr des Bürgergeldbezugs in tatsächlicher Höhe, die Heizkosten in
angemessener Höhe anerkannt und übernommen.[139]

Wohngeld wird einkommensschwächeren Haushalten zur
Ermöglichung einer angemessenen Unterkunft gezahlt. Ende 2021
lag die Zahl der Wohngeldempfänger bei knapp 600 000 Haushalten. Mit der Wohngeldreform zum 1. Januar 2023 steigt die
Zahl der Empfänger sukzessive auf rund zwei Millionen Haushalte („Wohngeld Plus"). Anspruchsberechtigt sind Haushalte mit
geringem Einkommen – typischerweise knapp oberhalb der Grund-
sicherungsgrenze. Neben dem Kreis der Anspruchsberechtigten
wurde das Wohngeld selbst kräftig erhöht: von durchschnittlich
rund 180 Euro auf rund 370 Euro pro Monat.[140]

Die mit Abstand umfangreichsten Transferleistungen, die über
den Staatshaushalt finanziert werden, sind diejenigen im Bereich
der *Familienpolitik*. In Summe werden über 150 verschiedene
Leistungen mit einem Gesamtumfang von 200 Milliarden Euro

gezählt.[141] 63 Leistungen sind direkte Geldtransfers, hinzu kommen 24 Steuererleichterungen, 53 Maßnahmen, die über die Sozialversicherung ausgereicht werden, sowie 16 Infrastrukturleistungen. Zu den wichtigsten familienpolitischen Leistungen zählen das Kindergeld (250 Euro pro Kind seit 1.1.2023), der Kinderfreibetrag bei der Einkommensteuer (8 952 Euro einschl. Freibetrag für Betreuungs- und Erziehungs- oder Ausbildungsbedarf des Kindes seit 1.1.2023), das Elterngeld (65 Prozent des Nettoeinkommens, maximal 1 800,50 Euro), das Mutterschaftsgeld (sechs Wochen vor, acht Wochen nach der Geburt), der Kinderzuschlag für Alleinerziehende und Familien mit wenig Einkommen, Leistungen für Bildung und Teilhabe sowie der Unterhaltsvorschuss. Hinzu kommen der Rechtsanspruch auf einen Kitaplatz sowie die Mitversicherung von Kindern in der gesetzlichen Krankenversicherung. Die leitende Idee hinter den umfangreichen Leistungen – einige von ihnen werden demnächst zu einer „Kindergrundsicherung" zusammengefasst – lautet, dass Familien wertvolle Beiträge zum Aufbau von Humankapital erbringen, die nicht anderweitig vergolten werden. Der Staat honoriert diese Beiträge und investiert somit in gewisser Weise in sein eigenes Fortbestehen.

Staatliche Sozialleistungen honorieren Familienarbeit und sollen allen Menschen ein Leben in Würde erlauben, wie das Grundgesetz es vorsieht – diese Grundsätze werden von niemandem ernsthaft hinterfragt. Kritisiert werden gleichwohl der Umfang, die Ausprägungen sowie die Auswirkungen des Sozialstaates:

– So lautet ein vielgehörter Vorwurf, dem Sozialstaat mangele es an *Zielgenauigkeit*. Die gewaltigen Leistungen würden, sofern nicht beitragsbezogen, mit der „Gießkanne" ausgereicht, ohne dass im Einzelnen der spezifische Bedarf überprüft werde.

– Soziale Transferleistungen würden *falsche Anreize* setzen, Anspruchshaltungen fördern und dazu führen, dass reguläre

Erwerbsarbeit sich in bestimmten Fällen gar nicht mehr lohne. Tatsächlich kommt eine vierköpfige Familie im Regelleistungsbezug, Kosten für Unterkunft und Heizen einbezogen, heute auf einen Auszahlungsbetrag von mehr als 2 000 Euro – der Abstand zum regulären Lohn ist gering oder fast gar nicht mehr gegeben.[142]

- Ein zu generöser Sozialstaat treibe Arbeitskosten und Steuern (als Finanzierungsbasis) in die Höhe und schaffe zugleich dauerhafte *Abhängigkeiten* einzelner Personen vom Erhalt sozialer Transferleistungen. Die Balance zwischen Verteilen und Erwirtschaften gerate aus den Fugen – zulasten der öffentlichen Haushalte.

- Auch werde das Prinzip der *Subsidiarität* missachtet, dem zufolge der Einzelne zunächst für sich selbst sorgen möge und staatliche Hilfe primär als Hilfe zur Selbsthilfe, nicht als veritabler Einkommensersatz gedacht sei.

- Schließlich wird Sozialpolitikern regelmäßig vorgehalten, sie hätten bei der Schaffung immer neuer Fördertatbestände oder der Anhebung von Regelsätzen vor allem ihre eigene *Wiederwahl* im Sinn. Zweifelsohne verkauft es sich gegenüber der eigenen Wählerklientel im Wahlkampf besonders gut, wenn man auf neue Sozialgesetze und mit ihnen einhergehende Leistungserhöhungen für die Bürgerinnen und Bürger verweisen kann.

Der Staat als Volksheim?

Wie auch immer man die Punkte im Einzelnen bewertet: Aus der Freiheitsperspektive betrachtet, ist die Kritik am überbordenden Sozialstaat vor allem eine prinzipielle. Ausgehend von der – zur Zeit der Aufklärung entstandenen – Prämisse, dass der Mensch ein selbstbestimmtes Wesen ist, welches für sich und sein Wohlergehen selbst Verantwortung trägt, birgt eine immer mehr Lebensbereiche und Bedarfe abdeckende soziale Sicherung die Gefahr, dass der oder die Einzelne kaum noch Anstrengungen unternimmt, zunächst für sich selbst zu sorgen – der Staat oder die Solidargemeinschaft sind ja stets zur Stelle, die Ansprüche einklagbar. Wenn aber der Staat – pointiert formuliert – die Gestalt eines Volksheims annimmt, dann verkümmert, wie der Verfassungsrechtler Paul Kirchhof es formulierte, die Freiheit *vom* Staat zu einer Freiheit *durch* den Staat, namentlich durch den „paternalistischen"[143] Sozialstaat. Dies aber unterhöhlt einen Kerngedanken der Aufklärung. Der mündige, selbstbestimmte Bürger mutiert zum abhängigen, rundum betreuten, letztlich fremdbestimmten Leistungsbezieher – ein Widerspruch zum Ideal der Autonomie, eine Abkehr vom humanistischen Menschenbild.

Problematisch ist diese Abhängigkeit nicht nur in ordnungspolitischer Hinsicht, sondern auch für die Demokratie: Wenn immer mehr Menschen sich darauf verlassen, dass der Staat und die Solidargemeinschaft in jeder nur denkbaren Bedarfslage für sie einspringen, verliert die Demokratie an Vitalität, Leistungsstärke und Widerstandskraft. Auch bleibt für die Zivilgesellschaft immer weniger Raum, wenn der Sozialstaat in immer mehr Lebensbereiche vordringt und die Rolle des Rundumversorgers übernimmt. Vereine, Nachbarschaftshilfen oder Stiftungen werden dann immer weniger gebraucht. Eine solche Entwicklung tut der Gesellschaft nicht gut. Besser wäre es, der Sozialstaat konzentrierte sich konsequent auf diejenigen, die sich aus eigener Kraft nicht helfen können. Dass diesen im Sinne der *fraternité* umfassend geholfen werden muss, steht völlig außer Frage. Hingegen ergeht an diejenigen, die arbeitsfähig sind, der Aufruf, mehr Mut an den Tag zu legen, eigene Beiträge zu leisten und in eigener Verantwortung die erforderliche Risikovorsorge zu

Besser wäre es, der Sozialstaat konzentrierte sich auf diejenigen, die sich aus eigener Kraft nicht helfen können.

betreiben. Der Sozialstaat soll aktivieren, nicht sedieren. Dies ist auch im Interesse künftiger Generationen: Je zielgenauer und kostenbewusster der Sozialstaat, desto mehr Spielräume bleiben für die Finanzierung von Zukunftsinvestitionen. Diese erhöhen die Resilienz des Gemeinwesens und ermöglichen künftigen Generationen ein Leben in Freiheit und Demokratie. An einer stärkeren Ausrichtung des Sozialstaates auf nachweislich Bedürftige bei gleichzeitiger kritischer Auf- und Ausgabenprüfung führt somit – auch aus Gründen der Haushaltsdisziplin – kein Weg vorbei.

PANDEMIEBEKÄMPFUNG: EINE „ZUMUTUNG FÜR DIE DEMOKRATIE"

Schulschließungen, Kontaktsperren sowie der Zwang zum Tragen einer Gesichtsmaske – die Maßnahmen zur Bekämpfung der Coronapandemie seit dem Frühjahr 2020 waren, der Formulierung der damaligen Bundeskanzlerin Angela Merkel (CDU) zufolge, eine „Zumutung für die Demokratie". Sie führten zu Einschränkungen bürgerlicher Freiheitsrechte, wie Deutschland sie in dieser Häufung und Gleichzeitigkeit seit Inkrafttreten des Grundgesetzes nicht erlebt hatte. So mussten Schülerinnen und Schüler monatelang zuhause ausharren, um der Ansteckungsgefahr im Klassenzimmer oder auf dem Schulhof zu entgehen. Millionen von Beschäftigten wechselten aus dem Büro ins Homeoffice und kommunizierten fortan ausschließlich auf digitalem Wege miteinander sowie mit ihren Geschäftspartnern. Fabriken wurden heruntergefahren und Einzelhandelsgeschäfte, mit Ausnahme des Lebensmittelsektors, geschlossen. Restaurant- und Hotelbesuche wurden untersagt, Reisen waren nur noch unter einschneidenden Auflagen möglich. Für Begegnungen im privaten Raum wurden Personenhöchstzahlen verhängt. In Einzelfällen waren auch das Verlassen der Wohnung sowie das Umhergehen auf offener Straße nur noch unter

Einhaltung scharfer Bedingungen erlaubt – der *Lockdown* hatte das Land fest im Griff, während in den im permanenten Ausnahmezustand befindlichen Kliniken um das Leben der an Covid Erkrankten gerungen wurde. Im Frühjahr 2023 lag die Zahl der Covid-Toten in Deutschland bei über 160 000, über 37 Millionen Deutsche hatten sich mit dem Virus infiziert.

Die seitens der Bundesregierung sowie der Ministerpräsidenten der Länder verhängten Maßnahmen provozierten Reaktionen und Proteste unterschiedlichen Ausmaßes. So stöhnten Lehrerinnen und Lehrer ebenso wie Millionen von Eltern unter dem Druck, *Homeschooling* als veritablen Ersatz für regulären Unterricht gestalten zu müssen. Oftmals scheiterte dies an fehlenden digitalen Infrastrukturen, Fertigkeiten und Endgeräten ebenso wie am beschränkten Zeitbudget berufstätiger Väter und Mütter, in deren Alltag die stundenlange Betreuung ihrer Kinder, die Erstvermittlung von Wissen sowie das Nachverfolgen von Hausaufgaben in der nunmehr erforderlichen Dimension bis dato nicht vorgesehen waren. Flankiert wurden diese Klagen durch die Warnungen von Pädagogen, Soziologen sowie Kinder- und Jugendpsychologen vor den Lernverlusten und psychischen Langzeitschäden, die die ungewohnte Lehr- und Lernsituation nach sich ziehen würde. Derweil klagten Gastronomen über dramatische Einnahmeausfälle, selbst wenn diese durch üppige staatliche Hilfsmaßnahmen einigermaßen zügig kompensiert, teilweise – was auch für übrige Teile der gewerblichen Wirtschaft gilt – sogar überkompensiert wurden. Krankenhausärzte mussten angesichts einer nicht ausreichenden Zahl von Intensivbetten darüber entscheiden, welche ihrer Patienten eine überlebenswichtige Behandlung bekommen sollten – und welche im Zweifelsfall nicht. Die *Triage* konfrontierte einen ganzen Berufsstand mit einem bis dato so nicht erfahrenen ethischen Dilemma.[144] Eine besondere und besonders uneinsichtige Form des Protests erhob sich gegen den Zwang, im öffentlichen Raum eine Gesichtsmaske zu tragen, um sich selbst und andere vor Infektionen zu schützen.

„Querdenker" verwiesen auf einen Kerngedanken der Freiheit, namentlich die Abwesenheit von Zwang, zogen – sobald dies wieder erlaubt war – zu tausenden auf die Straße und skandierten gegen die vermeintliche Coronadiktatur.

Eingriffe sind zulässig

Wie sind diese Proteste und Klagen, wie ist das Aufbegehren gegen die Coronamaßnahmen aus der Freiheitsperspektive zu bewerten? Unstrittig ist, dass die (weiter oben beschriebenen) Grundfesten unserer offenen Gesellschaft, namentlich die Grundrechte, in empfindlicher Weise eingeschränkt wurden. Zugleich wurde offenkundig, dass die einzelnen Grundrechte, die den Anfang unseres Grundgesetzes bilden, teilweise stark miteinander konkurrieren. So war die „freie Entfaltung der Persönlichkeit" (Art. 2 Abs. 1 GG) über Monate nicht mehr gewährleistet. Zugleich konnte die Bundesregierung ins Feld führen, dass dank der verhängten Maßnahmen das „Recht auf Leben und körperliche Unversehrtheit" (Art. 2 Abs. 2 GG) gewahrt wurde – ohne Maske und Kontaktsperren wäre diese Unversehrtheit auf unverantwortliche Weise gefährdet gewesen. Zudem heißt es in demselben Absatz, dass in das Grundrecht auf „Freiheit der Person", welches „unverletzlich" sei, (nur) „aufgrund eines Gesetzes eingegriffen" werden darf. Mit diesem Passus hatten die Väter und Mütter des Grundgesetzes dem Gesetzgeber ausdrücklich die Möglichkeit zu situationsbedingten Anpassungen eingeräumt.

„Die ungestörte Religionsausübung" gemäß Art. 4 Abs. 2 GG war durch die vorübergehende Schließung der Kirchen nicht mehr gewährleistet. Selbiges gilt für das Recht, sich „ohne Anmeldung oder Erlaubnis friedlich und ohne Waffen zu versammeln" (Art. 8 Abs. 1 GG). Als besonders weitreichend wurden die Einschränkungen der durch Art. 11 Abs. 1 GG garantierten „Freizügigkeit im ganzen Bundesgebiet" empfunden, welche „alle Deutschen" prinzipiell „genießen". Aber auch hier hatten die Autorinnen und Autoren des Grundgesetzes weise Vorkehrung getroffen und in Absatz 2 desselben Artikels festgehalten, dass das Grundrecht auf Freizügigkeit „zur Abwehr einer drohenden Gefahr" sowie „zur Bekämpfung von Seuchengefahr" eingeschränkt werden darf. Ähnlich verhält es sich mit dem in Art. 12 Abs. 1 garantierten „Recht, Beruf, Arbeitsplatz und Ausbildungsstätte frei zu wählen". Auch hier konnte die Bundesregierung sich im Zuge der Anordnung, den regulären Arbeitsplatz zu meiden, auf den Nachsatz berufen, dass „die Berufsausübung (...) durch Gesetz oder auf Grund eines Gesetzes geregelt werden" kann. Der Zwang zum Homeoffice war somit nicht anfechtbar.

Unser aller Wohnung ist gemäß Art. 13 Abs. 1 GG „unverletzlich", jedoch dürfen „zur Bekämpfung von Seuchengefahr" Eingriffe und Beschränkungen vorgenommen werden (Art. 13 Abs. 7 GG). Schließlich wird in Art. 17a Abs. 2 GG geregelt, dass mithilfe von Gesetzen, die der Verteidigung einschließlich des Schutzes der Zivilbevölkerung dienen, die Grundrechte der Freizügigkeit (Art. 11) und der Unverletzlichkeit der Wohnung (Art. 13) eingeschränkt werden dürfen. Tatsächlich ist das Grundgesetz sowohl zur Kodifizierung unveräußerlicher Freiheits- und Menschenrechte als auch im Vorgriff auf nicht auszuschließende Not- und Gefahrensituationen bis hin zu Seuchen konzipiert worden. Dem Grundrechtekatalog wohnt bei näherer Betrachtung eine fast hegelianisch zu nennende Dialektik inne, deren Sprengkraft durch die Coronapandemie und die zu ihrer Bekämpfung verhängten Maßnahmen in besonderer Heftigkeit zutage trat.

Freiheit und Verantwortung

Die teils leidenschaftliche, teils aggressive, ins Unversöhnliche kippende Debatte, die sich daran entzündete (und die bis heute, etwa im Rückblick auf die Schulschließungen, unvermindert anhält), war und ist letztlich eine Debatte über unsere Auffassung von Freiheit. Wenn wir davon ausgehen, dass (wie oben beschrieben) Freiheit zuvorderst die Abwesenheit von Willkür und Zwang bedeutet, dann erlebte die Freiheit während der Coronapandemie eine Dunkelphase. Denn es ist unbestritten, dass der Staat zur Bekämpfung der Seuche auch Mittel des Zwangs – siehe Maskenpflicht – anwandte oder anwenden musste. „Vulgärliberale"[145] sahen und sehen bis heute darin die grobe Verletzung einer gleichsam unantastbaren Freiheit, die gegen jegliche staatliche oder gesellschaftliche Bevormundung verteidigt werden müsse. Hier wird der von Isaiah Berlin so genannte „negative" Freiheitsbegriff – Freiheit *von* etwas, namentlich von Zwang und Willkür, im Unterschied zur Freiheit *zu* etwas, beispielsweise zur politischen Teilhabe – aufs Äußerste strapaziert.[146] Und tatsächlich muss es erlaubt sein, Freiheit immer wieder auch radikal, zu den Wurzeln zurückkehrend, zu denken und ins Feld zu führen. Freilich: Wer es, von dorther kommend, versäumt, den Freiheitsbegriff in komplexen gesellschaftlichen Zusammenhängen und Herausforderungen zu spiegeln, der verharrt (oder landet) im geistigen Kosmos eines (den Nachtwächterstaat propagierenden) Milton Friedman, einer Ayn Rand[147] oder eines Peter Thiel und weiterer kalifornischer Tech-Investoren, die die Fesseln des regelbasierten Staates abschütteln und dafür neue, eher opportunistische, utilitaristische Formen des Zusammenlebens frei fließender (Wirtschafts-)Subjekte erproben wollen.

In Wahrheit ist Freiheit niemals absolut.[148] Das Wesen des Gesellschaftsvertrages, wie Hobbes und Locke ihn konzipiert haben, ist die Überwindung des Naturzustands und der in ihm herrschenden Anarchie (bei Hobbes: des „Krieges aller gegen alle"). In einer verfassten Gesellschaft sind Freiheit und Verantwortung (für einen selbst, aber auch für andere) untrennbar miteinander verknüpft – *pursuit of happiness* und staatsbürgerliche Pflicht bedingen einander. Dies impliziert die freie Entfaltung der Persönlichkeit, kann aber ebenso bedeuten, dass wir in bestimmten

Situationen Verzicht leisten (oder Beschränkungen akzeptieren) müssen, um gerade dadurch die Ordnung der Freiheit zu stärken. Kant griff dieses Gedankengut auf und verstand Freiheit als Ausdruck einer auf das gesittete Zusammenleben mündiger Individuen abzielenden Vernunft. Gesittet kann im Kontext einer Pandemie aber nur bedeuten: Jeder hat nicht nur den Anspruch auf Rücksichtnahme *durch* seine, sondern auch die Pflicht zur Rücksichtnahme *auf* seine Mitmenschen. Erst dann können unser Handeln und die dahinterstehende Maxime als „verallgemeinerungsfähig"[149] im Sinne des kategorischen Imperativs bezeichnet werden. Adam Smith, der eben nicht nur Ökonom, sondern auch Moralphilosoph war, spricht von den *fellow feelings*, die wir füreinander aufzubringen hätten – in Form von Umsicht, Unterstützung und gelebter Solidarität. Das Infektionsschutzgesetz ist Ausdruck dieser Pflicht zur gegenseitigen Rücksichtnahme – wozu auch regelmäßige PCR-Tests zählen –, es ist Ausdruck situationsadäquater Alltagsvernunft.

Dabei konnte und kann der Gesetzgeber sich auch auf den großen Liberalen John Stuart Mill berufen, dem zufolge (wie oben schon zitiert) der Staat durchaus Zwang „gegen den Willen eines Mitglieds einer zivilisierten Gemeinschaft rechtmäßig ausüben (darf)", wenn es keinen anderen Weg gibt, „die Schädigung anderer zu verhüten"[150]. Genau dies war das Räsonnement der politisch Verantwortlichen beim Verhängen der Grundrechtseinschränkungen: dass es aus damaliger Sicht und unter dem damaligen Handlungsdruck keinen anderen Weg gab, um weitergehenden Schaden von der Bevölkerung abzuwenden. Dass Grundrechte dabei beschränkt wurden, „ohne dass jemand sicher sagen (konnte), ob das sinnvoll ist", man sich also in einen Modus des „Versuchs und Irrtums" begab, gehört zur Wahrheit hinzu, ändert aber nichts an der Berechtigung der Maßnahmen im Sinne des oben beschriebenen vernunftbasierten Freiheitsbegriffs.[151] Der Staat muss die Freiheit schützen, darf aber das Leben und unser aller Sicherheit dabei zu keiner Sekunde außer Acht lassen.

Zugleich muss der Staat auch in Notlagen stets die ihm gezogenen Grenzen respektieren. Diese sind sehr klar vorgezeichnet:

– So muss gewährleistet sein, dass freiheitseinschränkende Maßnahmen *geeignet, erforderlich und angemessen* sind. Dies regelmäßig kritisch zu überprüfen, ist Pflicht des Gesetzgebers.

– Zudem dürfen Freiheitsbeschränkungen immer nur *befristet* sein – eine Verstetigung birgt die Gefahr, dass autoritäre Strukturen sich verfestigen.

– Maßnahmen müssen *mit den Werten des Grundgesetzes im Einklang stehen*, dürfen dieses somit nicht aushöhlen. Ein Urteil darüber, ob entsprechende Grenzen überschritten wurden, obliegt dem Bundesverfassungsgericht, dessen Autonomie gerade in Krisensituationen durch nichts angefochten werden darf – Stichwort Gewaltenteilung.

– Zur Gewaltenteilung gehört ebenso, dass die Maßnahmen *vom Parlament verabschiedet* werden müssen, statt durch die Bundesregierung oder die – verfassungsmäßig gar nicht vorgesehene – Runde der Ministerpräsidenten dekretiert zu werden. Ein solcher *Ordre-du-mufti*-Ansatz erschüttert das Vertrauen der Bürgerinnen und Bürger in die Demokratie und treibt „Querdenkern", „Reichsbürgern" und anderen systemkritischen Gruppierungen die Anhänger in die Arme. Die Rechte des Parlaments müssen in einer Pandemie uneingeschränkt aufrechterhalten werden.

> Die Rechte des Parlaments müssen in einer Pandemie uneingeschränkt aufrechterhalten werden.

– Zudem muss die Bevölkerung regelmäßig und in *voller Transparenz* über die getroffenen Maßnahmen und die dahinterstehende Begründung *informiert* werden. Nur dann besteht eine Aussicht darauf, dass die Bürgerinnen und Bürger die erforderlichen temporären Freiheitseinschränkungen auch mittragen.

Schließlich muss aber auch die körperliche Unversehrtheit des Einzelnen unangetastet bleiben. Wenn damit nicht nur der Gesundheitsschutz, sondern auch die volle Autonomie des Einzelnen über seinen Körper gemeint ist, dann war es richtig, auf eine allgemeine Impfpflicht zu verzichten. Freiheit bedeutet die Abwesenheit von Zwang und staatlicher Willkür. Den Einzelnen – oder die Einzelne – dazu zu zwingen, sich einer Impfung zu unterziehen, hieße, seine (oder ihre) Verfügungsgewalt über den eigenen Körper zu missachten. Dies aber bedeutete eine Verletzung eines Kerngedankens des Humanismus und der Aufklärung, namentlich die auch und gerade physisch zu verstehende Befreiung des Individuums aus dem Klammergriff willkürlicher Herrschaft. Nötigung ist aus diesem Verständnis heraus selbst in einer pandemischen Lage keine Option. Zudem hätte eine Impfpflicht, als Impfzwang denunziert, den Warnern vor einer Coronadiktatur weiteren Auftrieb gegeben, mit allen denkbaren Gefahren für die Stabilität der freiheitlich-demokratischen Ordnung. Eine Restgefährdung der Volksgesundheit infolge millionenfacher Nichtimpfung konnte insoweit, nach gründlicher Abwägung, in Kauf genommen werden, wenn dadurch – und nur dadurch – der Respekt vor der Handlungsmacht des Einzelnen über seinen Körper gewahrt werden konnte.[152]

Corona als Denkschule

Keine Zweifel: Die offene Gesellschaft hat durch die Coronamaßnahmen einen Stresstest erlebt. Lockdown und individuelle Freiheit stehen in einem schwierigen Spannungsverhältnis zueinander. Karl Popper hätte, so darf vermutet werden, vor den auto-

ritären (hoffentlich nicht: totalitären) Anwandlungen des Corona-
regimes eindringlich gewarnt. Und völlig zu Recht wurde unter dem
Coronaregime mit bangem Blick auf Carl Schmitt die Sorge geäu-
ßert, dass ein verfassungsmäßig nicht abgesichertes Gremiengewirr
„über den Ausnahmezustand entscheidet". Unsere freiheitlich-
demokratische Ordnung ist fragil. Wenn das temporäre Herunterfahren des öffentlichen Lebens und Kontaktbeschränkungen jedoch
dazu geeignet sind (dies muss, wie gesagt, nachgewiesen werden
können), die den Bürgern seitens des Staates explizit geschuldete
Sicherheit und Volksgesundheit zu gewährleisten, dann sind die
dahinterstehenden Grundrechtseinschränkungen für einen definierten Zeitraum hinnehmbar. In jedem Falle haben die – teils erbittert
geführten – Debatten über die Angemessenheit der Coronamaßnahmen unser aller Sensibilität für das delikate Verhältnis
zwischen Freiheit und Sicherheit signifikant geschärft. Die Widerstandsfähigkeit (neudeutsch: Resilienz) der offenen Gesellschaft
sollte durch die pandemische Erfahrung eher gestärkt als geschwächt
worden sein.[153]

MORALISIERUNG STATT DISKURSOFFENHEIT –
VERIRRUNGEN DER IDENTITÄTSPOLITIK

Sind unsere Grundrechte auf Meinungs-, Kultur- und Wissenschaftsfreiheit in Gefahr? Bedroht die den öffentlichen Diskurs
(aber auch die eine oder andere politische Entscheidung) zuneh-
mend prägende „Identitätspolitik" – also die mitunter militante
Fokussierung auf Geschlecht, Herkunft, Hautfarbe, Glauben oder
sexuelle Orientierung – unsere freiheitliche Demokratie? Dieser
Eindruck mag entstehen, wenn wir jüngere Erscheinungen und
Auswüchse dieser Politik betrachten: So wurde der niederländische
Verlag Meulenhoff dafür kritisiert, dass er das Gedicht „The Hill
We Climb", welches die 22-jährige Lyrikerin Amanda Gorman zur
Inauguration von US-Präsident Joe Biden vorgetragen hatte, von

der Booker-Preisträgerin Marieke Lucas Rijneveld übersetzen lassen wollte. *Woke* Aktivistinnen und Aktivisten trugen vor, dass eine Autorin mit weißer Hautfarbe sich nicht in die Gefühls- und Erfahrungswelten einer dunkelhäutigen Frau hineinversetzen könne. Im März 2022 wurde der Sängerin Ronja Maltzahn untersagt, auf einer Veranstaltung von *Fridays for Future* in Hannover aufzutreten. Ihre „Dreadlocks" genannte Haartracht sei eine „kulturelle Aneignung" fremdländischer Frisuren und Ausdruck eurozentristischer Übergriffigkeit.[154] Im Sommer 2022 sagte die Humboldt-Universität in Berlin einen Vortrag der Doktorandin Marie-Luise Vollbrecht wieder ab, der unter dem Titel „Geschlecht ist nicht (ge)schlecht. Sex, Gender und warum es in der Biologie zwei Geschlechter gibt" angekündigt worden war. Der „Arbeitskreis kritischer Jurist*innen" hatte die These der Doktorandin als „unwissenschaftlich, menschenverachtend und queer- und transfeindlich" bezeichnet. Eine Sprecherin der Humboldt-Universität gab an, die Auffassungen Vollbrechts stünden nicht im Einklang mit dem Leitbild der HU. Vollbrecht klagte anschließend darüber, „mit welchen radikalen Mitteln Genderideologen vorgehen". Bundesbildungs- und Forschungsministerin Bettina Stark-Watzinger (FDP) kritisierte die Humboldt-Universität deutlich: „Wissenschaft lebt von Freiheit und Debatte. Das müssen alle aushalten."[155] Zahlreiche weitere Beispiele für die Herausforderung der freien Rede durch identitätspolitischen Eifer wären zu nennen.

„Wissenschaft lebt von Freiheit und Debatte. Das müssen alle aushalten."

Die Macht Foucaults

Die Identitätspolitik – faktisch eine neue Form der Political Correctness – geht zu großen Teilen zurück auf den französischen Philosophen Michel Foucault (1926–1984) und die ihm und einigen Mitstreitern, darunter Jacques Derrida und Gilles Deleuze,

zugeschriebene French Theory.[156] Foucault vertrat – sehr vereinfacht gesagt – die Auffassung, dass Wissen und (behauptete) Wahrheit oftmals nicht die Realität widerspiegelten, sondern Ausdruck
von Macht seien. Macht und Wissen schlössen sich unmittelbar ein.
Macht lasse „Wissensfelder" entstehen, denen die Deutungshoheit
über die Erscheinungen zuwachse. Die Folge sei, dass sich außerhalb gegebener Machtstrukturen kein Wissen entfalten könne.
Dies benachteilige all diejenigen, die an der Macht nicht partizi-
pierten. Daher gelte es, Machtverhältnisse und die aus ihnen abge-
leiteten Wahrheitskonstrukte aufzubrechen – zu „dekonstruieren".
Dabei richtete sich Foucaults Blick nicht nur auf die von ihm als
„Gouvernementalität" bezeichnete Regierungsmacht. Ebenso sehr
interessierten ihn innergesellschaftliche, institutionelle, ökonomische, zwischenmenschliche und sexuelle Machtverhältnisse in
aufgeklärt-rationalen Gesellschaften. So befasste er sich eingehend
mit dem Umgang moderner Gesellschaften mit „Wahnsinnigen"
sowie mit Gefangenen. Zuchthäuser dienten vor allem dazu,
Wissen über die Einsitzenden anzuhäufen, um sie noch wirkungs-
voller, subtiler kontrollieren, aber auch auf den Weg der Besserung
bringen zu können, als es dem voraufklärerischen Staat mit seinen
teils barbarischen Zwangsmaßnahmen und Bestrafungen möglich
gewesen sei. Letztlich sieht Foucault im aufgeklärten, der Vernunft
huldigenden Westen ein Machtsystem, welches Herrschaftswissen
für allgemeingültig deklariere und ihm Fremdes oder Unpassen-
des ausschließe. Dies betreffe Geisteskranke und Straffällige, aber
ebenso den Orient (als Gegenwelt zu westlicher Rationalität),
Träume (als Gegenpol zum rational Erklärbaren) oder bestimmte
Erscheinungsformen der Sexualität (als Abweichung von der Norm).
Aufklärung bewirkt laut Foucault gerade keine allumfassende
Emanzipation, sondern ziehe eine auf eng gewobene Machtnetze
gestützte Ausgrenzung des Störenden, Unpassenden oder Unge-
wöhnlichen nach sich. Dem müsse entschieden entgegengetreten
werden.[157]

Mit Blick auf diese die Aufklärung fundamental hinterfragende Position sah Jürgen Habermas in Foucault einen Vertreter der radikalen Vernunftkritik im Geiste Nietzsches. Dabei verfange er sich jedoch in Selbstwidersprüchen, etwa indem er Kritik als Ausdruck von Macht betrachte, was es – so Habermas – normativ unmöglich mache, Macht zu kritisieren.[158] Der Historiker Hans-Ulrich Wehler hielt Foucaults Machtbegriff für „zum Verzweifeln undifferenziert"; Foucault nehme keine hinreichende Unterscheidung zwischen Autorität, Zwang, Gewalt, Macht, Herrschaft und Legitimität vor. Dies sei intellektuell unredlich.

Black Lives Matter

Von dieser und vergleichbarer Kritik unbeschadet, stieg Foucault mit seinem Fokus auf „Machtstrukturen" und machtbasierte Deutungshoheiten in den 1980er und 1990er Jahren zu einem Säulenheiligen der in den Vereinigten Staaten entstehenden Identitätskultur auf. Deren Vertreter entdeckten, das breite Werk des Philosophen durchaus auf ihre Zwecke reduzierend, in Foucault einen Fürsprecher aller Benachteiligten, Diskriminierten und Ausgegrenzten – eine Deutung, die sich in gewisser Weise verselbständigte. Heute beruft sich die Bürgerrechtsbewegung der von Sklaven abstammenden Afroamerikaner ebenso auf Foucault wie die Community der Homosexuellen und Transgenderaktivisten. Ein Zentrum und Verstärker postmoderner Identitätspolitik sind Studiengänge und Institute, die sich mit den Verbrechen westlicher Kolonialmächte und dem Erbe des Kolonialismus auseinandersetzen. Sie heben (im Namen der historiografischen Dekonstruktion) eine einseitige Darstellung des Kolonialismus als vermeintlich segensreichen Zivilisationsbeschleuniger radikal aus den Angeln und stellen stattdessen das seitens des aufgeklärten Westens millionenfach begangene Unrecht an indigenen Bevölkerungsteilen ins Zentrum der Betrachtung. Der daraus entstandene Postkolonialismus zählt heute, neben *Black Lives Matter* und der LGBTQ-Bewegung, zu den tragenden Säulen der Identitätspolitik. Deren erklärtes Anliegen ist es, tatsächliche oder unterstellte Machtverhältnisse aufzubrechen, Ausgrenzungen – etwa fremdländischer, orientalischer Kulturen – zu überwinden und vermeintlich oder tatsächlich benachteiligten Gruppen zu der ihnen aufgrund ihrer spezifischen Identität zustehenden Geltung zu verhelfen. In der Regel resultiert daraus der Anspruch, dass diesen Gruppen mehr „Respekt", ein besonderer Schutz sowie finanzielle Zuwendungen seitens des Staates zustünden. Wichtig an dieser Stelle: Geschützt und unterstützt werden sollen in ihren Rechten und ihrer Gefühlswelt sich als angegriffen oder diskriminiert betrachtende *Kollektive*. Das Individuum, welches im Zentrum des humanistischen Menschenbildes steht, kommt in der Identitätspolitik nicht (oder nur nachrangig) vor.

Kritiker der Identitätspolitik halten dieser einen antiaufklärerischen Hang zum Dogma vor. Tatsächlich basiert das identitätspolitische Weltbild auf der These von der Ursünde des Weißseins. Der weiße Mensch ist demnach von Geburt an privilegiert. Aus seiner privilegierten Stellung heraus könne er gar nicht anders, als Nichtweiße zu diskriminieren. Dies beginne mit sprachlichen Unbedachtheiten, auch Mikroaggressionen genannt („Woher kommst du?"), und steigere sich über die Benachteiligung bei Stellenbesetzungen bis hin zum systematischen Versuch, Schwarze von der Teilnahme an Wahlen abzuhalten. Der Rassismus ist gemäß dieser Sichtweise tragender Teil der DNA des Weißen. Deren rassistische Grunddisposition durchziehe soziales und berufliches Alltagshandeln, aber beispielsweise auch die Geschichtsschreibung. So spiegele die Auffassung, die Geschichte Amerikas beginne mit der Unabhängigkeitserklärung von 1776, das zynische Weltbild einer Clique von Sklavenhaltern wider, deren Ziel es gewesen sei, sich durch das Abschütteln des britischen Jochs mehr Spielräume für die Einfuhr afrikanischer Zwangsarbeiter zu verschaffen.

Tatsächlich aber nehme Amerikas Geschichte ihren Anfang im Jahr 1619, als erstmals schwarze Gefangene in Virginia angelandet seien. Die *New York Times*, Stimme des progressiven Amerikas, lancierte ein ganzes Projekt unter dem Namen „1619", um der Dekonstruktion der herkömmlichen USA-Historiografie eine Plattform zu verschaffen.

Der im Weißsein voreingestellte, überall anzutreffende Rassismus – so die Identitätspolitiker weiter – mache einen entschiedenen „Antirassismus" unerlässlich. Es gelte, „strukturellen Rassismus" in allen Bereichen der Gesellschaft – Politik, Wirtschaft, Bekanntenkreis, Familie – zu identifizieren und zu bekämpfen. Wer sich dem nicht anschließt, setzt sich dem Verdacht aus, selbst ein Rassist zu sein. Rassisten jedoch dürfe keine Bühne geboten werden, so wie auch Antifeministen oder „Transphobe" kein Recht auf Gehörtwerden besäßen. Von dieser Grundhaltung aus ist es nur noch ein kleiner Schritt bis zur Absage des erwähnten Vortrages an der Humboldt-Universität, welcher – die Polemik sei hier erlaubt – es wagte, an der These von der Existenz genau zweier biologischer Geschlechter festzuhalten. Wer aber eine Vertreterin dieser These aus dem *safe space* der identitätspolitischen Eigenwelt aussperrt, stellt die akademische Redlichkeit der Gegenseite offen in Frage. An die Stelle des konfliktären, ergebnisoffenen Diskurses im Sinne Karl Poppers tritt die unbeirrte, durch keinen Widerspruch zu irritierende Härtung des eigenen Bekenntnisses. Spätestens an dieser Stelle kann konstatiert werden, dass Identitätspolitik Züge der antiaufklärerischen Freiheitsgefährdung in sich trägt.

Abwehr-, aber auch Anspruchsrechte

Der in Princeton lehrende Politikwissenschaftler Jan-Werner Müller vertritt die Auffassung, dass es bei der Identitätspolitik entgegen den Unterstellungen vieler ihrer Kritikerinnen und Kritiker nicht um das militante Vortragen subjektiver Gefühlszustände, sondern um die Verwirklichung von Grundrechten „auf der Basis gesamtgesellschaftlich geteilter Prinzipien wie Freiheit und Gleichheit" gehe. Mit Verweis auf *Black Lives Matter* und *MeToo* unterstreicht Müller, dass niemand „von der Polizei gepiesackt, malträtiert oder gar getötet werden" wolle. Ebenso sei die Forderung, „nicht von mächtigen Männern belästigt oder gar vergewaltigt zu werden, kein skurriler Sonderwunsch einer dauerbeleidigten Minderheit". Allerdings, so Müller in Anlehnung an Isaiah Berlin,[159] gehe es nicht nur um Abwehr-, sondern auch um Anspruchsrechte, etwa die Forderung nach politischer und gesellschaftlicher Teilhabe. Identitätspolitiker, so Müller, stritten für die Anerkennung der Würde einzelner (sich benachteiligt fühlender) Gruppen. Ein gewisses Maß an Emotion sei dabei ein legitimes Mittel der politischen Artikulation, komme in ihr doch ein verletzter Sinn für Gerechtigkeit zum Ausdruck.[160]

Nicht nur Jan-Werner Müller, sondern die Identitätsbewegung insgesamt hat zunächst einmal recht, wenn sie jedermann zustehende Grundrechte einfordert und Diskriminierungen von Minderheiten – etwa der *People of Color* – anprangert. Die Universalität der Menschenrechte ist einklagbar – oder sollte es zumindest sein. Deshalb darf es nicht sein, dass Frauen und Mädchen in Afghanistan durch die an die Macht zurückgekehrten Taliban aus dem gesellschaftlichen Leben und dem Schulwesen ausgesperrt werden. Die mitunter brutale Gangart US-amerikanischer Polizisten gegenüber Schwarzen, wie durch den Mord an George Floyd auf erschütternde Weise dokumentiert, ist aufs Schärfste zu verurteilen. Vorbehalte in Unternehmen oder Behörden gegenüber dem Aufstieg von Frauen in Führungspositionen gehören beseitigt und Diversität gefördert. Ebenso muss von einer sich als kritisch verstehenden, dem Geist der Aufklärung verpflichteten Geschichtswissenschaft erwartet werden können, dass sie unvoreingenommen auf den Kolonialismus und die durch ihn verursachten Menschenrechtsverletzungen blickt. Kein Kritiker der Identitätspolitik und der ihr zugeschriebenen *Cancel Culture* würde sich einer entsprechenden Öffnung unserer Gesellschaft und der Durchsetzung legitimer Minderheitenrechte widersetzen.

Sprechverbote helfen nicht

Aus Freiheitssicht problematisch wird die Debatte um Identitäten jedoch dort, wo die Ansichten und Forderungen einzelner, oftmals (stark) minoritärer Gruppierungen absolut gestellt und dem kritischen Diskurs vorsorglich entzogen werden. Ein solches Vorgehen führt zu Diskursverengungen, Denk- und Sprechverboten, die unsere Verfassung verletzen und das Ende der offenen Gesellschaft nach sich ziehen. Menschen, die der Ansicht sind, es gebe mehr als zwei biologische Geschlechter, haben gemäß Artikel 5 Grundgesetz (oder dem ersten Zusatzartikel der Verfassung der Vereinigten Staaten) ein Recht darauf, diese Ansicht im freien Diskurs vorzutragen. Ebenso besitzen andere Menschen, etwa in der Biologie bewanderte Wissenschaftler, aber jedes Recht, die Gegenthese zu vertreten. Entscheidend aus Demokratie- und Freiheitssicht ist es, einen Wettstreit der Argumente und faktenbasierter Thesen zuzulassen – anstatt denjenigen, der eine abweichende Meinung vertritt („Es gibt genau zwei biologische Geschlechter", schreiben vier CDU-Politikerinnen und -Politiker in ihrem Aufsatz „Kulturkämpfe mutig austragen"[161]), unter Einsatz der Moralkeule öffentlich zu diskreditieren. Wer Gegenstimmen mit Intoleranz begegnet und im Namen des Regenbogens jedweden politischen Gegner pauschal des Rassismus bezichtigt, zeigt gerade keinen Respekt, sondern vergeht sich am offenen, differenzierten Diskurs als einer zentralen Errungenschaft der Aufklärung.

Schwierig werden identitätspolitische Debatten auch dann, wenn Vertreterinnen und Vertreter der Identitätskultur ihre ganz persönlichen Befindlichkeiten – „Ich fühle …", „Ich meine …" – zum Hauptgegenstand ihres Vortrages erheben. Ja, es ist legitim, in einer politischen Auseinandersetzung auch über individuelle Erfahrungen zu sprechen oder Bücher darüber zu veröffentlichen. Auch ist es erlaubt und der Förderung von Sensibilität dienlich, Opfergeschichten zu erzählen. Dies entbindet jedoch niemanden der Pflicht, die nächsthöhere Abstraktionsstufe zu erklimmen und das persönliche Erleben in den größeren, gesamtgesellschaftlichen Kontext einzuordnen – in dem dann naturgemäß auch andere, gegebenenfalls mit der eigenen Position konkurrierende Interessen und Sichtweisen vorgetragen werden. Deliberative Demokratie ist vor allem und immer ein Aushandlungsprozess, der sich nicht darin erschöpfen darf, Einzel- oder Mikrogruppenerfahrungen zum Maß aller Dinge zu erheben.

Israel als Tätervolk?

Eine besonders gefährliche Verirrung ist hinsichtlich der Einstellung der Identitätskultur zum Holocaust festzustellen. Aus der Haltung heraus, dass den Interessen wie auch der (Leidens-) Geschichte des „globalen Südens" endlich der ihnen angemessene Rang eingeräumt werden müsse, wird der Blick zunehmend auf Menschenrechtsverletzungen gelenkt, die indigene Völker und ethnische Minderheiten erleiden mussten oder weiterhin müssen. So gilt beispielsweise der Nakba – der Vertreibung von rund 700 000 Palästinenserinnen und Palästinensern aus dem britischen Mandatsgebiet zwischen 1947 und 1949 – ein besonderes Augenmerk. Der Vorwurf lautet, dass die Nakba eine von Israel betriebene ethnische Säuberung gewesen sei. Die Gefahr, dass es mittels dieser Anprangerung Israels als Tätervolk zu einer Relativierung des Holocaust kommt, liegt auf der Hand. Verstärkt wird diese Gefahr dadurch, dass der Staat Israel aufgrund seiner Siedlungspolitik auf dem Westjordanland heute zunehmend als kolonialistische Macht dargestellt wird.[162] Letztlich geht es darum, die Vernichtung von sechs Millionen Juden als Machtnarrativ des rassistischen Westens zu dekonstruieren. Der hinter diesem Bestreben stehende Neoantisemitismus greift rapide um sich und reicht inzwischen tief in den kulturellen Sektor hinein, wie die 15. Documenta-Ausstellung 2022 in Kassel auf beschämende Weise gezeigt hat.[163]

Wie kann verhindert werden, dass der Streit um Identitäten, Minderheitenrechte, um alte und neue Narrative zum veritablen *clash of civilizations* ausartet? Wichtig ist, dass alle Beteiligten sich bemühen, einen kühlen Kopf zu bewahren. Bilderstürmerischer, gar jakobinischer Eifer – man denke an den Umsturz von Kolonialdenkmalen, anstatt diese einem kritischen Diskurs auszusetzen – ist fehl am Platze. Auch darf der Vorwurf kultureller Aneignung nicht dazu führen, dass weißen Musikerinnen und Musikern das Recht abgesprochen wird, von Schwarzen komponierten Jazz, Funk oder Soul zu spielen. Wer Respekt für sich selbst einfordert, der schuldet diesen auch seinem Gegenüber, dessen Argumenten und Begabungen. Die eigene Auffassung darf nicht zum Dogma erstarren. Gesellschaftlicher Fortschritt ist nur dann möglich, wenn Menschen sich im „Denken ohne Geländer" (Hannah Arendt) üben – wenn sie zuhören, nachdenken, den anderen zu Wort kommen lassen, anstatt das eigene Urteil für sakrosankt zu erklären.

Neugier erhalten

Letztlich ist die Auseinandersetzung um Identitäten – ähnlich wie die Coronamaßnahmen oder der Anschlag illiberaler Regime auf Medienfreiheit und Gewaltenteilung – ein Stresstest für die offene Gesellschaft. Diese wird nur überleben, wenn alle Beteiligten sich an die Spielregeln des sachlichen, ergebnisoffenen Diskurses halten und Toleranz an den Tag legen.

– Unzulässig ist es somit, Andersdenkende einem Konformitätsdruck auszusetzen, der eine neue, postmoderne „Schweigespirale" nach sich zieht.

Andersdenkende werden einem Konformitätsdruck ausgesetzt, der eine neue, postmoderne „Schweigespirale" nach sich zieht.

157

- Vermieden werden muss auch, dass die Gesellschaft in immer mehr Mikrogruppen mit verbrieften Sonderrechten zerfällt. Stattdessen stehen alle Bürgerinnen und Bürger in der Pflicht, zum gesellschaftlichen Zusammenhalt beizutragen.

- Redaktionen sollten der Versuchung widerstehen, sich zu einem aktivistischen „Haltungsjournalismus" mit erzieherischem Unterton (etwa in Bezug auf unterstellten Rassismus oder den Klimawandel) zu versteigen.

- Unternehmen sollten Vielfalt fördern, Missstände – etwa in den Lieferketten – beheben und sich wandelnde Kundenpräferenzen berücksichtigen, müssen sich aber auch weiterhin für ihr Gewinnstreben nicht entschuldigen.

- Geradezu essentiell ist die Verteidigung der Freiheit von Wissenschaft und Forschung. „Eine Theorie kann sehr gut sein, brillant sogar, aber sie ist niemals wahr. Sie ist nur *noch* nicht widerlegt", konstatiert Ferdinand von Schirach im Dialog mit Alexander Kluge und verweist explizit auf Karl Poppers „Kriterium der Falsifizierbarkeit".[164]

Aufgeklärte Demokratinnen und Demokraten sollten somit stets Neugier mitbringen für die Auffassungen und Argumente der Gegenseite – anstatt Thesen zu *canceln*, nur weil sie nicht ins eigene, in sozialmedialen Echokammern oder *safe spaces* gepflegte Weltbild passen.[165]

ZWISCHENBETRACHTUNG

Freiheitsräume zu vermessen dient dem Zweck, den Aggregatszustand der offenen Gesellschaft festzustellen. Dazu haben wir auf den vorherigen Seiten den Blick sowohl nach außen als auch nach innen gerichtet. Der Blick in die Welt fällt durchaus besorgniserregend aus: Staaten wie China, Iran, Nordkorea, Russland oder die Türkei fordern mit ihren autoritären Regimen den freien Westen zunehmend heraus. Dabei schrecken sie, wie der Überfall Russlands auf die Ukraine auf eindringliche Weise belegt, vor militärischer Aggression keineswegs zurück. Alternativ versuchen sie – Stichwort Neue Seidenstraße –, andere Staaten dauerhaft in eine ökonomisch-infrastrukturelle Abhängigkeit zu bringen. Die offene Gesellschaft gerät dadurch zunehmend in die Defensive. Ihr dreifaches Versprechen – das politische, das ökonomische sowie das grundrechtliche – wird von den Machthabern in Peking, Teheran, Pjöngjang, Moskau und Ankara vorsätzlich gebrochen. Von der Aufklärung und ihren Errungenschaften sind diese – und viele weitere – Regime Lichtjahre entfernt. Putin, Xi Jinping & Co. lassen keine freien Wahlen zu, kontrollieren die Wirtschaft und gewähren – den Ausruf des Marquis de Posa in Schillers Don Carlos zynisch überhörend – keine „Gedankenfreiheit". Ins Feld führen ließe sich an dieser Stelle, dass Renaissance, Humanismus und die Werte von 1789 über einen bestimmten, letztlich europäisch definierten Wirkkreis eben nie hinausgedrungen sind. Dies beschreibt ein Dilemma der Aufklärung, welcher dadurch möglicherweise auch Grenzen gezogen sind. Dies bedeutet jedoch nicht, dass der Westen eklatanten Verstößen gegen das Völkerrecht sowie der Verletzung von Menschenrechten weltweit tatenlos zusehen darf. Vielmehr ist es dem Westen aufgegeben, im Sinne einer *responsibility to address* für seine Werte überall zu werben. Der Anspruch der Freiheit gilt weltweit.

Zugleich muss die Vermessung der Freiheit auch im Innern, bei uns selbst, erfolgen. Das Grundgesetz und insbesondere der Katalog der Grundrechte bringen ein Staatsverständnis zum Ausdruck, welches auf der Unantastbarkeit der Menschenwürde und den Grundprinzipien der offenen Gesellschaft basiert. Diesem Anspruch täglich gerecht zu werden, stellt eine gewaltige Herausforderung dar, gilt es doch, unterschiedlichsten Interessen gerecht zu werden, Ausgleichsmechanismen zu schaffen und dabei stets das größere Ganze im Blick zu behalten. Fast zwangsläufig legt die Nahaufnahme denn auch Defizite offen: So nehmen Unternehmer, Bürgerinnen und Bürger die staatliche Bürokratie eher als verbarrikadierte denn als offene Gesellschaft wahr. Franz Kafkas „Schloss" kommt einem hier durchaus in den Sinn. Schlimmstenfalls hemmt diese Wahrnehmung den Elan ziviler Akteure, an der weiteren, fruchtbaren Entwicklung unseres Gemeinwesens mitzuwirken. Ähnliches gilt für eine als zu hoch empfundene, Freiheitsräume einschränkende Besteuerung, wobei die Einsicht wächst, dass die multiplen Herausforderungen unserer Zeit – Dekarbonisierung, demografischer Wandel, Digitalisierung – einen handlungsfähigen Staat erfordern, den es ohne eine robuste Finanzierungsbasis nicht geben kann. Derweil sind unsere sozialen Sicherungssysteme nicht dazu geeignet, die Eigenverantwortung des Einzelnen zu fördern. Dem steht das paternalistische Vollkaskoversprechen des Staates – die Absicherung seiner Bürgerinnen und Bürger in sämtlichen Lebenslagen – entgegen, welches sich jedoch, wie alle Berechnungen belegen, zum hochgefährlichen Sprengsatz für die Tragfähigkeit der öffentlichen Finanzen entwickelt. Eine Umkehr erscheint unerlässlich, dürfte aber nur im parteiübergreifenden, Klientelinteressen ausblendenden Schulterschluss zu erreichen sein.

Freiheitseinschränkende Maßnahmen im Zuge der Corona-pandemie wie auch die Verengung der Meinungskorridore durch die sogenannte Identitätspolitik setzen die offene Gesellschaft weiteren, anstrengenden Stresstests aus. Der (vielleicht einzige) Vorteil dieser wie auch aller weiteren oben beschriebenen Herausforderungen der Freiheit besteht darin, dass sie uns dazu zwingen, uns mit der Widerstandsfähigkeit der liberalen Demokratie auseinanderzusetzen. Wenn wir den „Belagerungszustand" überwinden wollen, in den wir laut Peter Sloterdijk „als Okzidentale von allen Fronten her (…) geraten" sind,[166] dann müssen wir konsequenterweise an sämtlichen dieser Fronten ansetzen. Auch hier geht der Blick zunächst nach außen: Wie kann es gelingen, dem Ansturm russischer Invasionstruppen standzuhalten – wie wehrfähig ist der Westen? Welche Möglichkeiten bestehen, etwa durch Freihandelsabkommen das ökonomische Unterpfand der freien Welt zu stärken? Hat das Projekt einer Liga der Demokratien Aussicht auf Erfolg? Darüber wird ebenso zu sprechen sein wie über die Frage, wie es im eigenen Land, gleichsam zuhause, gelingen kann, Grundrechte zu leben, Freiheitsräume offen zu halten und somit dem Geist der Aufklärung – „Habe Mut, dich deines Verstandes zu bedienen!" – neue Geltung zu verschaffen. Hier kommt es ganz offenkundig auf jeden Einzelnen an: Mehr Unternehmergeist, ein die Urteilskraft stärkendes Bildungswesen sowie mehr zivilgesellschaftliches Engagement (statt Staatsgläubigkeit) weisen den Weg zu einer nachhaltigen Stärkung der offenen Gesellschaft. Welche Aufgaben sich auf diesem Weg stellen, davon handelt das nächste Kapitel.

ANSÄTZE ZUR STÄR-
KUNG DER **OFFENEN**
GESELLSCHAFT

EINE ALLIANZ DER DEMOKRATIEN, DIE FREIHANDEL UND WEHRHAFTIGKEIT FÖRDERT

Um den Belagerungszustand zu überwinden, von dem Sloterdijk spricht, müssen die westlichen Demokratien im globalen Maßstab enger zusammenrücken. Benötigt wird ein Zusammenschluss all jener Staaten, deren Ordnung auf Gewaltenteilung, freien Wahlen, dem Rechtsstaat und der Achtung der Menschenrechte basiert – eine Allianz der Demokratien. Geborene Mitglieder einer solchen Allianz wären die Vereinigten Staaten von Amerika, Kanada, die Europäische Union, Großbritannien, Australien und Neuseeland, Japan, Südkorea und Taiwan. Selbst wenn die asiatischen Mitglieder dieser Allianz nicht aus der europäischen Aufklärung hervorgegangen sind, so können sie doch im erweiterten Sinne zu jenen Staaten gezählt werden, die die Wertvorstellungen der offenen Gesellschaft in ihre Staatsraison haben einfließen lassen – zumal in Abgrenzung zu ihren regionalen Nachbarstaaten, in Sonderheit Nordkorea und China. Vor diesem Hintergrund liegt es nahe, sie in die genannte Allianz und deren geopolitische Zielsetzung mit einzubeziehen.

Der Gedanke einer Liga demokratischer Nationen ist in gewisser Weise schon bei Immanuel Kant angelegt: In seiner Schrift „Zum ewigen Frieden" entwickelte Kant 1795, somit zeitgleich zu den Kriegen des revolutionären Frankreich gegen das übrige Europa, das Konzept einer globalen Rechts- und Friedensordnung, die geeignet ist, den zwischenstaatlichen Naturzustand, in dem das Recht des Stärkeren gilt, zu überwinden. Zwingende Voraussetzung für eine zwangsfreie Föderation freier Staaten sei (jedoch), dass Letztere „im Inneren republikanisch (rechtsstaatlich) verfasst sind". Republikanisch verfasste Staaten, deren innere Ordnung auf der Vernunft basiere, seien die Keimzelle eines „Völkerbund(es) nach der Idee eines ursprünglichen gesellschaftlichen Vertrages". Kant überträgt somit die Idee des *contrat social* auch auf die Beziehungen von Staaten untereinander mit dem Ziel, den Frieden zwischen diesen Staaten zu wahren sowie sie gemeinsam vor äußeren Angriffen zu schützen.[167] Zugleich impliziert die von Kant genannte Bedingung, dass – solange Republik und Rechtsstaatlichkeit sich nicht weltweit durchgesetzt haben – nicht alle Staaten der Welt der ihm vorschwebenden Föderation angehören können.

Neben der republikanischen Verfasstheit besteht eine weitere von Kant formulierte Voraussetzung für die Bildung einer Staatengemeinschaft darin, das Selbstbestimmungsrecht der Völker zu respektieren: „Kein Staat soll sich in die Verfassung und Regierung eines andern Staats gewalttätig einmischen."[168] Diese Maxime hat Eingang in die Charta der Vereinten Nationen gefunden, sie prägt das Völkerrecht. Umso mehr gehören Verstöße gegen selbiges, beispielsweise der militärische Überfall eines Staates auf einen anderen, sanktioniert.

> Der Gedanke einer Liga demokratischer Nationen ist schon bei Kant angelegt.

Das Konzept einer Liga der Demokratien wurde in den 1980er und 1990er Jahren, zumeist von US-amerikanischer Seite, immer einmal wieder aufgebracht. Einen regelrechten Schub erfährt es neuerdings unter US-Präsident Joe Biden. Dieser blickte nach seinem Amtsantritt Anfang 2021 mit Sorge auf die wachsende Zahl autoritär geführter Staaten in der Welt. Zugleich stand er unter dem unmittelbaren Schock des Sturms auf das Washingtoner Kapitol am 6. Januar 2021. Diese doppelte Bedrohung der Demokratie von außen wie von innen veranlasste den Demokraten im Weißen Haus dazu, Anfang Dezember 2021 einen virtuellen „Gipfel für die Demokratie" auszurichten. Diskutiert wurden Themen wie die Freiheit der Medien, Korruption, Minderheitenrechte sowie die demokratiegefährdenden Effekte neuer Technologien, beispielsweise der künstlichen Intelligenz. Zu den Rednern zählten neben Biden seine Vizepräsidentin Kamala Harris, UN-Generalsekretär António Guterres, die neuseeländische Ministerpräsidentin Jacinda Ardern sowie Kanadas Außenministerin Mélanie Joly. Eingeladen waren neben Kanada, dem Vereinigten Königreich, der Europäischen Union (mit Ausnahme Ungarns!), Australien, Neuseeland, Japan, Südkorea und Taiwan auch Staaten wie Angola, Brasilien, die Demokratische Republik Kongo, Indien, der Irak oder die Philippinen. Insgesamt nahmen hochrangige Vertreter von über 100 Staaten an dem Gipfel teil. Nicht gebeten waren neben der Türkei und dem von der Biden-Administration als nicht hinreichend frei eingestuften Ungarn insbesondere China und Russland. Der Protest folgte auf dem Fuß: So warfen die Botschafter Chinas und Russlands in den USA in einem gemeinsamen Gastbeitrag für *The National Interest* den USA „hegemoniales" Verhalten vor und verbaten sich jeglichen Eingriff in die inneren Angelegenheiten ihrer Staaten. Einer wertegeleiteten Diplomatie erteilten sie in dem Text ebenso eine Absage wie jeglichem Versuch des Westens, in ausgewählten Staaten einen *regime change* herbeizuführen.[169] Als Provokation wertete Peking (erwartungsgemäß) die Einladung Taiwans zu Bidens Gipfel. Andere Beobachter warfen Biden vor, mit dem Irak und den Philippinen aus offenkundig geopolitischen Erwägungen auch Staaten eingeladen zu haben, die nicht als freiheitliche Demokratien im westlichen Sinne eingestuft werden könnten.[170]

Biden zeigte sich von dieser (nachvollziehbaren) Kritik weitgehend ungerührt und lud stattdessen im Juni 2022 zum IX. Gipfel der Organisation Amerikanischer Staaten (OAS) nach Los Angeles ein. Auf seiner Eröffnungsrede betonte er, dass „wir (…) in einer Zeit (leben), in der die Demokratie in der ganzen Welt angegriffen wird". Daher sollten die Staaten der OAS sich vereinen und ihre „Überzeugung erneuern, dass die Demokratie nicht nur das bestimmende Merkmal der amerikanischen Geschichte ist, sondern auch ein wesentlicher Bestandteil der Zukunft Amerikas". Allerdings löste Biden im Vorfeld des Gipfels einen Eklat aus, indem er Kuba, Venezuela und Nicaragua aufgrund ihrer autoritären Regime nicht nach Los Angeles einlud. Daraufhin sagten die Staatschefs von Mexiko, Bolivien und Honduras ihre Teilnahme aus Solidarität mit den nicht Eingeladenen kurzerhand ab. Auch El Salvador, Guatemala und Uruguay blieben dem Treffen fern. Bidens Versuch, eine überstaatliche Vereinbarung zur Eindämmung der Migration in die USA zu treffen, floppte weitgehend. Im Zeichen der Demokratie hatte sich der Gipfel eher als spalterisch denn als einend erwiesen.

Wohl wissend um das Spaltungspotential seines globalen Feldzugs für die Demokratie, lud der US-Präsident für Ende März 2023 unbeirrt zu einem zweiten Demokratiegipfel ein. Wohl auch als Lektion aus den scharfen Reaktionen auf die Auftaktveranstaltung wurde das Treffen diesmal jedoch nicht von den USA allein, sondern gemeinsam mit Costa Rica, den Niederlanden, Südkorea und Sambia organisiert. Auf dem erneut virtuellen Treffen wurden erste Ergebnisse hinsichtlich der Verteidigung der Medienfreiheit, der Korruptionsbekämpfung sowie der Stärkung der Menschenrechte gemäß der auf dem ersten Gipfel beschlossenen Maßnahmen präsentiert.

Containment 2.0?

Unabhängig vom Verlauf der einzelnen Treffen zieht das Konzept einer Liga der Demokratien nicht nur seitens Chinas und Russlands immer wieder Kritik auf sich. So räumt der in Harvard lehrende Politologe Daniel Ziblatt, Ko-Autor des 2018 erschienenen Buches „How Democracies Die", zwar ein, dass Demokratien „bessere Menschenrechts- und Rechtsstaatlichkeitsbilanzen (haben) als Nicht-Demokratien". Dennoch zeige gerade Russlands Überfall auf die Ukraine, dass der Westen die Kooperation mit China brauche – „einer Nicht-Demokratie, die sich aber immerhin größtenteils an internationale Normen hält – zumindest mehr als Russland". Letztlich bedürfe es mehrerer Allianzen und Ligen. Die Welt lasse sich nicht „auf eine einzige Unterscheidung wie die zwischen Demokratie und Nicht-Demokratie reduzieren". Im Übrigen sei die Verfassung der Vereinigten Staaten im „vordemokratischen 18. Jahrhundert" ausgearbeitet worden und „in vielerlei Hinsicht nicht in der Weise demokratisch (...) wie die neueren europäischen Verfassungen".[171]

Eine noch fundamentalere Kritik am Konzept einer Liga der Demokratien äußerte bereits Anfang 2009, nach dem Amtsantritt Barack Obamas als US-Präsident, der damalige abrüstungs- und nahostpolitische Sprecher der SPD-Bundestagsfraktion, Rolf Mützenich. Der heutige Fraktionschef, ein bekennender Linker, bezeichnete die Vorstellung eines Bündnisses der Demokratien als „Gespenst", welches sowohl auf republikanischer als auch auf (US-)demokratischer Seite „durch die Gazetten" geistere. Schon während des Ersten Weltkrieges, so Mützenich, habe US-Präsident

Wilson, um die Welt „safe for democracy" zu machen, eine Liga der Nationen vorgeschlagen. Diese Strategie sei nach dem Zweiten Weltkrieg „durch das Konzept der Eindämmung *(containment)* des sowjetischen Kommunismus und seiner Satelliten ergänzt worden – oft auch zu Lasten der Demokratisierung". Mützenich warf den USA vor, bei der Auswahl ihrer Bündnispartner wenig auf deren demokratische Verfasstheit geachtet zu haben – Hauptsache, sie seien „antikommunistisch" eingestellt gewesen. Das Bündnis der Demokratien, eine „zutiefst amerikanische Idee", sei wesentlich aus der Unzufriedenheit mit den Vereinten Nationen gespeist. Mützenich kam in seinem Aufsatz 2009 zu dem Schluss, internationale Politik könne nur erfolgreich sein, „wenn sie die Menschen und die Staaten so nimmt, wie sie sind, und nicht so, wie man sie gern haben würde". Die tiefe Ablehnung der Außen- und Interventionspolitik des kurz zuvor aus dem Amt geschiedenen US-Präsidenten George W. Bush (Afghanistan, Irak) führte dem SPD-Abgeordneten hier erkennbar die Feder.[172]

Gemeinsame Handlungsfelder

Die Einwände gegen eine Allianz der Demokratien erstaunen nicht weiter, und die Warnung vor einer Spaltung der Welt muss ernst genommen werden. Allerdings geht diese Spaltung nicht von den Demokratien, sondern von den nichtdemokratischen, eben den autokratisch-autoritären Regimen aus. Sie sind es, die den Sloterdijk'schen Belagerungszustand erst geschaffen haben. Deshalb ist es ratsam und von hohem Nutzen, wenn Demokratien weltweit sich – unter vollem Beibehalt ihres Bekenntnisses zu den Vereinten Nationen – eng und regelmäßig miteinander abstimmen, Risikoanalysen vornehmen und gemeinsame Handlungsfelder definieren.

– Ein solches Handlungsfeld könnte darin bestehen, sich gemeinsam gegen Cyberattacken autokratischer Staaten zu wappnen.

- Die militärischen Abschirmdienste der Demokratien müssen noch enger miteinander zusammenarbeiten und Lageanalysen sowie Daten miteinander teilen.

- Der Umgang mit Staaten wie China, dem Iran, Nordkorea, Syrien und insbesondere Russland muss aufs Engste miteinander abgestimmt werden.

- In diesem Zusammenhang sollten gemeinsame Strategien gegen die Verletzung von Menschen- und Minderheitsrechten in autoritären oder autokratischen Staaten entwickelt werden. So wäre es von Vorteil, wenn westliche Demokratien ihr Vorgehen hinsichtlich der Lage der Uiguren in der chinesischen Provinz Xinjiang aufeinander abstimmten.

- Ebenso sollte ein Austausch mit Blick auf diejenigen Staaten intensiviert werden, die erklärtermaßen den Weg in Richtung Demokratie einschlagen wollen oder bereits eingeschlagen haben. Hier kann beispielsweise Unterstützung bei der Abhaltung freier Wahlen geleistet werden, wie dies durch die Wahlbeobachtung der OECD streckenweise schon erfolgt.

Den Zusammenhalt untereinander wiederum können Demokratien vor allem durch eine Stärkung des Freihandels vertiefen. Ein möglichst ungehinderter gegenseitiger Austausch von Waren und Dienstleistungen bindet Volkswirtschaften aneinander, erhöht das Angebot und führt idealerweise zu günstigeren Preisen für Verbraucherinnen und Verbraucher, als wenn jedes Land sämtliche Produkte, die es benötigt, selbst herstellen würde. Das sah bereits Adam Smith so, der die von ihm als produktivitätssteigernd charakterisierte Arbeitsteilung nicht nur auf das Verhältnis von Produzenten innerhalb eines Binnenmarktes, sondern auch auf dasjenige von Volkswirtschaften zueinander bezog. Veranschaulichen konnte er diese Auffassung anhand der Frage, wo der beste Wein produziert werde: „In Treibhäusern, Mistbeeten und mit erwärmtem Mauerwerk lassen sich auch in Schottland recht gute Trauben ziehen und daraus auch sehr gute Weine keltern, nur würden sie etwa dreißigmal so viel kosten wie ein zumindest gleich guter aus dem Ausland. Wäre es also sinnvoll, jegliche Einfuhr von ausländischem Wein durch Gesetz zu verbieten, nur um den Anbau von Klarett und Burgunder in Schottland anzuregen?"[173], fragte Smith mit deutlich ironischem Unterton, um sich im weiteren Verlauf des betreffenden Kapitels nicht nur am Merkantilismus und Protektionismus Ludwigs XIV. und seines Finanzministers Colbert, sondern auch an der „lauten Aufdringlichkeit" bestimmter „Interessentengruppen", „Manufakturbesitzer" und „Monopolisten" im eigenen Land abzuarbeiten, denen die Beschränkung von Wareneinfuhren durch Schutzzölle keineswegs ungelegen kam.[174]

Freihandel stiftet Frieden

Weiterentwickelt wurde die Theorie des Freihandels sodann durch den britischen Ökonomen David Ricardo (1772–1823), dem zufolge es für alle Volkswirtschaften von Vorteil sei, wenn jede von ihnen sich auf die Produktion derjenigen Güter konzentrierte, bei denen sie über komparative Kostenvorteile verfüge. Güter hingegen, die nicht zu vergleichsweise niedrigen Kosten im eigenen Land hergestellt werden könnten, sollten aus denjenigen Ländern eingeführt werden, die – etwa aufgrund natürlicher Gegebenheiten, Rohstoffvorkommen oder dergleichen – auf bessere Ausgangsbedingungen oder Fähigkeiten zurückgreifen könnten. Neben dieser einleuchtenden ökonomischen Argumentation führen Befürworter des Freihandels immer wieder auch dessen friedenserhaltenden Charakter ins Feld. So war schon Immanuel Kant der Auffassung, dass „der Handelsgeist mit dem Kriege nicht zusammen bestehen kann".[175] Demokratien, die an Markt-

Demokratien, die an Marktwirtschaft und Freihandel glauben, sehen davon ab, übereinander herzufallen.

wirtschaft und Freihandel glauben, sehen davon ab, übereinander herzufallen.

Als die Globalisierung nach dem Zusammenbruch der Sowjetunion ihre Hochphase erlebte und weltweit immer mehr Märkte geöffnet wurden, schien der freie Handel zwischen den Nationen zum Selbstläufer zu werden. So stieg das weltweite Handelsvolumen zwischen 1990 und 2008 von 3,5 Billionen auf 16,2 Billionen US-Dollar.[176] Auf dem jährlichen Weltwirtschaftsforum im schweizerischen Davos huldigten Manager, Politiker und Wissenschaftler der Lehre Smiths, Ricardos und zuweilen auch Kants. Die Wohlstandszuwächse insbesondere in den *emerging markets* gaben ihnen recht. Zuletzt trübte sich der Himmel über der Welt des ungehinderten Austausches von Waren und Dienstleistungen jedoch beträchtlich ein. Zum einen setzten zahlreiche Staaten trotz anerkannter Vorteile der Globalisierung ihre Praxis fort, Exporteure anderer Länder durch nichttarifäre Handelshemmnisse – vorgeschriebene Mindestanteile lokaler Wertschöpfung *(local content)*, aber auch Standards und Normen – zu diskriminieren. Zölle sind bekanntlich nicht das einzige Mittel, um einen Markt vor unliebsamer Konkurrenz zu schützen. Zum anderen ließ die Covid-19-Pandemie als ebenso unerwarteter wie klassischer externer Schock Handelsströme und Lieferketten weltweit zusammenbrechen. Plötzlich war die schier unlimitierte Konnektivität der „globalen Welt" in Frage gestellt. Dies, aber auch zunehmende geopolitische Spannungen bis hin zum Überfall Russlands auf die Ukraine und die dadurch ausgelöste Energiepreiskrise lassen heute den Gedanken der nationalen Souveränität, etwa bei der Herstellung von Schlüsseltechnologien oder Medikamenten, fröhliche Urständ feiern. Die Theorie von den komparativen Kostenvorteilen gerät dabei in die Defensive – Autonomie schlägt Kosten. Damit nicht genug, wird mit Blick auf große Freihandelsabkommen schon seit längerem ins Feld geführt, dass soziale und ökologische Mindeststandards durch diese unterlaufen und etablierte Gerichtsbarkeiten umgangen würden. Das über Jahre verhandelte TTIP (Transatlantic Trade and Investment Partnership) scheiterte unter anderem an europäischen Vorbehalten gegenüber der in den USA gängigen Desinfizierung geschlachteter Hühner in Chlorbädern. Dies, so die Kritiker, führe zur Vernachlässigung von Hygienestandards bei der Tierhaltung.

Subventionen verzerren den Wettbewerb

Bei aller berechtigten Kritik an nicht zu übersehenden Exzessen der Globalisierung steht eines fest: Gerade in Zeiten wachsender geopolitischer Spannungen ist der Rückzug auf die nationale Subsistenzwirtschaft keine Option. Gesetze wie der *Inflation Reduction Act* in den Vereinigten Staaten schaden dem internationalen Freihandel, indem sie die heimische Produktion einseitig favorisieren. Die Europäische Union sollte nicht den Fehler begehen, darauf mit eigenen, gigantischen Subventionsprogrammen zu antworten. Zielführender wäre es, den wiederaufkeimenden Protektionismus durch neue Freihandelsinitiativen zu vertreiben. Tatsächlich sollte die Stärkung des Freihandels ein zentrales Projekt der zu schaffenden Allianz der Demokratien sein. Einen Meilenstein auf diesem Weg stellt die Ratifizierung des CETA-Abkommens zwischen der EU und Kanada im Dezember 2022 durch den Deutschen Bundestag dar. Mit dem Abkommen entfällt ein Großteil der Zölle zwischen den Partnern. Durch Nachverhandlungen, etwa im Bereich des Klima- und Investitionsschutzes, war es der Ampelkoalition im Bund, in Sonderheit den Grünen, gelungen, das Abkommen für zustimmungsfähig zu erklären. Zuvor, am 1. Januar 2019, hatten die EU und Japan sich auf ein umfassendes Handelsabkommen – übrigens das bisher größte Freihandelsabkommen der Europäischen Union –[177] geeinigt, welches seinerzeit vom Bundeswirtschaftsministerium als „starkes Signal für Freihandel und gegen Protektionismus" gewertet wurde. Abgeschlossen werden konnten zuletzt auch Verhandlungen mit Neuseeland über ein Freihandelsabkommen. Mit Australien wird noch verhandelt, ein zeitnaher Abschluss scheint realisierbar. Das Freihandelsabkommen zwischen der EU und Südkorea ist bereits seit dem 1. Juli 2011 in Kraft, während Bundeskanzler Olaf Scholz bei seinem Indienbesuch Ende Februar 2023 für ein Handelsabkommen zwischen der EU und dem Subkontinent warb.

Bei allen handelspolitischen Fortschritten fällt innerhalb einer möglichen Allianz der Demokratien jedoch ein riesiger weißer Fleck auf, namentlich das Fehlen eines transatlantischen Abkommens. Nach der CETA-Ratifizierung keimte die Hoffnung auf, dass sich mit diesem Erfolg im Rücken auch das TTIP-Projekt wiederbeleben ließe. Ob die Biden-Regierung dafür offen ist, gilt jedoch keineswegs als sicher. Nicht nur für Trump-Anhänger, sondern auch für die Biden-Administration sowie die Demokraten im Kongress gilt neuerdings: *Buy American*. Sollten die Republikaner an die Macht zurückkehren – im Repräsentantenhaus verfügen sie seit November 2022 wieder über die Mehrheit –, wird sich diese Tendenz weiter verschärfen. Auch darüber hinaus haben in der internationalen Handelspolitik die Befürworter eines *managed trade* derzeit die Oberhand: „Die Kernfrage ist nicht mehr Wachstum, sondern die Kontrolle von Handels-, Finanz-, Währungs- und Datenströmen in Zeiten wachsender geoökonomischer Rivalitäten zwischen den USA und China", so ein Beobachter.[178] Umso wichtiger ist es, dass die politisch Verantwortlichen in Berlin und Brüssel, in Washington, London, Tokio, Seoul, Canberra, Wellington und Taipeh alles unternehmen, um ihre Handels- und Investitionsbeziehungen zueinander zu intensivieren und dadurch einer möglichen Allianz der Demokratien den erforderlichen ökonomischen Rückhalt zu verleihen.

Allianz der Armeen

Das eigentliche Rückgrat einer solchen Allianz wird freilich in einer deutlich zu verstärkenden sicherheits- und verteidigungspolitischen Zusammenarbeit bestehen. Spätestens seit dem russischen Überfall auf die Ukraine in Verbindung mit der ambivalenten Haltung Chinas zum Ukrainekrieg ist offenkundig, woher die Bedrohungen für den freien Westen kommen. Entsprechend müssen die offenen Gesellschaften ihr Abschreckungspotential erhöhen, um zu vermeiden, dass der Expansionsdrang der Autokraten sich neue Opfer sucht. Mindestens zwei Ansätze gilt es dabei zu verfolgen, namentlich die entschlossene Ausrichtung der EU sowie der NATO auf die neuen Herausforderungen zum einen sowie den Ausbau robuster Sicherheitspartnerschaften mit Australien, Neuseeland, Japan, Südkorea und Taiwan zum anderen. Perspektivisch gesprochen, würde sich die Allianz der Demokratien damit auch zu einer „Allianz der Armeen" verdichten.

Was die Zusammenarbeit innerhalb der NATO angeht, so hat sich durch den Ukrainekrieg und die Reaktion des Westens darauf zumindest eines erwiesen: Es war verfrüht, die NATO, wie Frankreichs Präsident Macron es tat, als „hirntot" zu bezeichnen. Ganz im Gegenteil sind die Handlungsfähigkeit und militärische Stärke der NATO ausschlaggebend dafür, dass Putins Vorstellung von einem Blitzsieg über die Ukraine sich rasch in Luft auflöste. Sollte sich die territoriale Integrität der Ukraine wiederherstellen lassen, so wird dies neben dem beeindruckenden Kampfeswillen der ukrainischen Streitkräfte wesentlich auf die Unterstützung durch das westliche Bündnis zurückzuführen sein. Um dieses weiter zu stärken, bedarf es fundamentaler Weichenstellungen sowohl der NATO selbst als auch einzelner Mitgliedstaaten mit dem Ziel, den vielzitierten „europäischen Pfeiler" innerhalb der NATO zu stärken. Zur Stärkung dieses Pfeilers zählt, dass die Mitgliedstaaten etwaige Defizite im Bereich der militärischen Ausrüstung mit Blick auf neuartige und künftige Bedrohungsszenarien rasch beseitigen. Deutschland hat zur Wiederertüchtigung der Bundeswehr ein Sondervermögen von 100 Milliarden Euro aufgelegt. Parallel dazu hat Bundeskanzler Olaf Scholz (SPD) an mehreren Stellen aufgezeigt, welcher strategischen Schritte es bedarf. So hat er erwirkt, dass Deutschland ein Kontingent an F-35-Tarnkappenbombern des US-Herstellers Lockheed Martin kaufen wird, um auf diesem Wege die Fähigkeit Deutschlands zur nuklearen Teilhabe auch über das Datum des Auslaufens der Tornado-Bomber hinaus aufrechtzuerhalten. Darüber hinaus treibt Scholz die gemeinsame Entwicklung eines europäischen Kampfjets, *Future Combat Air System* (FCAS) genannt, mit Frankreich und Spanien im Rahmen des Airbus-Konsortiums voran. Allerdings wird diese Maschine vor 2040 nicht zur Verfügung stehen, weshalb die jetzt beschlossene Beschaffung US-amerikanischen Geräts offenbar ohne Alternative ist.

Ein weiteres, von Scholz initiiertes Projekt ist die *European Sky Shield Initiative* zur Stärkung der europäischen Luftverteidigung im Rahmen der NATO. Besonders ballistische Flugkörper mit einer Reichweite von über 100 Kilometern sollen dadurch abgefangen werden können. Die Ankündigung, dass dafür israelische Arrow-3-Systeme sowie US-amerikanische Patriot-Systeme beschafft werden sollen, löste bei Frankreichs Staatspräsident Macron einigen Unmut aus. Paris vertritt traditionell die Auffassung, dass bei der Stärkung des europäischen Pfeilers vorzugsweise europäische Hersteller – vor allem, so darf interpretiert werden, die französische Verteidigungsindustrie – zum Zuge kommen sollten. Davon unabhängig, wird auch innerhalb der NATO die Frage aufgeworfen, inwieweit der europäische Schutzschirm, der Olaf Scholz vorschwebt, mit den bestehenden integrierten Luft- und Raketenabwehrsystemen des Bündnisses kompatibel sein wird. In einer Art Gegenoffensive bot Macron deshalb auf der Münchener Sicherheitskonferenz (MSC) im Februar 2023 an, den französischen Atomschirm auf die EU auszudehnen – eine wiederkehrende Offerte Pariser Sicherheitsstrategen, für die die *force de frappe* bis heute das Maß aller Dinge ist.[179]

Rüstungspolitik vergemeinschaften

Die Debatten zeigen, wie wichtig es ist, dass EU und NATO ihre sicherheitspolitischen Strategien und Planungen noch viel enger aufeinander abstimmen und dadurch ihre Abschreckungsfähigkeit gegenüber Putin & Co. erhöhen. Aktuell kommt dieses gemeinsame Vorgehen in der Aufstockung der Truppenkontingente zur Sicherung der NATO-Ostflanke im Baltikum sowie in Polen zum Ausdruck. Über diese akuten Maßnahmen hinaus müssen Einsatzplanung, Rüstungsbedarfsplanung und -beschaffung aber auch insgesamt weiter integriert werden. Die Kontroverse um Panzerlieferungen an die Ukraine lässt die Tatsache, dass jedes EU-Land über die Beschaffung von schwerem Militärgerät souverän entscheidet, als ebenso hoffnungslosen wie gefährlichen Anachronismus erscheinen. Wer es ernst meint mit einer europäischen Verteidigungskapazität und -souveränität (im Rahmen der NATO), der muss die Bedarfsplanung und Beschaffung von Rüstungsgütern besser heute als morgen vergemeinschaften. Der Stolz auf die eigene, nationale Rüstungsproduktion – „Leopard", „Rafale" – ist dabei ein Hemmschuh und gehört überwunden: Perspektivisch spricht vieles dafür, die Rüstungshersteller der einzelnen Mitgliedstaaten unter einer EU-weiten Holding zusammenzuführen, an der die Staaten oder die EU sich als Ankeraktionäre beteiligen. Rüstungsproduktion ist naturgemäß immer Auftragsproduktion gemäß strategisch definierten Bedarfen. Die Herstellung gänzlich dem freien Markt zu überlassen, ist – zumal aufgrund der zugespitzten geopolitischen Lage – nur (noch) bedingt einleuchtend.

Perspektivisch sollten die Rüstungshersteller der einzelnen Mitgliedstaaten unter einer Holding zusammengeführt werden.

Jenseits der Stärkung der Sicherheits- und Verteidigungskooperation innerhalb der EU sowie zwischen EU und NATO sollte im Rahmen einer Allianz der Demokratien auch die Kooperation mit deren genannten übrigen Mitgliedstaaten weiter vertieft werden. Konkret sind gemeinsame Manöver, etwa im pazifischen Raum, oder auch Initiativen zur Abwehr von Cyberangriffen anzugehen oder zu intensivieren. Eine enge Zusammenarbeit der Geheimdienste, wie heute bereits im Rahmen der sogenannten *Five Eyes* (USA, Kanada, Vereinigtes Königreich, Australien und Neuseeland), ist unverzichtbar. Darüber hinaus sollte der Dialog zur Sicherung der Rohstoffautonomie innerhalb des genannten Verbunds forciert werden. Bei Schlüsselindustrien, allen voran der Herstellung von Halbleitern, spricht alles dafür, noch enger als bislang insbesondere mit Taiwan zu kooperieren. Die Tatsache, dass der größte taiwanesische Chiphersteller TSMC sein nächstes großes Werk in Arizona, USA errichten wird,[180] spricht Bände. Insgesamt kann eine nicht nur auf dem Gebiet des Freihandels, sondern auch sicherheits- und verteidigungspolitisch Gestalt annehmende Allianz der Demokratien es potentiellen Aggressoren schwerer bis unmöglich machen, ihren revisionistischen, expansionistischen und neoimperialistischen Gelüsten nachzugehen. Bei allen Widrigkeiten und nationalen Vorbehalten sollte der Ansatz einer solchen Liga daher mit Nachdruck weiterverfolgt werden.

EINE WIRTSCHAFTSORDNUNG, DIE AUF UNTERNEHMERGEIST UND SELBSTÄNDIGKEIT SETZT

Freihandel, eine gesteigerte Wehrfähigkeit sowie ein globaler Zusammenschluss der Demokratien stärken – dies haben wir beschrieben – die offene Gesellschaft im Äußeren. In ihrem Inneren wiederum trägt eine starke, zukunftsfähige Wirtschaft zur Vitalität und Widerstandskraft der freiheitlichen Gesellschaft bei. Konzerne und große Konglomerate spielen dabei zweifelsohne eine tragende Rolle. Den Kern einer starken Wirtschaft jedoch bilden freie Unternehmerinnen und Unternehmer. Sie sind es, die durch ihren Mut, ihre Risikobereitschaft sowie die Übernahme von Verantwortung einen entscheidenden Beitrag zur Resilienz einer Gesellschaft wie auch zu deren sozialer Stabilität leisten. Sie sind es auch, die mit ihrer Kreativität, ihrer Leistungsbereitschaft sowie dem Hang zu kontinuierlicher Verbesserung und Veränderung (im Sinne einer produktiven Rastlosigkeit) wichtige Transformationsprozesse auslösen und gestalten – mit positiven Resultaten für das Gemeinwesen, in dem sie wirken.

Findige Unternehmer gab es bereits in der Antike. So erzählt Aristoteles die Geschichte des Thales von Milet, der – nachdem man ihm die Nutzlosigkeit seiner Betätigung als Philosoph vorgehalten hatte – in Erwartung einer reichen Olivenernte auf die Idee kam, sämtliche Ölpressen in Milet und auf der Insel Chios anzumieten. Während der Ernte habe er die Pressen „teuer vermietet und damit einen satten Gewinn erzielt"[181] – ein Verhalten, welches man im Rückblick durchaus als monopolistisch und insofern nicht nachahmenswert bezeichnen kann. Zu seiner eigentlichen Entfaltung gelangte das Unternehmertum sodann in den freien Städten des Mittelalters. In dem Maße, in dem der König den Städten und ihren Bürgern immer mehr Privilegien wie etwa die Gewerbefreiheit sowie das Markt- und Münzrecht gewährte, vermochten Kaufleute, Handwerker und Kleinproduzenten sich eine eigene, unabhängige Existenz und damit auch einen gewissen Wohlstand aufzubauen. Entscheidend dafür war, dass sie das Recht besaßen, Eigentum zu schaffen, zu erwerben und zu mehren. Dies unterschied die Städter von der Landbevölkerung, die in der Regel nicht nur unfrei, sondern auch ohne nennenswerten Besitz war. Der Stadtbürger hingegen durfte Waren einführen, veredeln und veräußern. Er durfte Tauschgeschäfte eingehen, Geld als Mittel zur Wertaufbewahrung einsetzen und je nach Entwicklung seines Gewerbes auch andere Menschen beschäftigen. Im Falle, dass die Tätigkeit als Handwerker, Händler oder Kaufmann einen Gewinn abwarf, war der

Betreffende berechtigt, diesen als seinen persönlichen Vorteil einzustreichen. So entstand im Laufe der Jahrhunderte, etwa in den Städten Norditaliens oder der Hanse, ein wohlhabendes Stadtbürgertum, welches sich in vielen Fällen auch politisch betätigte, Ratsämter übernahm oder dabei half, ein unabhängiges Gerichtswesen aufzubauen. „Handel und Gewerbe führten nach und nach zu Ordnung und guter Verwaltung, wodurch auch Freiheit und Sicherheit der Bürger untereinander im ganzen Lande zunahmen", fasst Adam Smith die Entwicklung der Städte zu eigenständigen, unabhängigen Einheiten anschaulich zusammen und unterstreicht damit, dass wirtschaftliche Prosperität und politische Stabilität in unmittelbarem Zusammenhang stehen.[182]

Lässt sich das Unternehmertum im Mittelalter überwiegend unter dem Begriff des Kleingewerbes zusammenfassen, so entstanden in der Neuzeit und im Zuge der Industrialisierung neue Dimensionen der unternehmerischen Existenz. Maschinen und Frühformen der Fabrik ermöglichten es – wie von Adam Smith ausführlich beschrieben –, arbeitsteilige Prozesse aufzusetzen und dadurch bis dato ungekannte Produktivitätssteigerungen zu erzielen. Je effizienter und kostengünstiger wiederum die Produktion, desto größer die Aussicht für den einzelnen Unternehmer, sein Eigentum und seinen Wohlstand zu mehren. Dies beeinflusste im weiteren Verlauf dann auch die Entwicklung der politischen Philosophie: John Locke ging es in seinen *Two Treatises of Government (1689)* nicht nur um die Schaffung eines parlamentarischen, gewaltenteiligen Systems, sondern – noch davor, namentlich auf der ersten Stufe des Gesellschaftsvertrages – um einen robusten Schutz des insbesondere von Unternehmern akkumulierten Privateigentums. Dabei kam, wie ein Jahrhundert später bei Kant, dem Recht eine entscheidende Rolle zu: Das Recht auf Eigentum und dessen Mehrung zu sichern, bedeutete für Locke, die Stärke und Widerstandsfähigkeit einer freiheitlichen Ordnung zu gewährleisten. Zugleich traten Locke und insbesondere der Moralphilosoph Adam Smith für ein Unternehmertum ein, welches sich durch klare ethische Grundsätze, Fairness sowie ein Bekenntnis zum Gemeinwesen auszeichnete.[183]

Freiberufler, Mittelstand, Weltkonzern

Worüber sprechen wir, wenn wir heute über Unternehmer sprechen?[184] Tatsächlich fächert sich die Welt der Unternehmerinnen und Unternehmer in unzählige Kategorien auf. Der Bogen reicht von insgesamt 2,46 Millionen Soloselbständigen ohne Angestellte über den Handwerksbetrieb oder die Arztpraxis mit ggf. einigen Beschäftigten bis hin zum mittelständischen Familienbetrieb mit einem Dutzend, einigen hundert, vielleicht sogar über eintausend Mitarbeiterinnen und Mitarbeitern. Hinzu kommen technologiegetriebene, disruptive, exponentielles Wachstum anstrebende Gründer und Entrepreneure. Der Soloselbständige arbeitet vielleicht als Taxifahrer, betreibt einen Zeitungskiosk oder ein Atelier für Fotografie. Der Maler, Installateur oder Tischler beschäftigt Arbeiter und Angestellte, bildet aus, unterhält eine Werkstatt und einen kleinen Fuhrpark. Der industrielle Mittelstand entwickelt, produziert, exportiert. Große, in Familienhand befindliche Dienstleistungsunternehmen beschäftigen tausende von Menschen, die einfache Tätigkeiten etwa in der Gebäudereinigung oder der Bewachung ausführen. Die 1,45 Millionen Freiberufler in Deutschland unterteilen sich in Anwälte, Architekten und Steuerberater, aber beispielsweise auch Heilpraktiker. Und während viele Unternehmer gar nicht so sehr auf Expansion bedacht, sondern mit einer gleichmäßigen, ihnen auch Ausgleich im Privaten ermöglichenden Geschäftsentwicklung hochzufrieden sind, huldigt die Start-up-Gründerin mit ihrem skalierbaren, mit Wagniskapital vorfinanzierten Geschäftsmodell der von Joseph Schumpeter so genannten „schöpferischen Zerstörung". So gleicht kaum ein Unternehmen dem anderen.

Was die Millionen von unabhängigen Unternehmerinnen und Unternehmer jedoch eint, sind wesentliche Grundeigenschaften:

- Da ist zuallererst die *Bereitschaft, ein Risiko einzugehen* – das Risiko, keine Kunden zu finden, zu scheitern, das eingesetzte Kapital zu verlieren. Banken können dieses Risiko in begrenztem Umfang abfedern. Am Ende haftet der Unternehmer jedoch – im Unterschied zum angestellten, oftmals komfortabel abgesicherten Konzernmanager – immer mit seinem eigenen Geld. Der Unternehmer kann sehr reich werden, keine Frage. Geht seine Rechnung jedoch buchstäblich nicht auf, droht die Verarmung. Das muss man aushalten können, es als Reiz empfinden, nicht als Bedrohung.

- Die zweite wichtige Voraussetzung ist die *Übernahme von Verantwortung* – für Projekte und Kunden, für Mitarbeiterinnen und Mitarbeiter, auch für Lieferanten. Kunden wollen bedient, Belegschaft und Lieferanten pünktlich bezahlt werden. Diese Verantwortung trägt der Unternehmer allein, er (oder sie) kann sie auf niemanden abwälzen – ein weiterer Preis dafür, dass im positiven Falle für den Unternehmer viel dabei herausspringen kann.

Unternehmer müssen mit Unsicherheit umgehen können und Durchhaltevermögen besitzen.

- Unternehmer müssen *mit Unsicherheit umgehen* können und *Durchhaltevermögen besitzen.* Sie müssen diszipliniert und fleißig sein und diese – nur scheinbar altmodisch-überkommenen – Kerneigenschaften auch vorleben.

- Unternehmer müssen die *Ordnung bewahren, Augenmaß an den Tag legen* und vor allem *sparsam sein*, denn: Übersteigen die Kosten die Erlöse, ist der Traum vom schönen Unternehmerdasein rasch dahin. Wer hingegen kosteneffizient wirtschaftet, dem winken angemessene Erträge und somit eine attraktive

Verzinsung des eingesetzten Kapitals. Diese braucht der Unternehmer – neben der Stärkung des Unternehmens – allerdings auch, um für sich selbst sorgen zu können – in die gesetzliche Rente zahlt er in der Regel nicht ein, eine betriebliche Rente winkt nicht und eine fürstliche Pension schon gar nicht. Fürs eigene Alter vorzusorgen, zählt somit zur täglichen Aufgabenbeschreibung des Unternehmers, der daher, bei allem erforderlichen Mut, immer auch Vorsicht walten lassen muss: „Mein Sohn, sey mit Lust bey den Geschäften am Tage", lautet der Wahlspruch der Lübecker Kaufmannsfamilie Buddenbrook in Thomas Manns Jahrhundertroman. „Aber mache nur solche, dass wir bey Nacht ruhig schlafen können."[185]

Was Unternehmerinnen und Unternehmer darüber hinaus auszeichnen sollte – und wodurch sie die freiheitliche Ordnung stützen –, ist ihr *Bekenntnis zum Gemeinwesen.* Zum Naturell des Unternehmers zählt es, sich zu engagieren – für das eigene Unternehmen, für die Belegschaft, aber auch für das gesellschaftliche Umfeld. Das kann eine Grundschule sein, ein Verein, ein Nachbarschaftsprojekt, ein Flüchtlingsheim oder eine kulturelle Einrichtung. Vielleicht ist es auch eine politische Partei. Der Unternehmer kann eine Stiftung gründen, Spenden entrichten oder sich als Mäzen betätigen. Im Unternehmen selbst wiederum kann der Unternehmer sich durch Angebote zur Weiterbildung, zur betrieblichen Altersvorsorge, zur Beteiligung am Produktivvermögen, aber beispielsweise auch zur Kinderbetreuung erkenntlich zeigen. Vielleicht schafft er sogar, wie einst die Krupps in Essen oder Siemens in Berlin, Wohnraum für seine Beschäftigten. Wo genau der Unternehmer sich – neben der Zahlung von Steuern, Abgaben und Sozialversicherungsbeiträgen – einbringt, ist seine freie Entscheidung. Wenn er es aber tut, dann trägt er damit zur Lebendigkeit, zur Stärke und eben auch zur Widerstandsfähigkeit des Gemeinwesens bei – und inspiriert andere, es ihm gleichzutun. Es sind genau diese aus dem Subsidiären, dem Zivilgesellschaftlichen kommenden Beiträge, die eine Gesellschaft, ein Land und seine freiheitliche Ordnung in Zeiten multipler Krisen wehrhaft machen.

Intervenierender Staat als Hindernis

Führt man sich die positiven Auswirkungen eines verantwortlichen, Werte schaffenden Unternehmertums vor Augen, so sollte man davon ausgehen, dass der Staat alles unternimmt, um Unternehmern möglichst weitgehende Freiräume zu verschaffen. Die Realität ist jedoch eine andere. Tatsächlich ist der Staat selbst ein derart dominanter ökonomischer Akteur geworden, dass das freie Unternehmertum zuweilen an den Rand gedrängt wird.

So beläuft sich die *Staatsquote*, die Summe aller staatlichen Ausgaben, in Deutschland auf nahezu die Hälfte des Bruttoinlandsprodukts, also der Gesamtleistung einer Volkswirtschaft. Hinter dieser Zahl stehen – neben den sozialen Sicherungssystemen, die faktisch zum öffentlichen Sektor zählen – unzählige Beteiligungen der öffentlichen Hand an zum Teil riesigen Unternehmen. Der Bogen reicht von der Volkswagen AG über Telekom, Post und Bahn bis hin zu Häfen, Verkehrs- und Entsorgungsbetrieben. Aber auch Anteile an einer börsennotierten Großbank, einem Impfstoffhersteller, einem Gasimporteur, mehreren Energienetzbetreibern und an mindestens einer Brauerei leistet sich unser Staat, dessen Drang, in immer mehr Wirtschaftssektoren vorzudringen, ebenso groß ist wie der Ehrgeiz zahlreicher Politikerinnen und Politiker, in den Aufsichtsgremien der entsprechenden Unternehmen einen komfortablen (oftmals attraktiv vergüteten) Platz einzunehmen.

Dort, wo der Staat selbst nicht beteiligt ist, greift er durch *Subventionen* tief in das Wirtschaftsgeschehen ein. Der Staat stützt ins Wanken geratene Betriebe, gewährt Fördermittel, Kaufprämien und Steuervorteile. Kamen jahrzehntelang etwa der Kohlebergbau oder die Werftenindustrie in den Genuss entsprechender Zuwendungen, so werden heute der Umstieg auf erneuerbare Energien, der Hochlauf des Hoffnungsträgers Wasserstoff ebenso wie der Aufbau einer Batteriezellproduktion mit Milliardensummen subventioniert. Derweil wird der Industrie die Umstellung ihrer Produktion auf „grün" durch sogenannte Differenzverträge *(carbon contracts for difference)* schmackhaft gemacht, die faktisch nichts anderes als staatliche Zuschüsse zur Transformation in Richtung Klimaneutralität bedeuten. Für diese und ähnliche Stützprogramme hat die Bundesregierung einen Fonds in zweistelliger Milliardenhöhe eingerichtet. Hier nimmt das Ziel einer ökologisch-sozialen Marktwirtschaft, wie von Bundeswirtschafts- und Klimaschutzminister Robert Habeck (Grüne) und seinen Beratern propagiert, sehr konkrete, aber eben auch sehr kostspielige Formen an.

Als Einschränkungen unternehmerischer Freiheit können auch staatliche *Eingriffe in die Preisbildung* betrachtet werden. So soll die Mietpreisbremse dazu beitragen, die Entwicklung der Mieten insbesondere in den urbanen Ballungsräumen einzuhegen. Sozialpolitisch ist das Anliegen nachvollziehbar. Jeder Mensch hat das Anrecht auf angemessenen, bezahlbaren Wohnraum. Und auch die Unternehmen haben einen Vorteil davon, wenn ihre Mitarbeiterinnen und Mitarbeiter sich eine Wohnung in der Innenstadt und somit in Betriebsnähe leisten können. Zugleich birgt ein zu rigoroser Eingriff in die Mietpreisbildung, etwa in Form eines Mietendeckels, jedoch die Gefahr, dass Investoren dadurch der Anreiz genommen wird, überhaupt noch neue Wohnungen zu bauen. Staatliche Preisfestlegungen können sich somit als angebotsbegrenzend und kontraproduktiv erweisen – zum Schaden aller Beteiligten. Kritisch angemerkt werden muss an dieser Stelle auch, dass die Anhebung des Mindestlohns im Jahr 2022 nicht durch die dafür vorgesehene Kommission, sondern – gemäß Ampel-Koalitionsvertrag – durch den Deutschen Bundestag beschlossen wurde. Denn so unstrittig es ist, dass Beschäftigte eine ihrer Tätigkeit angemessene Entlohnung erhalten sollen, so irritierend, ja systemfremd ist es, dass die Festlegung der Vergütung durch das Parlament erfolgt anstatt durch das eigens dafür eingesetzte Gremium.[186]

Woran liegt es, dass der Staat so massiv – und freiheitsbegrenzend – in das Wirtschaftsgeschehen eingreift? Ein Zauberwort lautet „Daseinsvorsorge": In den Augen von immer mehr Politikerinnen und Politikern, aber auch Gewerkschaften, Nichtregierungsorganisationen und vielen Medien ist es Aufgabe des Staates, für ein weitgehend risikobefreites Dasein der Menschen zu sorgen. Hinzu kommt, ganz praktisch gesprochen: In aller Regel hilft es im Wahlkampf, wenn ein Kandidat behaupten kann, seine Partei habe „Arbeitsplätze erhalten", „Strukturbrüche verhindert" oder „diese wichtige Zukunftsinvestition (durch Anschubfinanzierung) in unsere schöne Region geholt". Und doch darf der stete Blick auf die nächste Wahl nicht den Ausschlag geben. Zwar hat der Staat – zumal in Zeiten des Krieges, der Pandemien und daraus resultierender Verwerfungen – eine Schutzfunktion gegenüber seinen Bürgerinnen und Bürgern, der er nachkommen muss. Dies bedeutet jedoch nicht, dass der Staat Luxuskaufhäuser (bzw. die dahinterstehenden Immobilienspekulanten) vor der Schließung bewahren, sein eigenes Bier brauen oder (auf Druck der entsprechenden Verbände) den analogen Vertrieb von Presseerzeugnissen bezuschussen muss. Durch solche zweifelhaften Engagements wird nicht nur besagte Schutzfunktion, sondern auch das Versprechen der sozialen Marktwirtschaft eindeutig überdehnt. Dieses besteht im Wesentlichen darin, einen geeigneten Rahmen für einen fairen, keinen Marktteilnehmer diskriminierenden Wettbewerb zu schaffen. Zugleich hat der Staat in seiner Eigenschaft als Sozialstaat dafür zu sorgen, dass auch Arme, Alte und Kranke ein menschenwürdiges Dasein führen können. Alle darüber hinausgehenden Interventionen, Beteiligungen oder Bezuschussungen bedürfen einer eingehenden Begründung. Der Staat ist nicht der bessere Unternehmer. Er besitzt naturgemäß nicht die Informationen, derer es bedarf, um angemessene Entscheidungen zu treffen. Auch verfügt der Staat nicht über das bessere Personal. Hinzu kommt: Wo immer der Staat als Unternehmer aktiv wird, verzerrt er den Wettbewerb: Staatsunternehmen verfügen über bedeutend günstigere Refinanzierungsmöglichkeiten als private Unternehmen, sind ein begehrter Arbeitgeber und müssen keine harten Rentabilitätskriterien erfüllen. All dies benachteiligt private Anbieter, demotiviert sie und beeinträchtigt somit die Stärke und Leistungsfähigkeit der freien Gesellschaft.

> Wo immer der Staat als Unternehmer aktiv wird, verzerrt er den Wettbewerb.

Unternehmertum fördern

Somit sollte der Staat sich auf seine originären Aufgaben beschränken, namentlich die Gewährleistung der inneren und äußeren Sicherheit, den Schutz des Eigentums sowie die Bereitstellung einer hinreichenden, leistungsstarken Versorgung im Bereich der Energie, der Gesundheit, der Mobilität sowie der Telekommunikation. Ebenso unverzichtbar ist ein Bildungswesen, das sowohl umfassendes Wissen vermittelt als auch das Denk-, Differenzierungs- und Urteilsvermögen der Schülerinnen und Schüler fördert. Die Rechtsordnung sollte so ausgelegt sein, dass sie als „Infrastruktur für die Ausübung von Freiheiten"[187] empfunden wird.

Für die Unternehmen wiederum, ob Gründer, Mittelstand oder Großkonzern, ist wichtig, dass der Staat etwaige Marktzugangsbeschränkungen[188] beseitigt, unzulässige Preisabsprachen unterbindet sowie die Bildung von Monopolen nach Möglichkeit verhindert. Elementar für die Resilienz von Wirtschaft und Gesellschaft ist ferner, dass der Staat Gründer, Selbständige und insbesondere kleine und mittelgroße Familienbetriebe darin unterstützt, kontinuierlich ihre Kapitalbasis zu stärken. Eine starke Eigenkapitalbasis in Verbindung mit ausreichender Liquidität hilft Unternehmen, Krisensituationen zu überstehen, relativiert ihre Abhängigkeit von Banken und anderen Kapitalgebern und schützt sie vor feindlichen Übernahmen. Insoweit ist es unsinnig, Eigenkapital steuerlich gegenüber Fremdkapital zu benachteiligen. Ebenso darf es nicht passieren, dass die Erbschaftssteuer bei der Übergabe von Familienunternehmen auf die nächste Generation zum existenzbedrohenden Faktor wird. Schließlich muss es dabei bleiben, dass ins Unternehmen reinvestierte Gewinne steuerlich begünstigt werden.

So hat der Staat mit seinen Kernaufgaben genug zu tun und sollte sich auf diese konzentrieren. Dabei sollte er stets im Blick behalten, dass eine darüber hinausgehende, schier unlimitierte Ausdehnung seiner Aktivitäten schnell auch zum Kollaps, nicht zuletzt mit Blick auf die ohnehin extrem angespannten Staatsfinanzen, führen kann. Die gern gewählte, da kurzfristig bequeme Ausflucht in die Verschuldung führt hier nicht weiter, kostet Milliarden an Zinsen und beschneidet die Freiheit künftiger Generationen. Statt sich also selbst in immer mehr Wirtschaftsbereiche einzumischen, sollte der Staat für Marktwirtschaft, Selbständigkeit und das freie Unternehmertum werben und möglichst viele Menschen dazu motivieren, die unternehmerische Initiative zu ergreifen. Denn darin – und nicht in überzogener Regulierung, hohen Steuern sowie Staatsbeteiligungen – liegt der Quell einer dynamischen, prosperierenden Gesellschaft, die dann auch in der Lage ist, ihre freiheitliche Ordnung zu verteidigen.

EINE ALTERSVORSORGE, DIE AUF AUTONOMEN INVESTITIONS-ENTSCHEIDUNGEN BASIERT

„Der Wohlfahrtsstaat ist wie ein Fäustling. Er wärmt die Hand, aber er schränkt die Freiheit ein", schreibt Jakob Augstein in seinem Roman „Strömung". Tatsächlich steht im deutschen Sozialversicherungssystem nicht die Freiheit, sondern die Sicherheit an vorderster

Stelle. Allerdings handelt es sich dabei um eine Scheinsicherheit. Insbesondere die Rente ist, entgegen dem vielzitierten Diktum des früheren Bundesarbeitsministers Norbert Blüm (CDU), nicht „sicher". Sie *kann* nicht sicher sein, weil die demografischen Grundlagen, auf denen unser gegenwärtiges Rentensystem basiert, sich dramatisch verschoben haben. Derzeit kommen für einen Rentner noch mehr als zwei Beitragszahler auf. Um das Jahr 2050 herum werden es jedoch nur noch rund 1,3 Beitragszahler pro Rentner sein. Der wesentliche Grund dafür sind die niedrigen Geburtenraten der zurückliegenden Jahrzehnte nach Abklingen des Babyboomer-Effekts. Während jede Frau im Schnitt etwas mehr als zwei Kinder bekommen müsste, um das gegenwärtige Bevölkerungsniveau zu halten, ist der tatsächliche Wert in Deutschland vom Spitzenwert von 2,5 Kindern im Jahr 1966 auf 1,4 im Jahr 2000 gefallen. Selbst wenn seither ein allmählicher Wiederanstieg in Richtung 1,6 zu verzeichnen ist, kann die Zahl der Kinder, die in den zurückliegenden Jahrzehnten nicht geboren wurden (und die somit als spätere Rentenbeitragszahler ausfallen), naturgemäß nicht mehr aufgeholt werden.[189] Damit jedoch erodiert die Grundlage des umlagefinanzierten Systems, in dem nach dem Prinzip des Generationenvertrages die beitragsfinanzierten Einnahmen mehr oder weniger zeitgleich an die Rentnerinnen und Rentner ausgezahlt werden.

Ebenfalls unter Druck gesetzt wird das umlagefinanzierte Rentensystem durch die Tatsache, dass ab Ende dieses Jahrzehnts die vielzitierten Babyboomer in den Ruhestand treten werden. Hinzu kommt die erfreuliche Tatsache, dass wir, zumindest in hochentwickelten Industrienationen, aufgrund des medizinischen Fortschritts und sich stetig verbessernder Lebensumstände immer länger leben. Dies führt dazu, dass die durchschnittliche Rentendauer sich auf mittlerweile über zwanzig Jahre verlängert hat.[190] Es bedarf keiner gesteigerten Rechenkünste, um ermessen zu können, wie stark die längeren Rentenbezugszeiten die Rentenkasse belasten.

Rückläufige Geburtenraten sowie eine längere Lebensdauer führen dazu, dass die gesetzliche Rentenversicherung schon seit Jahren nicht mehr annähernd in der Lage ist, die Rentenansprüche allein aus dem Beitragsaufkommen zu finanzieren. So standen im Jahr 2022 Ausgaben in einer Gesamthöhe von 346 Milliarden Euro Beiträge aus Erwerbstätigkeit in Höhe von 262 Milliarden Euro gegenüber.[191] Die gewaltige Lücke wird durch einen Zuschuss aus dem Haushalt des Bundesministeriums für Arbeit und Soziales gedeckt, der im Jahr 2022 insgesamt 101 Milliarden Euro betrug und damit die mit Abstand größte Ausgabenposition im Bundeshaushalt (2022: rd. 480 Milliarden Euro) darstellte. Einhergehend mit den massiven zusätzlichen Belastungen des Bundeshaushalts durch die Coronakrise, den Ukrainekrieg sowie die Bekämpfung des Klimawandels, besteht deshalb dringender Anlass, die Finanzierung der Altersvorsorge auf neue, breitere Füße zu stellen.[192]

Gesetzliche Rente: Reformoptionen

Was die gesetzliche Rente angeht, so bieten sich verschiedene Stellschrauben an:

- So wäre theoretisch eine *Anhebung des Rentenbeitrages* von derzeit 18,6 Prozent vorstellbar. Dadurch würde umgehend mehr Geld in die Rentenkassen fließen. Angesichts der ohnehin schon hohen Steuer- und Abgabenlast in Deutschland sind größere Beitragsanhebungen jedoch weder den Beschäftigten noch den Arbeitgebern zumutbar. Deshalb haben sich die Koalitionäre der „Ampel" darauf verständigt, dass der Rentenbeitragssatz – einhergehend mit einer Wahrung des Rentenniveaus von mindestens 48 Prozent – in der laufenden Legislaturperiode, somit bis 2025, nicht über 20 Prozent steigen wird.[193]

- Gedämpft werden könnten die Kosten der Rente durch *Leistungskürzungen*. Eine ernsthafte politische Option sind diese jedoch nicht. Ganz im Gegenteil haben die Regierungskoalitionen aus Unionsparteien und SPD seit 2005 die Menschen an einen stetigen Leistungszuwachs der Rentenversicherung – Mütterrente, Rente mit 63, Grundrente etc. – gewöhnt. Das Rad nun wieder zurückzudrehen, würde für die betroffenen Parteien mit empfindlichen Stimmverlusten bei den nächsten Wahlen einhergehen.

– Hilfreich wäre eine *Befreiung der Rente von versicherungs-fremden Leistungen* (Anrechnungszeiten für Ausbildung, wegen Arbeitslosigkeit oder wegen Krankheit, Kindererziehungszeiten, Rentenberechnung nach Mindesteinkommen). Allerdings erhält die Rentenversicherung dafür bereits seit längerem erhebliche Zuschüsse aus dem Bundeshaushalt, stellt sich also per saldo nicht schlechter.

– Eine *höhere Zuwanderung* kann zur Entlastung der Rente beitragen, wenn Zugewanderte eine Anstellung auf dem regulären Arbeitsmarkt finden und somit in die sozialen Sicherungssysteme einzahlen. Dies hängt maßgeblich vom Qualifikationsniveau der Zugewanderten ab. Zur Wahrheit gehört: Ein vermehrter Zuzug von Geringqualifizierten mit schlechten Beschäftigungschancen wird die sozialen Sicherungssysteme in Zukunft nicht ent-, sondern belasten.

– Derweil erheben sich mehr und mehr Stimmen zugunsten einer *Anhebung des Renteneintrittsalters*. Betrug dieses im Jahr 2000 noch 62,3 Jahre bei Frauen und 62,2 Jahre bei Männern, so lag es 2018 bei 64,1 Jahren bei Frauen und bei 64,0 Jahren bei Männern. Bis zum Jahr 2031 wird das Renteneintrittsalter kontinuierlich weiter auf dann 67 Jahre ansteigen. Wer 1964 und später geboren ist, geht somit zwei Jahre später in Rente als die Jahrgänge davor. Der Vorteil für die Rentenversicherung liegt auf der Hand: 24 zusätzliche Beitragsmonate sorgen für nicht unerhebliche Einnahmenzuwächse. Daher hat zuletzt auch Bundeskanzler Olaf Scholz (SPD) öffentlich darüber sinniert, dass die Deutschen länger arbeiten müssten.

Generell sollten künftige Reformüberlegungen stärker am Grundgedanken der Flexibilität ausgerichtet sein: Wer länger arbeiten möchte, soll dies auch dürfen und seine Rentenansprüche dadurch verbessern können. Wer hingegen schon früher aus dem Erwerbsleben ausscheiden möchte, hat schon heute die Freiheit dazu – unter Inkaufnahme von Leistungsabschlägen. Ein derart flexibilisiertes Rentensystem trägt der Tatsache zunehmend individueller Erwerbsbiografien ebenso Rechnung wie der naturgemäß unterschiedlichen Leistungsfähigkeit der Menschen jenseits des sechzigsten Lebensjahres.

Einen völlig neuen Ansatz verfolgt die Bundesregierung mit dem Anlegen einer Aktienrücklage, auch *Generationenkapital* genannt. Dazu werden, beginnend im Jahr 2023, der gesetzlichen Rentenversicherung zunächst 10 Milliarden Euro als Kapitalstock zur Verfügung gestellt. Das Geld wird am Kapitalmarkt angelegt und professionell verwaltet. Die am Kapitalmarkt erwirtschafteten Erträge fließen, unter Abzug der Kreditzinsen, der gesetzlichen Rentenversicherung zu. Diese erhält somit, neben den Beitragszahlungen, eine neue, zusätzliche Einnahmequelle. Um einen nennenswerten Effekt zu erzielen, wäre der sukzessive Aufbau eines Kapitalstocks in dreistelliger Milliardenhöhe erforderlich. Da diese Mittel kurzfristig kaum mobilisiert werden können, handelt es sich bei der Aktienrücklage[194] um ein Langfristprojekt, über dessen Finanzierung möglicherweise immer wieder neu verhandelt werden muss. Davon unbeschadet, stellt das Generationenkapital eine fundamentale Neuerung im deutschen Rentensystem dar, dem das Prinzip der Kapitaldeckung bis dato fremd war. Ein wesentliches Motiv der Erfinder der Aktienrücklage lautet dabei, dass diese aufgrund ihrer entlastenden Wirkung künftigen Generationen ein Stück mehr Freiheit verschafft.

Betriebliche Altersvorsorge stärken

Noch mehr Freiheit entstünde, würden die Verantwortlichen neben der Stärkung der gesetzlichen Rente auch die betriebliche Altersversorgung sowie die private Vorsorge vermehrt in den Blick nehmen. In beiden Säulen verfügt der Einzelne über deutlich mehr individuelle Gestaltungsmöglichkeiten hinsichtlich seiner Altersvorsorge als im vergleichsweise unflexiblen Korsett der staatlichen Rente. Naturgemäß geht damit auch eine höhere Eigenverantwortung für die Versorgung im Alter einher – als Gegenmodell zum paternalistischen Sozialstaat, der buchstäblich für alles und jedes aufkommt. Wenn diese eigenverantwortliche Konfigurierung der Altersvorsorge jedoch zu einem klügeren, weil vorausschauenden Umgang der Bürgerinnen und Bürger mit ihrem verfügbaren Einkommen führt, dann trägt das mittelbar auch zur erhöhten Resilienz einer Volkswirtschaft bei. Um Kant zu variieren: Es geht um den Ausgang des Menschen aus seiner finanziellen Unmündigkeit.

Das Wesen der *betrieblichen Altersversorgung* besteht darin, dass der Beschäftigte nicht nur gegenüber dem Staat (s. o., gesetzliche Rente), sondern auch gegenüber seinem Arbeitgeber einen Anspruch auf Altersbezüge erhält. Um diesen Anspruch bedienen zu können, zahlt der Arbeitgeber einen Teil der Gesamtvergütung des Arbeitnehmers in eine Pensionskasse, Unterstützungskasse o. dgl. ein. Die Gelder werden professionell angelegt und verwaltet. Mit Eintritt ins Rentenalter erhält der Versicherte in Ergänzung zur gesetzlichen Rente eine zusätzliche monatliche Betriebsrentenzahlung.

Aufgrund der Dominanz der gesetzlichen Rente ist die betriebliche Altersvorsorge in Deutschland – genauso wie die private Vorsorge – bis heute vergleichsweise unterentwickelt – nur etwa 60 Prozent der Beschäftigten verfügen über einen entsprechenden Vertrag. Um dies zu ändern, hat die damalige Bundesregierung aus SPD und Grünen zum 1. Januar 2002 das Prinzip der Entgeltumwandlung eingeführt. Seither kann ein Gehaltsanteil von bis zu vier Prozent der Beitragsbemessungsgrenze in einen Beitrag zur betrieblichen Altersversorgung umgewandelt werden. Auf diesen Vergütungsanteil werden keine Sozialversicherungsbeiträge und keine Steuern erhoben. Auch der Arbeitgeber zahlt entsprechend keine Beiträge, wobei er seit dem 1.1.2019 dazu verpflichtet ist, den Arbeitnehmeranteil mit mindestens 15 Prozent zu bezuschussen. Wandelt der Beschäftigte beispielsweise 100 Euro pro Monat in einen Beitrag zu einer Pensionskasse um, so steuert der Betrieb mindestens 15 weitere Euro bei.

Einen Paradigmenwechsel in der betrieblichen Altersversorgung hatte die seinerzeitige Arbeits- und Sozialministerin Andrea Nahles (SPD) mit der sogenannten „Zielrente" herbeiführen wollen. Gemäß Betriebsrentenstärkungsgesetz von 2018 wird der Arbeitgeber im Rahmen einer tariflichen Vereinbarung nicht mehr für eine definierte Mindestrentenhöhe in Haftung genommen. Vielmehr beschränkt sich seine Verpflichtung darauf, einen bestimmten Beitrag an eine durchführende Einrichtung (Direktversicherung, Pensionskasse oder -fonds) zu zahlen. Je nach Entwicklung der Kapitalmärkte, an denen die eingezahlten Beiträge angelegt werden, kann es sodann zu einem Wertzuwachs, einer Wertgleichheit oder sogar zu einem Wertverlust kommen – Garantien gibt es keine. Im Gegenzug für diese „Enthaftung" wurden die Arbeitgeber dazu verpflichtet, sich mit den Gewerkschaften auf ein gemeinschaftlich geführtes Sozialpartnermodell zu einigen.[195]

Stand heute wird die „Zielrente" allerdings nur von wenigen Branchen angenommen. Dies deutet darauf hin, dass es den traditionell sicherheitsfixierten Deutschen weiterhin schwerfällt, sich aus vollem Herzen mit Alternativen zur gesetzlichen Rente anzufreunden. Mit Blick auf ihre Rente rufen die Deutschen explizit nicht nach mehr Freiheit. Die Autonomie des Willens, die Otfried Höffe als Kern der kantianischen Philosophie ausmacht, spielt in Fragen der Altersvorsorge für die Deutschen kaum eine Rolle. Dies unterscheidet sie von vielen ihrer Nachbarn in der EU, die – wie beispielsweise die Dänen, die Schweden und die Niederländer – sehr viel ausgeprägtere Systeme der betrieblichen Altersvorsorge vorzuweisen haben. Künftige Reformen des deutschen Rentensystems sollten sich stärker daran orientieren und darauf abzielen, die zweite Säule der Altersvorsorge nachhaltig zu stärken – bis hin zur Einführung einer *verpflichtenden betrieblichen Altersvorsorge*. Dabei müsste den Versicherten schon aus verfassungsrechtlichen Gründen zwar die Freiheit eingeräumt werden, sich dagegen auszusprechen („Opt-out-Modell"). Zwang ist, ganz im Sinne der Aufklärung, keine Option. Davon unbeschadet, hätte die Verpflichtung mit Ausstiegsoption jedoch den Effekt, dass die Beschäftigten sich stärker mit dem Thema Altersvorsorge auseinandersetzen und eigene Ansätze zu diesem Thema entwickeln müssten. Und genau darum geht es: dass möglichst viele Menschen sich auch mit Blick auf ihre Altersvorsorge „ihres eigenen Verstandes bedienen" *(sapere aude!)*, anstatt sich ausschließlich auf die Leistungen der staatlichen Vorsorge zu verlassen.

Private Vorsorge fördern

Noch mehr Freiheit verspricht eine Stärkung der dritten Säule der Altersvorsorge, namentlich der *privaten, kapitalgedeckten Vorsorge*. Hier reicht die Bandbreite der Möglichkeiten vom staatlich bezuschussten Vorsorgeprodukt über die klassische Lebensversicherung und das Aktiensparen bis hin zum Immobilieninvestment. Eine zentrale Wegmarke stellte die Einführung der „Riester-Rente" im Jahr 2002 unter dem damaligen Bundeskanzler Gerhard Schröder (SPD) dar. Dabei zahlt der Versicherte auf freiwilliger Basis in ein kapitalgedecktes Vorsorgeprodukt seiner Wahl ein und erhält dafür eine staatliche Zulage, sofern die Beiträge sich auf mindestens vier Prozent seines rentenversicherungspflichtigen Einkommens belaufen. Die geleisteten Beiträge samt Zulagen können in einer Höhe von bis zu 2 100 Euro als Sonderausgaben in der Einkommensteuererklärung berücksichtigt werden.[196] Die Riester-Rente entwickelte sich anfangs durchaus erfolgreich – so wurden innerhalb weniger Jahre insgesamt 16 Millionen Verträge unterzeichnet. Allerdings litt das Produkt in den vergangenen Jahren unter dem Niedrigzins. Zudem ist der bürokratische Aufwand insbesondere bei der Beantragung der Zulagen erheblich. Als hemmend wird des Weiteren die Beitragsgarantie empfunden, die die Anbieter daran hindert, in risikoreichere Papiere zu investieren. Folglich sind heute aufgrund der genannten Faktoren nicht weniger als 20 Prozent der Riester-Verträge beitragsfrei gestellt, werden also nicht mehr bespart. Die Politik sieht es daher als ihre Aufgabe an, „Riester" zu reformieren, etwa durch ein vereinfachtes Zulagenverfahren, die Reduzierung der Garantien oder die teilweise Aufhebung des Verrentungszwangs.[197] Entsprechende Vorschläge wurden im Juli 2023 seitens der „Fokusgruppe private Altersvorsorge" unter Moderation des Bundesfinanzministeriums präsentiert und fließen nun in ein Gesetzgebungsverfahren ein. Vorerst nicht weiter verfolgt wird hingegen die Idee eines „öffentlich verantworteten Fonds mit einem effektiven und kostengünstigen Angebot mit Abwahlmöglichkeit".[198] Kritiker hatten zu Recht vor einer Verzerrung des Wettbewerbs zulasten privater Anbieter sowie einer Zweckentfremdung der angesparten Summen durch den Staat gewarnt.

Ein weiterer Ansatz bestünde darin, Selbständige in den Kreis der Zulagenberechtigten aufzunehmen. Sie haben momentan die Möglichkeit, in die sogenannte „Rürup-Rente" zu investieren. Diese bietet erhebliche Steuervorteile, hat jedoch den Nachteil, dass eine Einmalauszahlung des angesparten Vermögens bei Renteneintritt ausgeschlossen ist. Kenner der Materie sprechen, wie bei der gesetzlichen Rente auch, von einer „Wette gegen den Tod".

Zu Lebzeiten sollte der Sparer – neben der Besparung eines Riester- oder riesterähnlichen Produkts – den Gang auf den *Aktienmarkt* nicht scheuen. Zwar heißt es von linker oder linksgrüner Seite in bewährter marxistischer Manier, die Aktienanlage sei nichts anderes als Spekulation mit dem Risiko des Totalverlusts, also Teufelszeug. Tatsache ist jedoch, dass der Erwerb von Aktien sich auf lange Sicht für Anleger mit entsprechender Ausdauer fast immer ausgezahlt hat. So besagt das Renditedreieck des Deutschen Aktieninstituts (DAI), dass das Aktiendepot eines Anlegers, der Ende 1996 DAX-Aktien gekauft und diese bis Ende 2013 gehalten hat, einen jährlichen Wertzuwachs von im Schnitt 7,3 Prozent erzielte.[199] Sicher hat besagter Anleger während dieses Zeitraums auch Schwankungen, besonders im Jahr der Weltfinanzkrise 2008, durchstehen müssen. Aber auf ein Tal folgt in aller Regel auch wieder ein Anstieg, das Durchhaltevermögen wird belohnt. Zudem können Anleger jährliche Dividendenzahlungen einstreichen und diese entweder sofort reinvestieren oder damit ihre laufenden Einnahmen aufbessern, was wiederum den Konsum beflügelt und mehr Geld in die Steuerkassen treibt. Schließlich regen Aktieninvestments dazu an, sich eingehend mit dem Geschehen an den Märkten zu befassen und dadurch auch das eigene ökonomische Denken und Handeln zu schulen. Wer auf diesem Wege zum Mitakteur in der Marktwirtschaft wird, der stärkt am Ende auch die offene Gesellschaft. Umso wichtiger, dass der Staat die private Altersvorsorge nicht durch steuerpolitische Fehlentscheidungen ihrer Attraktivität beraubt. So sollte die Kapitalertragssteuer, mittels derer Erträge aus Kapitalanlagen pauschal mit 25 Prozent abgegolten werden, keinesfalls angehoben werden. Immerhin stammen die am Kapitalmarkt angelegten Beträge aus bereits versteuertem Geld. Auch wäre es vollkommen kontraproduktiv, Anlegerentscheidungen am Kapitalmarkt mit einer Finanztransaktionssteuer zu belegen. Der Anreiz, sich am Kapitalmarkt zu engagieren und dadurch Eigenvorsorge im Hinblick auf das Alter zu betreiben, würde dadurch insbesondere für Kleinanleger deutlich reduziert.

Immobilien kommen in verschiedener Hinsicht als Baustein der privaten Altersvorsorge in Frage. So erlaubt die eigene Immobilie das mietfreie Wohnen im Alter. Wer früh in Immobilien investiert, streckt die Tilgungsdauer seines Kredits und reduziert dadurch die monatliche Belastung. Allerdings kann der Staat noch viel mehr dafür tun, dass aus Mietern Eigentümer werden. So könnte er Käufern – etwa jungen Familien – beim Erwerb der ersten Immobilie zur Eigennutzung einen nennenswerten Freibetrag bei der Grunderwerbsteuer gewähren. Je nach Bundesland erweist sich diese heute als echter Kaufhemmer. Länder, die ihre Grunderwerbsteuer absenken oder einen Freibetrag einführen, erhöhen ihre Attraktivität als Stand- und Zuzugsort nicht nur für Familien, sondern beispielsweise auch für (dringend benötigte) Fachkräfte. Wer wiederum die erworbene Immobilie nicht selbst nutzt, sondern vermietet, bessert dadurch seine monatliche Rente auf. Hier ist es wichtig, dass die Besteuerung der Mieteinnahmen moderat bleibt, um den Anreiz, in Immobilien als Baustein zur Altersvorsorge zu investieren, nicht zu schmälern.

Finanzwissen vermitteln

Die Chancen der privaten, kapitalgedeckten Altersvorsorge werden umso stärker ergriffen werden, je mehr Finanzwissen vermittelt wird. Dieses ist in Deutschland, dem Sozialstaat *par excel-*

lence, nicht besonders ausgeprägt. Wer sich auf ein hohes Maß an staatlicher Fürsorge verlassen kann, sieht wenig Veranlassung, sich mit den Mechanismen der Finanzmärkte zu beschäftigen, Aktienkurse zu studieren oder Zinsentscheidungen auszudeuten. Dies muss sich ändern. Bereits in der Schule gehört Finanz- und Wirtschaftsbildung auf den Lehrplan. Je weniger das vormalige Sicherheitsversprechen der gesetzlichen Rente – wie übrigens auch der umlagefinanzierten Pflegeversicherung – noch trägt, desto wichtiger ist es, möglichst früh das nötige Finanzwissen vermittelt zu bekommen, um auf dieser Basis später in eigener Verantwortung Bedarfe erkennen, Risiken einschätzen und Allokationsentscheidungen treffen zu können.

Bereits in der Schule gehört Finanz- und Wirtschaftsbildung auf den Lehrplan.

Die Motivation, sich mit der eigenen Altersvorsorge zu befassen, kann im Übrigen durch die Einrichtung einer digitalen Rentenübersicht gesteigert werden. Ein entsprechendes Portal hat die Deutsche Rentenversicherung im Sommer 2023 online gestellt. Sukzessive werden immer mehr Bürgerinnen und Bürger ihre Versorgungsansprüche über eine App auf dem Smartphone einsehen können. Wenn auf diesem Wege nennenswerte Versorgungslücken festgestellt werden, soll dies die Versicherten dazu animieren, eigene Maßnahmen zu einer besser ausgestatteten Altersvorsorge zu ergreifen.

Entscheidend bei jeglicher Reform der Altersvorsorge ist, dass die Politik das Bewusstsein der Bürgerinnen und Bürger für die Notwendigkeit ergänzender Vorsorge stärkt. Am Ausbau sowohl der betrieblichen als auch der privaten, kapitalgedeckten Vorsorge führt kein Weg vorbei. Aufgabe der Politik ist es, den Menschen zu vermitteln, dass damit kein Weniger an Sicherheit, sondern ein Mehr an Freiheit einhergeht. Den „wärmenden Fäustling" (J. Augstein) des Sozialstaats abzustreifen, heißt keineswegs, dass sogleich

die ganze Hand abfriert. Wünschenswert und keineswegs unwahr-
scheinlich ist vielmehr, dass der mündige, in Finanzfragen geschulte
Bürger sein Vorsorgepolster in eigener Regie mehrt, sich unabhän-
giger von staatlichen Systemen macht und damit – weil er den Staat
entlastet – auch die Widerstandsfähigkeit der freiheitlichen Gesellschaft stärkt.

EIN BILDUNGSSYSTEM, DAS SPRACH-
VERMÖGEN, DIFFERENZIERUNGSFÄHIGKEIT
UND URTEILSKRAFT LEHRT

Die wichtigste Voraussetzung dafür, dass Menschen an einer
freiheitlich-demokratischen Ordnung mitwirken und sich in deren
kontinuierliche Stärkung aktiv einbringen können, ist Bildung.
Bildung befähigt den Einzelnen dazu, sich seines Verstandes zu
bedienen und vernunftbasiert zu handeln. Bildung, zielgerichtet
aufgesetzt, befördert die Entwicklung junger Menschen zu selbständigen, urteils- und entscheidungsfähigen Individuen, die in
die Lage versetzt werden, Chancen zu erkennen und zu ergreifen,
Verantwortung zu übernehmen und ihr Leben selbstbestimmt zu
gestalten. Bildung ist Erziehung zur Freiheit. Bildung ist darüber
hinaus die wichtigste Grundbedingung dafür, dass das Aufstiegs-
versprechen der pluralistischen, den freien Markt als Ordnungs-
rahmen anerkennenden Gesellschaft auch eingelöst wird – unabhängig von der familiären, sozialen, materiellen oder ethnischen
Herkunft des Einzelnen.

Die meisten der Urväter des Liberalismus stellten einen direkten Wirkzusammenhang zwischen ausreichender Bildung und dem
Gelingen einer freiheitlichen Gesellschaft her. So trat Adam Smith
dafür ein, dass gerade Angehörige niederer Schichten durch staatlich bereitgestellte Bildung die Möglichkeit erhalten, aufzusteigen
und die Situation, in die sie hineingeboren wurden, hinter sich

zu lassen. Wörtlich plädierte Smith für einen Staat, der „in jedem Kirchspiele oder Distrikte eine kleine Schule errichtet, worin die Kinder für ein so geringes Schulgeld unterrichtet werden, dass auch der gemeinste Tagelöhner es aufzubringen vermag."[200] Für Immanuel Kant hatte Bildung vor allem einen sittlichen Wert: Der Philosoph glaubte fest an die kontinuierliche Besserung des Menschen durch Erziehung und Bildung. Im frühen 19. Jahrhundert war es sodann Wilhelm von Humboldt (1767–1835), der das Bildungswesen in Deutschland maßgeblich prägte. Humboldts Satz, wonach „alles auf die Ausbildung des Menschen in der höchsten Mannigfaltigkeit an(komme)", begeisterte den großen Liberalen John Stuart Mill so sehr, dass er ihn an den Anfang seiner Abhandlung „On Liberty" (1859) stellte.

Das Erbe Humboldts

Humboldt, dessen Vater als Kammerherr am preußischen Hof tätig war, hatte sich schon als Junge mit den Schriften Immanuel Kants befasst. Sein Privatlehrer Johann Jakob Engel führte ihn an die Werke John Lockes und David Humes heran. Mit seinem Bruder Alexander frequentierte Wilhelm von Humboldt ab Mitte der 1780er Jahre die Salons und Debattierzirkel der Berliner Aufklärung. Im Rahmen seines Studiums in Göttingen ab 1788 setzte er sich erneut intensiv mit Kant auseinander. Im August 1789 verbrachte er einige Wochen im revolutionären Paris, bevor er 1790 in den Staatsdienst eintrat. Nach der vernichtenden Niederlage Preußens gegen Napoleon 1806 übernahm Humboldt im Zuge der Stein-Hardenbergschen Reformen 1808 die Leitung der Sektion Kultus und öffentlicher Unterricht im Ministerium des Innern. Diese Position erlaubte es ihm, seine Vorstellungen von einem modernen, die Entfaltung des Individuums befördernden Bildungswesen Zug um Zug in die Tat umzusetzen. In entschiedener Abkehr vom Feudalismus und der ständisch-korporativen Gesellschaft sollte Bildung dem Einzelnen, unabhängig von seiner Herkunft, die Möglichkeit eröffnen, sich zu einem autonomen, mündigen Staatsbürger zu entwickeln.[201] Bildung sollte Abstraktionsvermögen und Urteilskraft im Sinne Kants vermitteln und den Charakter des Menschen – seine Persönlichkeit – formen. Wo einst die Teilung der Gesellschaft in Privilegierte und Untertanen vorgeherrscht hatte, zielte Bildung auf Individualität, Selbstbestimmung und Eigenverantwortung ab. Bildung wird somit zur entscheidenden Voraussetzung wie auch zum Ausdruck gesellschaftlicher und politischer Freiheit. Bildung wird zum Versprechen – mit der Schule als zentralem Ort für die schrittweise Umsetzung dieses Versprechens. Humboldt führte die Schulpflicht sowie das Staatsexamen für Gymnasiallehrer, Lehrpläne und eine erste Abiturregelung (1812) ein und machte damit den Weg in Richtung eines aufgeklärten Bildungswesens unumkehrbar.[202] Schließlich übertrug Humboldt mit der Gründung der Universität Berlin im Jahr 1809 sein zutiefst freiheitliches, emanzipatorisches Bildungsideal auch auf das Hochschulwesen.

Wenn wir – über 200 Jahre später – auf die Denkmäler der beiden Humboldt-Brüder vor der nach ihnen benannten Universität am Boulevard Unter den Linden in Berlin blicken, müssen wir uns fragen: Was muss Bildung, was muss Schule heute leisten? Und wie kann Bildung zur Stärkung der freiheitlichen Gesellschaft beitragen?

Lesen, Schreiben, Rechnen

Unstrittig sollte sein, dass Vorschule und Schule heranwachsende Menschen zuallererst mit den unverzichtbaren Kulturtechniken des Lesens, des Schreibens und des Rechnens vertraut machen müssen. Dies beginnt bereits in der Kita, wo Kinder im frühen Alter die Grundzüge der deutschen Sprache erlernen sollten. Dies ist auch ein Gebot der Chancengerechtigkeit: Nicht alle Kinder stammen aus Elternhäusern, in denen die deutsche Sprache vollumfänglich beherrscht, in entwickelter („elaborierter") Form praktiziert und an die jüngere Generation weitergegeben wird. Entsprechende Benachteiligungen der betroffenen Kinder müssen in der Kita ausgeglichen werden – nur dann kann bei Eintritt in die Grundschule von zumindest annähernd vergleichbaren Startbedingungen die Rede sein.

In der Grundschule selbst muss beim Lesen darauf geachtet werden, dass die Schülerinnen und Schüler den gelesenen Text auch verstehen – dies ist offenkundig keine Selbstverständlichkeit, weshalb Leseübungen stets mit Verständnisübungen einhergehen sollten. Ganz besonders gilt dies für Kinder aus Familien mit Einwanderungsgeschichte. Das Schreiben sollte unterdessen nicht „nach Gehör", sondern nach den gültigen grammatikalischen Regeln erfolgen – andernfalls geht die Einheitlichkeit der Schriftsprache, damit aber auch die Kommunikationsfähigkeit einer Gesellschaft in kürzester Zeit verloren. Rechnen sollte auf dem Papier und auch im Kopf stattfinden – für die Heranziehung elektronischer Geräte ist im weiteren Verlauf der Schullaufbahn noch Zeit genug.

> Das Schreiben sollte nicht „nach Gehör", sondern nach den gültigen grammatikalischen Regeln erfolgen.

In den mittleren Klassenstufen sollte der Schwerpunkt auf Fremdsprachen, Mathematik, Naturwissenschaften, Geografie, Gemeinschaftskunde, Kunst, Musik und Sport gelegt werden. Parallel dazu muss Deutsch Pflichtfach bis zur letzten Schulstunde bleiben. Fehlerfreies Schreiben und die Beherrschung der deutschen Grammatik sind heute offenkundig keine Bedingung mehr, um das Abitur zu bestehen. Der sprachlichen Ausdrucksfähigkeit in Wort und Schrift muss wieder deutlich mehr Aufmerksamkeit gewidmet werden. Was an den Schulen diesbezüglich versäumt wird, kann im Berufsleben nicht mehr aufgeholt werden. Arbeitgeber wissen davon ein Lied zu singen.

In den höheren Klassenstufen schließlich erhalten Schülerinnen und Schüler die Freiheit, Fächer ihrer Wahl zu priorisieren und andere schlichtweg abzuwählen. Dies ermöglicht ein differenziertes Lernen nach Befähigung und Neigung und fördert die individuelle Entwicklung junger Menschen. Dabei sollte gewährleistet sein, dass Heranwachsenden die Grundprinzipien der politischen, ökonomischen und sozialen Ordnung vermittelt werden, in der sie später als mündige Bürgerinnen und Bürger, ob als Angestellte, in einem sozialen Beruf oder als Unternehmer, Verantwortung übernehmen. Erziehung zur Demokratie sowie die Vermittlung der Grundsätze der sozialen Marktwirtschaft stehen hier an erster Stelle: Wie ist unser Staat aufgebaut, und was sind seine wichtigsten Institutionen? Welche Mitwirkungsmöglichkeiten habe ich als Bürger? Darauf muss Schule eine Antwort geben. Zugleich sollte schon jungen Menschen beigebracht werden, welche Funktion in einer Marktwirtschaft Preise haben, dass Umsatz etwas anderes ist als Gewinn und dass das Wesen eines – insbesondere auch privaten – Kredits darin besteht, dass man ihn einschließlich Zinsen zurückzahlen muss. Auch das Thema Nachhaltigkeit gehört in einer vom Klimawandel bedrohten Welt auf den Lehrplan.

Laptop statt Kreidetafel

Wie aber sollen die genannten (und ggf. weitere) Inhalte vermittelt werden? Wie sieht die Schule von morgen aus? Hier kommt das Thema Digitalisierung ins Spiel: Modernes Lernen heißt zwangsläufig digitales Lernen. Schülerinnen und Schüler müssen umfassend mit den Funktionalitäten und Möglichkeiten digitaler Technologien vertraut gemacht werden – Laptops statt Kreidetafel. Das wiederum setzt eine entsprechende Ausstattung der Schulen mit hochmodernem digitalen Gerät und schnellen Breitbandverbindungen voraus. Auf dieser Basis sollten Schülerinnen und Schülern auch Grundlagen des Codings, also des Schreibens von Computerprogrammen, vermittelt werden. Dies eröffnet Chancen in neuen, innovativen Berufsfeldern wie Programmierer, Software-Ingenieur oder App-Designer. Und doch ist Digitalisierung nicht alles – ein einseitiger Fokus auf digitale Lerntechniken und Inhalte impliziert die Gefahr, dass klassische Wissensbereiche – Goethes „Faust", französische (oder gar lateinische) Grammatik, die Kunst der Renaissance – vernachlässigt werden. Dies kann sich auch in einer hochtechnologisierten Welt als Nachteil erweisen. Zudem muss beim Einsatz digitaler Lern- und Lehrtechniken dafür Sorge getragen werden, dass der Schülerdatenschutz nicht unter die Räder gerät. Ebenso sollten Schülerinnen und Schüler mit dem Wert geistigen Eigentums im digitalen Zeitalter vertraut gemacht werden.

Den Lehrerberuf aufwerten

Wer kann dies gewährleisten? Auf Lehrerinnen und Lehrer kommt in einem modernen, komplexen Lernumfeld ein immer größeres Aufgabenspektrum zu. Allein die Heterogenität unserer – zunehmend multiethnischen – Gesellschaft stellt Lehrende vor eine gewaltige Herausforderung. Vielfach sind sie nicht nur Vermittler von Fachwissen, sondern faktisch auch Erziehungsbeauftragte, die ihren Schülern die Grundtechniken der sozialen Interaktion – Sprache, Toleranz, Respekt vor dem anderen – beibringen müssen. Lehrer laufen Gefahr, an dieser Aufgabe schlichtweg zu scheitern, sofern sie nicht umfassend darauf vorbereitet werden. Vorausschauende, anforderungsgerechte Schulpolitik fängt somit bei einer exzellenten Lehrerausbildung an, die auch auf Führungsaufgaben an Schulen gezielt vorbereiten muss. Ebenso wichtig: eine deutliche Verbesserung der Lehrerbedarfsplanung. Nur durch eine vorausschauende, datengestützte Planung kann der dramatische Lehrermangel zumindest mittelfristig überwunden werden. Während der Ausübung ihrer schwierigen, oftmals harten Aufgabe wiederum müssen wir den Lehrenden den Rücken stärken: Der Lehrerberuf gehört aufgewertet. Es muss wieder viel attraktiver werden, Lehrerin oder Lehrer zu werden.

Die Schulen selbst bedürfen einer erstklassigen Ausstattung. Der Sanierungsstau an Deutschlands Schulen ist ein Skandal. Bund und Länder müssen – unter Überwindung des Kooperationsverbotes – an einem Strang ziehen, um die Missstände zu beseitigen. Oftmals fehlt es gar nicht an den finanziellen Mitteln, sondern an Genehmigungen für Baumaßnahmen, an Planungs- und Baukapazitäten oder Material. Ebenso hapert es oft an der IT-Kompetenz der Schulen. Für eine moderne digitale Ausstattung müssen Schulen ausgefeilte Bedarfskonzepte vorlegen – aber wer soll diese schreiben? In nicht wenigen Fällen werden externe Beratungen damit beauftragt. Dies zehrt einen nicht unerheblichen Teil der bewilligten Mittel gleich wieder auf. Sinnvoller wäre es, wenn Schulen ihre eigenen IT-Administratoren einstellten, anstatt Lehrerinnen und Lehrer mit IT-Fragen von ihren eigentlichen Aufgaben abzulenken.

Sodann sollten Schulen Orte der Freiheit sein. Sie sollten zur Freiheit erziehen – und ihnen sollte Freiheit gegeben werden. Dies kann die Freiheit über ein ihnen zugewiesenes Budget, über die Schärfung des eigenen Profils im Wettbewerb mit anderen Schulen wie auch eine gewisse Freiheit bei der Auswahl der Lehrer sein. Zugleich müssen – bei aller Freiheit – die Leistungen der Schulen wie auch ihrer Schülerinnen und Schüler vergleichbar sein. Anders ist keine Bildungsmobilität gegeben. Deshalb braucht es bundesweit einheitliche Standards, die gewährleisten, dass der Kanon des vermittelten Wissens bundeslandunabhängig derselbe ist und nach denselben Kriterien abgeprüft wird. Das Deutschlandabitur bleibt, Bildungsföderalismus hin oder her, eine verfolgenswerte Option.

Das Deutschlandabitur bleibt eine Option.

In demselben Maße, in dem Schulen zu Freiheit, Autonomie und Mündigkeit erziehen sollen, sind sie wiederum auch Orte des gesellschaftlichen Zusammenhalts. So kann Schule viel dazu beitragen, dass Kinder deutscher Eltern und solche aus Einwandererfamilien Respekt und Verständnis füreinander und Vertrauen zueinander entwickeln – Integration beginnt im Klassenzimmer. Was dort durch gemeinsames Lernen, Spielen und Lachen an Verbindendem entsteht, ist später schwerer zu trennen. Investitionen an dieser Stelle sind somit auch ein Beitrag zu erhöhter gesellschaftlicher Stabilität. Dabei darf nicht unterschätzt werden, wie schwierig es für Lehrende oftmals ist, Kindern aus Migrantenfamilien die Werte und Verhaltensnormen einer aufgeklärten, pluralistischen Gesellschaft nahezubringen. Das Wissen um diese Werte ist jedoch unabdingbar, damit Integration auch wirklich gelingt und Pausenhöfe nicht in Parallelgesellschaften zerfallen.

Auch die Beschulung von Kindern und Jugendlichen mit Förderbedarf rührt an den Zusammenhalt einer Gesellschaft. In Zeiten der Inklusion nehmen immer mehr Schülerinnen und Schüler Altersgleiche mit körperlichen oder geistigen Einschränkungen in ihrer Mitte auf. Diese Entwicklung ist ebenso begrüßenswert wie zeitgemäß – sie sollte explizit nicht rückgängig gemacht werden. Zugleich müssen Schulen in die Lage versetzt werden, die aus der Inklusion resultierenden Zusatzaufgaben auch erbringen zu können. Eine entsprechende Ausstattung und zusätzliches, geschultes Betreuungspersonal sind dafür unverzichtbar. Dabei ist offenkundig, dass die Inklusionsfähigkeit von Schulen nicht unlimitiert ist. Teilweise ist mit einer obligatorischen Inklusion auch den förderbedürftigen Schülerinnen und Schülern nicht gedient. Daher ergibt es keinen Sinn, spezifische Förderschulen aus übergeordneten, gar ideologischen Gründen zu schließen. Ein Nebeneinander unterschiedlicher Schultypen bildet die Vielfalt der Schülerschaft ab, ermöglicht Wahlchancen und sollte daher aufrechterhalten werden.

Bildung ist keine Ware

Laut Grundgesetz, Artikel 7 Absatz 1 steht das „gesamte Schulwesen (...) unter der Aufsicht des Staates". Zugleich wird in Absatz 4 das „Recht zur Errichtung von privaten Schulen (...) gewährleistet". Private Schulen erhalten eine Genehmigung, sofern sie „in ihren Lehrzielen und Einrichtungen sowie in der wissenschaftlichen Ausbildung ihrer Lehrkräfte nicht hinter den öffentlichen Schulen zurückstehen und eine Sonderung der Schüler nach den Besitzverhältnissen der Eltern nicht gefördert wird". Der Ökonomienobelpreisträger Milton Friedman hatte hinsichtlich einer Privatisierung des Bildungswesens die geringsten Bedenken. Ihm zufolge können „Erziehungsdienstleistungen", wie er es nennt, auch „auf privater Basis von gewinnorientierten Unternehmen angeboten werden". Eltern sollten Bildungsgutscheine ausgereicht werden, die es ihnen ermöglichten, ihre Schüler alternativ auf staatliche oder eben auf private Schulen zu schicken.[203] Friedman vertrat nicht nur in Bildungsfragen einen radikalliberalen Ansatz. Sicher, auch im Bildungssystem können Elemente des Wettbewerbs für Innovation und Fortschritt sorgen. Aber: Bildung ist keine Ware. Im Kern bleibt Bildung, wie von Humboldt durchgesetzt, eine elementare Aufgabe des Staates. Dessen Verantwortung, Heranwachsende in ihrer Persönlichkeitsentwicklung zu unterstützen und sie durch die Vermittlung von Wissen, Differenzierungs- und Urteilsvermögen auf eine sinnstiftende Rolle in einer freiheitlichen Gesellschaft vorzubereiten, darf, zumal unter Gerechtigkeitsaspekten, keinesfalls vollständig dem Markt unterworfen werden.

EINE BÜRGERGESELLSCHAFT, DIE DEN STAAT ENTLASTET

Eine Allianz der Demokratien, mehr Unternehmertum und Selbstständigkeit, Eigenverantwortung in der Altersvorsorge sowie ein Bildungssystem, welches die Urteils- und Differenzierungskraft schärft, können zur Resilienz der offenen Gesellschaft beitragen. Ultimativ muss die Stärkung der freiheitlichen Demokratie jedoch aus dieser selbst kommen – von den Bürgerinnen und Bürgern. Nur wenn sie es als ihre ureigenste Aufgabe betrachten, die Ordnung, in der sie das Privileg haben zu leben, täglich zu verteidigen, wird diese Ordnung den Anfeindungen von außen wie von innen standhalten können. Nicht Ruhe, sondern aktives Engagement ist angesichts multipler Risiken und Bedrohungen „erste Bürgerpflicht" – die Stunde der Bürgergesellschaft ist da.

> Die Stärkung der freiheitlichen Demokratie muss aus ihr selbst kommen – von den Bürgerinnen und Bürgern.

Das Konzept der Bürgergesellschaft führt uns noch einmal zu John Locke zurück. „Diejenigen, die zu einem einzigen Körper vereinigt sind, eine allgemeine feststehende Gesetzgebung und ein Gerichtswesen haben, das sie anrufen können und das genügend Autorität besitzt, die Streitigkeiten unter ihnen zu entscheiden und Verbrecher zu bestrafen, bilden zusammen eine bürgerliche Gesellschaft", schreibt Locke im siebten Kapitel seiner Zweiten Abhandlung über die Regierung.[204] In seinem Anliegen, eine Ordnung zu schaffen, die auf der Herrschaft des Rechts – statt auf dem Recht des Stärkeren – basiert und rechtmäßig erworbenes Eigentum schützt, definiert Locke die bürgerliche Gesellschaft in krasser Abgrenzung zum vorvertraglichen Naturzustand: „(D)as Ziel der bürgerlichen Gesellschaft ist es, die Unzuträglichkeiten des Naturzustandes (…) zu vermeiden und ihnen abzuhelfen, indem eine allen bekannte Autorität eingesetzt wird, die jedes Mitglied der Gesellschaft anrufen kann, wenn es ein Unrecht erlitten hat oder ein Streit entstanden ist."[205] Die bürgerliche Gesellschaft schützt somit vor der naturzuständlichen Anarchie. Sie sichert die Autonomie des mündigen Individuums und ermöglicht ihm die Entfaltung seiner Anlagen und Rechte. Voraussetzung dafür ist, dass die Menschen bereit sind, einer vertraglich grundierten Gemeinschaft bei- und wesentliche Befugnisse, insbesondere die Vollstreckung des Rechts, an dieselbe abzutreten.

Tocquevilles „Assoziationen"

Weiterentwickelt wurde das Konzept der *civil society* sodann von Alexis de Tocqueville. In seinem zweibändigen Werk „Über die Demokratie in Amerika" (1835/40) ging der Jurist und spätere Abgeordnete der Nationalversammlung der Frage nach, wie es den Bewohnern Amerikas offensichtlich gelungen war, ein Gegengewicht zur drohenden Übermacht der zentralstaatlichen Verwaltung zu schaffen. Die Frage war für ihn deshalb relevant, weil er die Gefahr sah, dass der Einzelne zwar das Joch früherer Autoritäten – Monarchie, Adel, Klerus – abgeschüttelt habe, jedoch Gefahr laufe, gleichsam schleichend zum Opfer eines neuen Despoten, namentlich der allmächtigen Bürokratie, zu werden. Das Rezept dagegen sah Tocqueville in den zahlreichen „freien Assoziationen" Amerikas – zivilgesellschaftlichen Vereinigungen unterschiedlichster Art, die es erlauben, Herausforderungen, die sich auf lokaler Ebene stellen, in eigener Regie, auf Basis christlicher Nächstenliebe und ohne Anrufung staatlicher Intervention zu lösen. Diese gelebte Subsidiarität erweise sich als praktisch und lebensnah, entlaste den Staat und könne darüber hinaus als „Schule der Demokratie" betrachtet werden, in der „demokratisches Denken und ziviles Verhalten durch alltägliche Praxis eingeübt" würden, fasst der Politikwissenschaftler Wolfgang Merkel die Einsichten Tocquevilles zusammen. Freie Assoziationen dienten somit „der

Wertebildung und -verankerung von Bürgertugenden wie der Toleranz, der wechselseitigen Akzeptanz, der Zuverlässigkeit, des Vertrauens sowie der Zivilcourage".[206]

Alexis de Tocqueville hob in seinen Ausführungen immer wieder auf das starke sittliche Fundament der amerikanischen Gesellschaft – die *mœurs* – ab und kam in seinem Spätwerk „L'ancien régime et la Révolution" darauf zurück. Derweil entfaltete sich auch im Deutschland des frühen 19. Jahrhunderts eine zunehmend selbstbewusste, die überkommenen Beschränkungen und Verkrustungen der ständischen Gesellschaft abstreifende Bürgerwelt. Diese war stark vom Vereinswesen und hier insbesondere von den zahlreichen patriotischen Vereinigungen geprägt, die sich nach der Niederlage gegen Napoleon gebildet hatten. Das preußische Landrecht gewährte den Bürgerinnen und Bürgern die Vereinigungs- und Versammlungsfreiheit, allerdings bei Untersagung jeglicher politischer Agitation. Umso mehr blühte das Vereinswesen auf den Gebieten des Singens, des Wanderns, des Lesens oder im karitativen Bereich. Hier konnte der Bürger in neu erworbener Freiheit seinen individuellen Bedürfnissen, Neigungen und Talenten nachgehen, anstatt sich in eine starre korporatistische Ordnung einfügen zu müssen. Auf diesem Wege wird das Vereinswesen „bis zur Jahrhundertmitte zu einer sozial gestaltenden, Leben und Aktivität der Menschen prägenden Macht".[207] Interessant dabei: In einem gewissen Umfang bediente sich der Staat der Vereine zur Erledigung von Aufgaben, die staatlicherseits nur bedingt zu erfüllen waren. Letztlich ging es darum, die staatliche Leistungsfähigkeit durch bürgerliche Selbstorganisation zu stärken.[208]

In der zweiten Hälfte des 20. Jahrhunderts zählte Ralf Dahrendorf zu den großen Verfechtern einer lebendigen, kraftvollen Bürgergesellschaft. Der aus Hamburg stammende Soziologe, der sich als Staatssekretär im Auswärtigen Amt sowie als EG-Kommissar in die angewandte Politik begeben hatte, bevor er in Großbritannien zum Lord nobilitiert wurde, sah in der Bürgergesellschaft ein tragendes Element der liberalen Demokratie. Diese bedürfe zwingend einer intermediären Instanz, die den Staat davon abhalte, das Leben der Bürgerinnen und Bürger über Gebühr zu dominieren. Entscheidend für Dahrendorf war, dass den Menschen „Lebenschancen" eröffnet würden und ihnen Raum zur Entfaltung ihrer Veranlagungen und Neigungen gegeben würde. Dabei setzte Dahrendorf nicht ausschließlich auf die selbständige Lebensführung des Einzelnen. Schon gar nicht war er ein Befürworter eines ungezügelten Liberalismus. Ganz im Gegenteil unterstrich er die Notwendigkeit von Bindungen oder, wie er es nannte, „Ligaturen". Eine Bürgergesellschaft zeichne sich (auch) durch „Solidarität stiftende Elemente" aus.[209]

Weiterentwickelt wurde das Konzept der Bürgergesellschaft sodann durch Robert D. Putnam, der den von Pierre Bourdieu eingeführten Begriff des *capital social* (1983) in die Politikwissenschaft übertrug. In seinem Werk „Bowling Alone – The Collapse and Revival of American Community" (2000) untersuchte Putnam den abnehmenden Zusammenhalt in der US-amerikanischen Gesellschaft – die Menschen würden zunehmend allein bowlen anstatt in Gruppen – und kam zu dem Schluss, dass dieser durch freie Assoziationen, Vereine und andere Formen des Gemeinschaftslebens wieder gestärkt werden könne. Getragen würden solche Zusammenschlüsse vom Vertrauen ihrer Mitglieder zueinander. Je mehr gegenseitiges Vertrauen und Bereitschaft zur Kooperation vorhanden seien, desto mehr „soziales Kapital" entstehe.

Dieses soziale Kapital wiederum sei geeignet, soziale Kosten zu verringern, weil Unterstützungsleistungen, etwa für Alte, Arme oder Kranke, seitens der Gesellschaft erbracht würden, anstatt dass der Staat dafür aufkommen müsse.[210]

In Europa – genauer: in Osteuropa – erfuhr das Konzept der Zivilgesellschaft zu Zeiten des Sowjetkommunismus starken Aufwind, als sich in Dissidentengruppen ein immer stärkerer Widerstand gegen die Zwangsherrschaft artikulierte. Die moralische Stärke dieser Gruppen trug nicht unwesentlich dazu bei, dass die Staaten des Warschauer Paktes allmählich erodierten. Auch in den Jahren nach 1989/90 spielten Bürgerrechtler unterschiedlicher Couleur an den legendären „runden Tischen" eine tragende Rolle bei der Errichtung rechtsstaatlicher Systeme in den einzelnen Ländern. Heute stehen bei Staatsbesuchen führender Politiker in autoritären Regimen Gespräche mit Vertreterinnen und Vertretern der jeweiligen Zivilgesellschaft regelmäßig auf dem Programm.

Citoyen statt (nur) Bourgeois

Bei aller Unterschiedlichkeit ist den Konzepten der Zivil- oder Bürgergesellschaft[211] gemein, dass ihr Verständnis davon, was es heißt, ein Bürger zu sein, über den Wirtschaftsbürger deutlich hinausgeht. Statt nur ein *Bourgeois* zu sein, der – frei nach Karl Marx und im Sinne des *Enrichissez-vous!* – seinen Geschäften nachgeht, Kapital akkumuliert und Tantiemen einstreicht, ist der Bürger dazu aufgerufen, sich als *Citoyen* in die gesellschaftlichen Prozesse und Bezüge einzubringen und dort seinen Beitrag zu leisten. Ohne engagierte Bürgerinnen und Bürger, die einen Teil ihrer Zeit und Ressourcen dem Gemeinwesen zur Verfügung stellen, können Staat und Demokratie – so die Befürworter der Bürgergesellschaft – dauerhaft nicht überleben.

An welcher Stelle genau dieses Engagement erfolgen soll, ist wiederum nicht vorgeschrieben. Vielmehr entfaltet sich vor den Augen des Betrachters eine schier unübersehbare Vielfalt an Einbringungsmöglichkeiten. Genannt seien zuvorderst all jene Vereine, Gesellschaften und ehrenamtlichen Initiativen, die alten, kranken und armen Menschen oder auch Geflüchteten bei der Bewältigung ihres alltäglichen Lebens helfen. Manches davon wird über die Kirche und ihre Einrichtungen abgedeckt, anderes über weltliche Institutionen. Stiftungen sind ein tragendes Element der Zivilgesellschaft, indem sie soziale oder kulturelle Projekte finanzieren. Chöre, Buchkreise, Musik- und Kunstgruppen bringen Menschen unterschiedlicher Herkunft aufgrund gemeinsamer Interessen und Neigungen zusammen und fördern den Austausch untereinander. Gemeinsame Ausflüge, Besichtigungen oder Reisen stärken den Zusammenhalt, so wie dieser auch in Wandergruppen, Schützen- oder Karnevalsvereinen gepflegt wird.

Millionen von Menschen sind Mitglieder in Sportvereinen, viele von ihnen übernehmen dort Verantwortung als Jugendtrainer, Platzwarte oder Schiedsrichter – auch das stärkt Gemeinsinn und Mannschaftsgeist. Schulen werden durch (zumeist von Eltern und Ehemaligen finanzierte) Trägervereine unterstützt und können sich dadurch Anschaffungen leisten, die ihre eigenen, staatlichen Budgets nicht zulassen. Lesepaten gehen, koordiniert beispielsweise durch Wirtschaftsverbände,[212] an diese Schulen und helfen Kindern mit Migrationshintergrund dabei, die deutsche Sprache zu erlernen. Wahlhelfer tragen dazu bei, dass unsere Demokratie funktioniert. Arbeitnehmerinnen und Arbeitnehmer bündeln ihre Interessen in Gewerkschaften und gehen für höhere Löhne auf die Straße. Derweil engagieren sich um das Klima besorgte Menschen in Bürgerinitiativen oder Nichtregierungsorganisationen und artikulieren ihre Forderungen gegenüber Politik und Unternehmen – auch dies eine Form des zivilen Engagements. Überhaupt lässt sich die These vertreten, dass die Wahrnehmung der Meinungsfreiheit, also das Sicheinbringen in den öffentlichen, kontroversen Diskurs eine Form des bürgerschaftlichen Engagements darstellt. Schließlich geht es – idealtypisch gesprochen – darum, im Wettstreit der Meinungen und Argumente zur besten Lösung für das Gemeinwesen zu kommen.

Ein Sonderfall ist das Engagement in politischen Parteien. Streng genommen, stellen diese keinen Teil des zivilen Raums dar. Andererseits: Wer einer Partei beitritt, vielleicht eine Funktion oder ein Amt übernimmt, an der Ausarbeitung von Positionen und Programmen mitarbeitet, um diese anschließend auf einem Parteitag zur Diskussion zu stellen, leistet einen Beitrag zur Vitalität seiner Partei – und damit, sofern diese auf dem Boden der freiheitlich-demokratischen Grundordnung steht, auch zur Stabilität und Weiterentwicklung unserer Demokratie. Dazu bedarf es gar keiner Übernahme eines Parlamentsmandats, im Gegenteil: Parteien leben von ihren Zigtausenden oder auch Hunderttausenden von Mitgliedern, denen die Arbeit an konkreten Themen und Anliegen mindestens so wichtig ist wie die Erringung eines Mandats. Hier spielt auch hinein, dass die Übernahme eines Mandats ab einer bestimmten Ebene den Wechsel vom zivilen in den politischen Sektor nach sich zieht. Spätestens dann aber passt der Begriff vom bürgerschaftlichen Engagement nicht mehr – Mandatsträger werden schließlich vom Staat bezahlt.

Netzwerke und Ressourcen

Welche Herausforderungen stellen sich mit Blick auf die Zukunft der – so dringend benötigten – Bürgergesellschaft? Da ist die Frage, wer sich das entsprechende Engagement überhaupt leisten kann – wer also die Zeit und die Ressourcen hat, um sich ohne Eigennutz einem bestimmten Thema, einem Menschen oder einer Gruppe von Menschen zuzuwenden. Hier sind materiell besser gestellte Menschen sicherlich im Vorteil und somit auch stärker gefordert. Sie verfügen in der Regel über die Netzwerke, die es braucht; über Infrastrukturen und Logistik und nicht zuletzt über das mitunter eben auch benötigte Geld. Es ist kein Wunder, dass hinter wesentlichen Ausprägungen des bürgerschaftlichen Engagements – Stiftungen, karitativen Einrichtungen, Museen – Angehörige der wohlhabenden Schichten stehen. Das war im 19. Jahrhundert in der Blütephase des liberalen Bürgertums etwa in Frankfurt, in den Industriezentren an Rhein und Ruhr oder in den norddeutschen Hansestädten so und setzt sich im Prinzip bis heute fort. In diesen Kreisen ist es Teil des Selbstverständnisses als *citoyen*, sich für das Gemeinwesen zu engagieren. Man weiß, dass weniger begüterte Menschen dazu weniger imstande sind, und engagiert sich deshalb umso mehr.

Eine andere Frage ist, inwieweit der Staat zivilgesellschaftliches Engagement unterstützen oder gar finanziell fördern sollte. Streng genommen, ist es ein Widerspruch, würde ziviles Engagement erst infolge einer finanziellen Zuwendung durch den Staat seine erhoffte Wirkung entfalten – der Charme und die Kraft des Nichtstaatlichen kämen abhanden. Tatsächlich ist es aber so, dass der Staat immer mehr Vereinen, Initiativen und Nichtregierungsorganisationen gezielt und mit nicht unerheblichen Beträgen unter die Arme greift. So können Vereine, Netzwerke oder vergleichbare Zusammenschlüsse sich in Form von Projektanträgen um öffentliche Gelder bewerben, die im Rahmen bestimmter Programme etwa durch das Bundesfamilien- oder das Bundesumweltministerium vergeben werden. Das Anliegen der Antragsteller dabei ist nur allzu verständlich – sie erhalten finanzielle Planungssicherheit. Dass durch Inanspruchnahme einer staatlichen Zuwendung aber ein wichtiges Stück Unabhängigkeit verloren geht, gehört zur Wahrheit dazu. Hier sollte es nicht zu Vermengungen kommen. Schon gar nicht darf der Eindruck entstehen, dass die jeweilige Regierung sich ihre Unterstützergruppen selbst heranzüchtet. Nichtregierungsorganisationen verdienen diese Bezeichnung nicht mehr, wenn sie in Wahrheit von der Regierung mitfinanziert werden. Viel wichtiger und sinnvoller ist, dass der Staat in Demokratieerziehung investiert. Stark ist die Bürgergesellschaft, wenn sie sich gegenüber dem Staat positioniert, nicht als ein Anhängsel von ihm.

Gemeinsinn stärken – durch ein Bürgerjahr

Kontrovers diskutiert wird, ob der Staat junge Bürgerinnen und Bürger zu einem zeitlich befristeten, vergüteten Dienst an Staat und Gesellschaft verpflichten sollte, wie einst durch Wehrpflicht oder Zivildienst. Die Pflicht dazu wurde (unter anderem) abgeschafft, weil an der Gerechtigkeit der Einberufung zu einem solchen Dienst gezweifelt wurde. Die einen mussten dienen, an anderen ging der Kelch vorbei. Heute wird denen, die zur Dienstpflicht zurückkehren wollen, entgegengehalten, dass man dies der durch Corona ihrer Entfaltungsmöglichkeiten beraubten jungen Generation nicht antun könne. Von Freiheitsentzug ist die Rede.

Sicher, die Entbehrungen während der Pandemie waren hart, vieles kann nicht wieder aufgeholt werden. Dennoch sollte die Debatte unaufgeregt geführt werden. Vor unserer Gesellschaft liegen dramatische Herausforderungen im sozialen, im Bildungs-, im klima- sowie im sicherheitspolitischen Bereich. Schule, Pflege der Alten, Eingliederung von Geflüchteten, Naturschutz, Verteidigung – die Liste der Aufgaben, die einer großen gesellschaftlichen Anstrengung bedürfen, wird immer länger. Der Staat ist finanziell, aber auch technologisch und infrastrukturell an seinen Grenzen angelangt, er *kann* diese Aufgaben in der ganzen Breite nicht mehr wahrnehmen. Hier kommt die Zivilgesellschaft, hier kommen Bürgerinnen und Bürger ins Spiel: Ein temporärer Dienst – gegebenenfalls als „Bürgerjahr" oder „Engagementjahr" zu bezeichnen –

schafft Solidarität, stärkt den Gemeinsinn und erhöht die Resilienz des Gemeinwesens. Wer der Verpflichtung partout nicht nachkommen will, dem kann eine Opt-out-Möglichkeit mit Begründungspflicht eingeräumt werden. Allen, die einen entsprechenden Dienst an Staat und Gesellschaft jedoch erbringen, winkt etwas, das zuletzt erkennbar verloren gegangen ist, aber maßgeblich zur Stärkung der Demokratie beiträgt: Bürgerstolz.

EUROPA ALS RAUM DER **FREIHEIT** UND DES RECHTS

D ie Freiheit ist ein zutiefst europäisches Projekt. Erasmus von Rotterdam wuchs in den burgundischen Niederlanden auf. John Locke und John Stuart Mill waren Engländer, Adam Smith Schotte, Montesquieu Franzose, Kant Ostpreuße. Popper und von Hayek[213] stammten aus Österreich, während Milton Friedmans Eltern aus der Karpato-Ukraine nach Amerika ausgewandert waren. Der Gedankenschatz, zu dem jeder dieser großen Denker entscheidende Facetten hinzufügte, bildet bis heute den ideellen Kern der Gemeinschaft europäischer Staaten: Demokratie, Gleichheit vor dem Gesetz, Menschenrechte, Pluralismus, Rechtsstaatlichkeit. Gesellschaften, die diese Werte verinnerlichen und mit Erfolg gegen äußere und innere Anfechtungen verteidigen, sind freie Gesellschaften.

Jedoch ist Freiheit in unseren Zeiten alles andere als garantiert: Autoritäre Tendenzen und Regime in aller Welt, Anschläge auf die Gewaltenteilung, Einschränkungen der Medienfreiheit, aber beispielsweise auch ein wachsender Staatseinfluss auf das Wirtschaftsgeschehen setzen die Freiheit unter Druck. Hinzu kommen neuartige Bedrohungsformen im Cyberspace, wie etwa Bewusstseinsmanipulationen durch gezielte Falschmeldungen, Hackerangriffe auf kritische Infrastrukturen oder unbemerkte Ausspähungen. Und während der Klimawandel unsere, vor allem aber die Freiheit künftiger Generationen einzuschränken droht, haben Populisten von rechts ebenso wie linke Extremisten bis hin zur selbsternannten „Letzten Generation" ein erkennbar gestörtes Verhältnis zu Rechtsstaat und Demokratie.

Die Europäische Union ist gefordert, das hohe Gut der Freiheit zu schützen und Europa als Raum der Freiheit und des Rechts zu stärken. Zugleich geht es darum, angesichts zunehmender sozialer Verwerfungen den gesellschaftlichen Zusammenhalt zwischen Helsinki und Sizilien, zwischen Lissabon und Bukarest wiederherzustellen. Nur eine den Zusammenhalt fördernde Union ist eine starke Europäische Union. Was ist also zu tun?

Eine europäische Armee aufstellen

Priorität hat angesichts der veränderten geopolitischen Lage die Schaffung einer europäischen Sicherheits- und Verteidigungsunion in enger Abstimmung mit der NATO. Der Zustand, dass jedes EU-Land seine eigene Armee, sein eigenes Verteidigungsministerium, seinen eigenen Generalstab und – in vielen Fällen – seine eigene Rüstungsindustrie unterhält, ist anachronistisch. Zudem birgt er die Gefahr, dass ein potentieller Aggressor einzelne EU-Staaten gegeneinander auszuspielen versucht. Damit es dazu nicht kommt, muss die EU eine einheitliche, wirksame Abschreckungskulisse aufbauen, die von einer verteidigungspolitischen *avant-garde*[214] errichtet und sukzessive von allen Mitgliedstaaten mitgetragen wird. Tragende Elemente einer solchen Abschreckungsallianz wären ein integrierter Generalstab, ein gemeinsames Headquarter sowie eine gemeinsame Übungs- und Einsatzplanung. Folgend sollten die Mitgliedstaaten auch die Beschaffung militärischen Geräts eng aufeinander abstimmen und letztlich vergemeinschaften. Ultimativ kann und sollte die Integration von immer mehr sicherheits- und verteidigungspolitischen Aktivitäten in die Schaffung einer gemeinsamen europäischen Armee münden. Eine solche wird es für einen potentiellen Angreifer noch weniger lohnend erscheinen lassen, einen Schlag gegen einen Mitgliedstaat zu wagen – er hätte es sofort mit der geballten Militärmacht der Europäischen Union zu tun. Im Übrigen wäre eine europäische Armee mit maximal gemischten Verbänden wie kaum ein anderes Vehikel (außer dem Euro und den Erasmus-Programmen) geeignet, den europäischen Gedanken zu stärken.

Je mehr die Generalstäbe und Truppen zusammenwachsen, desto naheliegender wird es zudem, die zahlreichen nationalen Rüstungshersteller zu einem übergreifenden europäischen Konglomerat zusammenzufügen. Innerhalb eines solchen Konglomerats könnten die Hersteller in den einzelnen Mitgliedstaaten sich auf ihre jeweiligen technologischen Kernkompetenzen fokussieren. Derzeit konkurrieren innerhalb der EU Hersteller von Kampfpanzern, Raketen, Hubschraubern und Jets miteinander. Das führt, wie die Auseinandersetzungen um Waffenlieferungen an die Ukraine deutlich zeigen, zu nicht ungefährlichen Irritationen und stellt zudem offenkundig eine Vergeudung von Ressourcen dar. Umso besser, dass die Entwicklung der nächsten Kampfflugzeuggeneration *(Future Combat Air System* – FCAS) nationenübergreifend angegangen wird. Auch gebührt Bundeskanzler Olaf Scholz (SPD) Unterstützung für seinen Vorschlag eines europäischen Raketenabwehrsystems *(European Sky Shield Initiative* – ESSI).

Zur Wirksamkeit einer europäischen Abschreckung gehört ferner zwingend eine atomare Erstschlagskapazität. Über diese verfügt nach dem Austritt Großbritanniens aus der EU einzig Frankreich. Dessen Präsident Emmanuel Macron hat Bereitschaft signalisiert, EU-Partner an dieser Kapazität teilhaben zu lassen. Eine Konkretisierung des Angebots steht aus. Jedoch sollten die EU-Staaten, allen voran Deutschland, das Angebot ernsthaft prüfen und sich von Paris die konkreten Bedingungen der Teilhabe aufzeigen lassen. Heute verlässt sich Europa zu weiten Teilen auf den Schutz des US-amerikanischen Nuklearschirms, ohne den die EU nach Ansicht der meisten Experten wehrlos wäre. Was aber bedeutet es sicherheitspolitisch für Europa, wenn die USA einen immer größeren Teil ihrer Ressourcen auf die säkulare Auseinandersetzung mit China verwenden? Dass Amerika den europäischen Kontinent bis in alle Ewigkeit gegen jegliche Aggression unterstützen oder militärisch verteidigen wird, ist – zumal mit Blick auf die äußerst fragile politische Lage in den Vereinigten Staaten, Stichwort „America first" – alles andere als gesichert. Der EU bleibt deshalb gar keine Wahl, als – in enger Abstimmung mit der NATO – verteidigungspolitisch erwachsen zu werden. Wenn die französische *force de frappe* dazu einen wichtigen Beitrag leisten kann, dann sollte eine entsprechende Offerte ernsthaft geprüft und in die weiterführenden Planungen einbezogen werden.

Den Binnenmarkt vollenden

Die Stärkung Europas muss sodann eine ökonomische sein – nur ein ökonomisch starkes Europa kann die erforderliche Resilienz gegen Anfechtungen von innen und außen entwickeln. Dies bedeutet aber keineswegs, dass es Aufgabe der EU-Behörden ist, im Namen der „Souveränität" vermeintliche Zukunftsindustrien zu definieren und deren Aufbau massiv zu subventionieren. Eine solche Industriepolitik im Stil der französischen *planification* hebelt Markt und Wettbewerb als Entdeckungsverfahren aus, beschneidet das Prinzip der Technologieoffenheit und bringt eine Anmaßung von Wissen zum Ausdruck, über welches die Behörden in Brüssel beim besten Willen nicht verfügen können. Statt eine gigantische, zentralistische Planungsmaschinerie in Gang zu setzen, sollten die

EU-Beamten sich darauf konzentrieren, eines der Kernprojekte der EU, namentlich den europäischen Binnenmarkt, weiter zu stärken. Der Binnenmarkt, in dem Waren, Dienstleistungen, Kapital und Menschen ungehindert zirkulieren können sollen, bildet die ökonomische Basis der Europäischen Union. Die genannten vier Grundfreiheiten sind konstitutiv für die EU als Raum der Freiheit.[215] Allerdings sind der vierfachen Freizügigkeit im Binnenmarkt noch immer Grenzen gesetzt. So fehlt es an universalisierbaren Mindeststandards für die Zulassung einzelner Produkte. Arbeitnehmerinnen und Arbeitnehmer können nur unter Erfüllung strenger Auflagen eine Tätigkeit im EU-Ausland aufnehmen. Studien- und Berufsabschlüsse werden nicht überall gleichermaßen anerkannt. Die Kapitalmarkt- wie auch die Bankenunion sind unvollendet. So weichen beispielsweise Insolvenzregeln oder Rechnungslegungsvorschriften voneinander ab.[216]

Besonders augenfällig sind die Defizite im Bereich der leitungsgebundenen Infrastrukturen: So kann ernsthaft weder von einer Digitalunion im Sinne eines EU-weiten Breitbandverbunds noch von einer Energieunion die Rede sein. Auch die transeuropäischen Verkehrsnetze entsprechen nicht den Erwartungen und Anforderungen von 500 Millionen EU-Bürgern und über 20 Millionen kleinen und mittelgroßen Unternehmen hinsichtlich einer EU-weiten Mobilität. Wachstumspotentiale innerhalb des Binnenmarktes bleiben dadurch ungenutzt. Eine Europapolitik, die die Gemeinschaft stärker und widerstandsfähiger machen will, sollte speziell hier ansetzen. Zugleich muss Europa sich stärker für den globalen Freihandel engagieren, anstatt – etwa durch CO_2-Zölle oder Quoten für lokale Wertschöpfung als Antwort auf den *Inflation Reduction Act* der Vereinigten Staaten – neue Handelsbarrieren hochzuziehen. Freier Handel ist nicht nur wohlstandsfördernd, sondern auch friedensstiftend, wussten bereits Immanuel Kant und Charles de Montesquieu.

Ein starkes Europa setzt zudem solide Finanzen und eine stabile Währung voraus. Der Garant dafür waren bis zuletzt die sogenannten Maastricht-Kriterien, denen zufolge die Haushaltsdefizite der einzelnen Mitgliedstaaten nicht mehr als drei Prozent und die staatliche Gesamtschuld nicht mehr als sechzig Prozent des Bruttoinlandsprodukts betragen dürfen. Diese Restriktionen wurden jedoch bereits 2003 durch den damaligen Bundeskanzler Gerhard Schröder (SPD) und den französischen Staatspräsidenten Jacques Chirac außer Kraft gesetzt. Angesichts der schlechten wirtschaftlichen Lage in beiden Ländern hielten Schröder und Chirac es seinerzeit „nicht für vorrangig, die Haushalte in Ordnung zu bringen". Chirac waren zudem durch das Versprechen von Steuersenkungen die Hände gebunden.[217] Dem Pragmatiker Schröder kam es nur zupass, dass sein Partner in Paris ihm dabei half, das Korsett von Maastricht zu sprengen.

Zwanzig Jahre später soll Maastricht nun vollends aus den Angeln gehoben werden. So schlägt der aus dem hochverschuldeten Italien stammende EU-Kommissar für Wirtschaft und Währung, Paolo Gentiloni, vor, dass die Mitgliedstaaten hinsichtlich ihrer Staatsverschuldung künftig individuell und unter Berücksichtigung ihrer spezifischen Lage beurteilt werden statt nach EU-weit einheitlichen Maßstäben. Das Ziel ist klar: Hochverschuldeten Staaten sollen laxere Bedingungen für den Abbau ihrer Schulden gewährt werden. So soll die bislang gültige Ein-Zwanzigstel-Regel, nach der jeder Staat mit einer Schuldenquote von mehr als 60 Prozent der Wirtschaftsleistung jährlich ein Zwanzigstel der Differenz zu 60 Prozent reduzieren muss, kassiert werden. Die Schulden werden dadurch in „ewige Schulden" verwandelt, um deren Abbau sich die nächste, vielleicht sogar erst die übernächste Regierung zu kümmern hat, nicht aber die gerade im Amt befindliche. Damit sind staatlich finanzierten, keynesianistischen Ausgabeprogrammen, mit denen amtierende Regierungen sich ihre Wiederwahl sichern wollen, Tür und Tor geöffnet. Europa würde dadurch geschwächt, nicht gestärkt. Im nachlässigen Umgang mit Schulden liegt eine Gefahr für die Europäische Union. Ohnehin ist die finanzielle Situation der EU fragiler geworden, seit sich die EU im Zuge der Einrichtung des Corona-Wiederaufbaufonds erstmals das Recht eingeräumt hat, selbst Schulden im Umfang von 750 Milliarden Euro am Kapitalmarkt aufzunehmen. Es war allen voran Bundeskanzlerin Angela Merkel (CDU), die diesem epochalen Kurswechsel im Namen einer gesamteuropäischen Solidarität die Bahn bereitete. Aber auch der damalige Finanzminister Olaf Scholz und seine Berater hatten wesentlichen Anteil an diesem Paradigmenwechsel – auch „Hamilton-Moment" genannt[218] –, der in Wahrheit nichts weniger als einen Tabubruch darstellt. Seither ist die EU, allen Beteuerungen zum Trotz, eine Schuldenunion. Dies untergräbt die Stabilität der Gemeinschaft. Stark und souverän wird Europa dauerhaft nur sein, wenn es seine Finanzen wieder in die Balance bringt.

> Stark und souverän wird Europa dauerhaft nur sein, wenn es seine Finanzen wieder in die Balance bringt.

Den Rechtsstaat EU-weit durchsetzen

Unabdingbar für die innere und äußere Stärke der EU ist sodann die Bewahrung der Rechtsstaatlichkeit. Was mehr als selbstverständlich klingt, ist in jüngerer Vergangenheit zum Gegenstand heftigster Auseinandersetzungen geworden. So müssen Polen und Ungarn, wie beschrieben, sich des Vorwurfs erwehren, die Unabhängigkeit der Justiz sowie das Recht auf freie Meinungsäußerung wiederholt und vorsätzlich verletzt zu haben. Schlüsselpositionen der polnischen Justiz wurden mit Gefolgsleuten der Regierungspartei PiS besetzt, während in Ungarn Journalisten aufgrund kritischer Berichterstattung mitunter die Akkreditierung entzogen wird.

Dagegen aus Brüssel heraus mit aller Entschiedenheit vorzugehen, heißt auch, das geistige Erbe Charles de Montesquieus und Immanuel Kants zu verteidigen. Es ist, mit Karl Popper gesprochen, geradezu die Berufung Europas, eine offene Gesellschaft zu bleiben. Deshalb ist es, auch um der Glaubwürdigkeit der EU willen, unabdingbar, dass diese zu harten Sanktionen bis hin zur Nichtgewährung von Strukturfondsmitteln greift, wenn einzelne Mitgliedstaaten aus dem Konsens der Rechtsstaatlichkeit ausscheren. Schritte die EU hier nicht mit aller Härte ein, wäre es um ihre Identität und Reputation als Raum der Freiheit und des Rechts geschehen.

Für Menschenrechte eintreten – weltweit

Europa ist im Sinne einer *responsibility to address* dazu befugt, Missstände öffentlich anzuprangern.

Je eindeutiger die EU sich im Innern zur Herrschaft des Rechts bekennt, desto mehr hat sie das Mandat, auch nach außen, auf der Weltbühne, für Freiheit, Rechtsstaat und Menschenrechte einzutreten. Ob gegenüber China oder Russland, gegenüber der Türkei oder dem Iran: Europa ist im Sinne einer *responsibility to address* dazu befugt, angesichts der eklatanten Menschenrechtsverstöße in diesen und vielen weiteren Staaten, etwa im arabischen Raum, seine Stimme zu erheben und Missstände öffentlich anzuprangern. Dies bedeutet nicht, dass von den genannten Staaten erwartet wird, dass sie ihr Staats- und Gesellschaftsmodell, gar kurzfristig, abschaffen, um es zu einhundert Prozent durch den liberalen Verfassungsstaat zu ersetzen. Dies widerspräche der Tradition vieler Staaten, die es zu respektieren gilt. Dennoch hat Europa als Ursprungskontinent der Aufklärung das Recht und auch die Pflicht, an andere Regime zu appellieren, auf die Mittel der Willkür und des Zwangs zu verzichten und den Menschen stattdessen Freiheit, Würde und individuelle Entfaltungsräume zu gewähren. Darin verdichtet sich das Selbstverständnis der Europäischen Union, und daraus resultiert die Mission, dieses

Selbstverständnis im zunehmend unerbittlichen Systemwettbewerb unserer Zeit auch vernehmbar zu artikulieren.

Die EU-Kommission verkleinern

Nach innen geblickt, sollte beherzt und ohne Scheuklappen eine Reform der EU-Institutionen angegangen werden. So ist nicht einsehbar, warum es einer Kommission mit nicht weniger als 27 Mitgliedern bedarf. Teilweise werden Orchideenressorts – „Förderung unserer europäischen Lebensweise", „Demokratie und Demografie" – neu geschaffen, nur damit jeder Mitgliedstaat einen Sitz in der Kommission erhält. Dabei würden 15 bis 18 Kommissarinnen und Kommissare vollkommen genügen. Hier geht es auch um politische Handlungsfähigkeit. Staaten, die während einer Legislatur keinen Kommissionssitz erhalten, können durch die Leitung wichtiger Generaldirektionen oder Spitzenämter in anderen europäischen Institutionen und Behörden entschädigt werden.

Die Zusammensetzung des EU-Parlaments überprüfen

Überprüft werden sollte auch ein weiterer Webfehler im EU-Institutionengefüge, nämlich das Wahlrecht zum Europäischen Parlament. Die Wahlen zum EP sind allgemein, frei, geheim und direkt – aber sie sind nicht gleich. Vielmehr ist das EP nach dem Prinzip der „degressiven Proportionalität" zusammengesetzt. Dies bedeutet, dass Mitgliedstaaten mit geringer Bevölkerungszahl überproportional stark vertreten sind, während die bevölkerungsstarken Mitgliedsländer, gemessen an der Zahl ihrer Abgeordneten, unterrepräsentiert sind.[219] Konkret: Während auf Deutschland (83 Millionen Einwohner) 96 Sitze entfallen, stellt Malta (514000 Einwohner) 6 Abgeordnete. Würde man auf Malta denselben Berechnungsschlüssel anwenden wie auf Deutschland, könnte der Inselstaat nicht einmal einen vollen Abgeordneten entsenden. Selbstredend kommt ein solcher vollständiger Ausschluss nicht in

Frage. Dennoch ist eine Überprüfung des bestehenden Schlüssels –
auch mit Blick auf eventuelle künftige Neumitglieder der EU (und
um den mächtigen Boulevardblättern in einigen EU-Ländern den
Wind aus den Segeln zu nehmen) – angezeigt.

Eine große EU-Institution nach Mittelosteuropa verlagern

Unabhängig von ihrer Größe und Zusammensetzung ist im
Übrigen nur noch bedingt nachvollziehbar, dass auch mehr als
dreißig Jahre nach dem Ende des Kalten Krieges alle relevanten
EU-Institutionen ihren Sitz in Brüssel (Kommission), Straßburg
(Parlament), Luxemburg (EuGH) und Frankfurt (EZB) haben.
Dadurch wird dem Europa Konrad Adenauers, Robert Schumans
und Alcide de Gasperis und somit dem Gründergeist der 1950er
Jahre gehuldigt. Mehr als sieben Jahrzehnte später ist jedoch der
Zeitpunkt gekommen, den neuen Realitäten in Europa – namentlich der Eingliederung Mittel- und Osteuropas in die EU – Rechnung zu tragen. Angezeigt wäre die Verlagerung des Hauptsitzes
mindestens einer tragenden EU-Institution in eines der beigetrete-
nen Länder. Nach Lage der Dinge und angesichts einer nicht wirklich zufriedenstellenden Akzeptanz der EU in der breiten Bevölkerung könnte dies das EU-Parlament sein. Eine geografische Neu-
verankerung der Volksvertretung Europas könnte die Debatte
über den Wert Europas befeuern, Europa sichtbarer machen und
eine Art Neugeburt der EU bewirken. Als neuer Sitz für das Europäische Parlament käme beispielsweise – völlig losgelöst von den
gegenwärtigen innenpolitischen Verhältnissen in
Polen – die Stadt Danzig in Frage: Schließlich war
es die Solidarność-Bewegung auf der Lenin-Werft ab
1980, die den Funken der Freiheit entzündete, der
neun Jahre später zum Einsturz der Berliner Mauer
und zum Zusammenbruch des Sowjetkommunismus
führte. Bei allen Differenzen, die es in einer Gemeinschaft von 27 Staaten naturgemäß gibt, sollte die

Als neuer Sitz für
das Europäische
Parlament käme
beispielsweise
die Stadt Danzig
in Frage.

Erinnerung an diesen historischen Moment – „Die Freiheit führt das Volk!" – den notwendigen Kitt bieten, der die Europäische Union auch künftig zusammenhält. Die Verlagerung des EU-Parlaments nach Danzig[220] würde weltweit – ob in Moskau oder Istanbul, in Peking oder Pjöngjang – als ein Fanal wahrgenommen, dass mit der EU als Ort der Freiheit, der Gewaltenteilung und des Rechts im Geiste John Lockes, Charles de Montesquieus und Immanuel Kants auch künftig zu rechnen ist.

Die Kerneuropa-Idee wiederbeleben

Zur Stärkung der Handlungsfähigkeit der EU sollte die „Kerneuropa"-Idee wiederbelebt werden. 1994 veröffentlichten die CDU-Politiker Karl Lamers und Wolfgang Schäuble ihre „Überlegungen zur europäischen Politik", denen zufolge „die Länder, die in ihrer Kooperation und in der Integration weiter zu gehen willens und in der Lage sind als andere, nicht durch Veto-Rechte anderer Mitglieder blockiert werden dürfen". Deutschland, Frankreich und die drei Beneluxstaaten sollten den „festen Kern" einer politischen Union bilden und ihre Geld-, Fiskal-, Wirtschafts- und Sozialpolitik noch enger als bisher abstimmen. Die Idee löste quer durch Europa heftige Reaktionen aus, wobei als wichtigstes Gegenargument ins Feld geführt wurde, dass weniger integrationswillige Staaten durch ein Voranpreschen des Kerns abgehängt würden. Davon unbenommen, wurde mit dem Vertrag von Amsterdam 1997 die Option der verstärkten Zusammenarbeit eingeführt, bei der mindestens neun EU-Staaten eine erweiterte Integration vereinbaren können, ohne dass sich die anderen EU-Staaten daran beteiligen müssen. Dieser Ansatz sollte schon allein deswegen reaktiviert werden, weil das – nicht zuletzt von Bundeskanzler Olaf Scholz (SPD) propagierte – Vorhaben, das Einstimmigkeitsprinzip im EU-Rat abzuschaffen, auf erhebliche Widerstände einzelner Mitgliedstaaten stößt. Solange aber an der Einstimmigkeit festgehalten wird, bleibt die EU-27 auf vielen wichtigen Feldern blockiert. Um diese Blockade zu lösen, könnten und sollten ausgewählte Mitgliedstaaten etwa bei der Energiesicherheit oder weiteren Maßnahmen zur Erhöhung europäischer Souveränität ebenso pragmatisch wie beherzt vorangehen und Fakten schaffen. Dabei muss kein Mitgliedstaat befürchten, abgehängt zu werden. Wenn ein beschleunigtes Vorgehen der Willigen, etwa bei Rüstung oder Energie, zu mehr Resilienz gegenüber Russland, China und anderen autoritären Regimen führt, profitieren alle 27 EU-Mitgliedstaaten davon.[221]

Beitrittskandidaten in die Europäische Politische Gemeinschaft aufnehmen

Es bleibt die Frage, bis wohin die Europäische Union künftig reichen wird. Schon heute ist die EU mit 27 Mitgliedstaaten nur noch schwer steuerbar. Die Zentrifugalkräfte nehmen zu, während die Erinnerung an das Europa der Sechs – die Montanunion von 1951/52 – immer weiter schwindet. Schon die vier Erweiterungsrunden seit dem Fall des Eisernen Vorhangs (1995, 2004, 2007, 2013) mit insgesamt 16 Neumitgliedern haben die EU fundamental verändert und ihren geografischen Schwerpunkt verlagert. Nun steht der Westbalkan mit Albanien, Bosnien-Herzegowina, Montenegro, Nordmazedonien, Serbien und potentiell dem Kosovo vor der Tür. Auch über eine Mitgliedschaft der Ukraine, Moldaus und perspektivisch Georgiens wird zu verhandeln sein. Selbst wenn ein Beitritt der Türkei auf absehbare Zeit ausscheidet, sprechen wir somit über eine EU von bis zu 36 Mitgliedern.[222] Es ist äußerst fraglich, ob ein derart riesiger Verbund noch dieselbe Integrationstiefe wird aufweisen können wie die EU-27. Auch ist fraglich, wie ein solcher Verbund, dessen potentielle Neumitglieder wirtschaftlich gesehen überwiegend zuschussbedürftig sind, solide finanziert werden soll – von einer sicherheits- und verteidigungspolitischen Zusammenarbeit ganz zu schweigen. Vieles spricht deshalb dafür, Präsident Macrons Vorschlag einer Europäischen Politischen Gemeinschaft weiterzuverfolgen. Eine solche Gemeinschaft wür-

de es ermöglichen, die besagten Staaten näher an die EU heranzu-
ziehen, ohne dass sie sofort zu Vollmitgliedern würden. So könnte
mit diesen Staaten zunächst eine Freihandelszone gebildet werden.
Dies würde ihnen messbare materielle Vorteile verschaffen, ohne
die EU der Gefahr eines *overstretch* auszusetzen.

Letztlich verkörpert die Europäische Politische Gemeinschaft, frei nach Michel Houellebecq, eine „Ausweitung der *Freiheits*zone". Parallel zu dieser Ausweitung sollten, wie beschrieben, diejenigen Vollmitglieder der heutigen EU, die sich ein Voranschreiten in Richtung einer höheren Integrationsstufe zutrauen, diesen Weg auch gehen. Sie würden dadurch gegenüber all jenen, die unsere Freiheit bedrohen, ein Signal der Entschlossenheit, der Stärke und der Widerstandskraft aussenden und klarmachen, dass der von Peter Sloterdijk konstatierte „kulturelle Belagerungszustand" keineswegs tatenlos hingenommen wird.

> Vieles spricht dafür, Präsident Macrons Vorschlag einer Europäischen Politischen Gemeinschaft weiterzuverfolgen.

AUSBLICK

Das Anliegen dieses Buches besteht darin, das Bewusstsein dafür zu schärfen, dass unsere Freiheit niemals garantiert ist. Zugleich geht es darum, Fragen, die um das Thema Freiheit kreisen, in einer Weise zu verhandeln und letztlich auch zu entscheiden, die Gewähr dafür bietet, dass möglichst viele Menschen sich verstanden und berücksichtigt – neudeutsch: „mitgenommen" – fühlen. An Fragen dieser Art wird es auch in naher Zukunft nicht mangeln.

So werden wir verstärkt darauf zu achten haben, ob von den jüngsten Erscheinungsformen der *künstlichen Intelligenz* (ChatGPT4) neuartige Gefährdungen unserer Freiheit ausgehen könnten. In der Tendenz sind diese lernenden, auf Mustererkennung basierenden Systeme geeignet, uns das Suchen, Sortieren und Schreiben abzunehmen. In dem Maße, in dem unser Gehirn dadurch unterbeansprucht wird, könnte aber auch unser kritisches Denk- und Differenzierungsvermögen verkümmern – mit potentiell bedrohlichen Folgen für die Widerstandskraft unserer freiheitlichen Demokratie.

Das *Klimaschutz*urteil des Bundesverfassungsgerichts von 2021 suggeriert, dass die Freiheit künftiger Generationen bedroht ist, wenn heute zu wenig unternommen wird, um die Erderwärmung aufzuhalten. Konsequent angewandt, bedeutet dies, dass die heute Lebenden sich nicht unerheblichen Beschränkungen unterwerfen müssen, um die Freiheit ihrer Nachfahren zu sichern. Aber wie weit dürfen diese Freiheitsbeschränkungen gehen, ohne die Freiheitsrechte in der Gegenwart über Gebühr zu verletzen? Werden wir demnächst keine Flugzeuge mehr besteigen – und wann kommt das Tempolimit? Die Anwälte der nächsten Generation sollten als Chance begreifen, dass es fast immer mehr als eine technologische Lösung gibt. Freiheitsfreunde wiederum müssen ihre Begründungsmuster schärfen, um liberale Postulate mit dem Nachhaltigkeitsgebot in Einklang zu bringen.

Auf einem ganz anderen Gebiet, dem der *Sterbehilfe*, geht es in buchstäblich existentieller Weise um die Freiheit des Individuums. Sollte diesem unter Berufung auf die Autonomie des Willens das Recht eingeräumt werden, seinem Leben unter Inanspruchnahme von Hilfe ein vorzeitiges Ende zu setzen? Oder gilt es, im Namen des Lebensschutzes, sich der Beihilfe zum Suizid in den Weg zu stellen? Dem Deutschen Bundestag ist es zuletzt – nach dem wegweisenden, das Recht des Individuums auf selbstbestimmtes Sterben bekräftigenden Urteil des Bundesverfassungsgerichts von 2020 – nicht gelungen, in dieser Frage einen Mehrheitsbeschluss herbeizuführen. Welcher Fakten und Erkenntnisse, welcher Diskussionsformen bedarf es, um möglicherweise in einem neuen Anlauf doch noch zu einem Konsens zu kommen? Wer sind eigentlich die moralischen Autoritäten in unserem Land, die in dieser und vergleichbaren Diskussionen die nötige Orientierung stiften könnten?

> Wer sind die moralischen Autoritäten in unserem Land, die Orientierung stiften könnten?

Die Vermessung der Freiheit – sie hat gerade erst begonnen.

DANK

Ein Buch ist immer auch das Ergebnis intensiver Gespräche, Korrespondenzen und Diskurse. Ich danke daher all jenen, die mich beim Vermessen der Freiheit mit ihrem wertvollen Rat begleitet haben.

Mein Dank gilt zuvorderst Dr. Balthasar Haussmann, welcher sich in die Überarbeitung und Finalisierung des Manuskripts mit erschöpfendem historischen Wissen, politischem Scharfsinn und höchster sprachlicher Präzision eingebracht hat. Durch die Zusammenarbeit mit Balthasar Haussmann ist aus dem ursprünglichen Textentwurf das vorliegende Buch geworden.

Professor Dr. Michael Wohlgemuth hat in einer frühen Phase wertvolle Beiträge insbesondere zur ideengeschichtlichen Schärfung des Textes sowie zur Überprüfung seiner volkswirtschaftlichen Passagen geleistet. Dafür danke ich ihm herzlich.

Den Gründungsmitgliedern des Vierer-Kreises, Dr. Immo von Fallois, Sebastian Fischer-Jung und Ludwig von Jagow, danke ich für mehr als 15 sonntägliche Diskussionsrunden zu Fragen der Demokratie, der Freiheit und des Rechts. Tee, Kaffee und *tarte aux pommes* waren stets vorzüglich!

Richard Schütze deutet als rheinischer Katholik nachvollziehbarerweise einige der hier behandelten Begriffe und Zusammenhänge anders als ein in Lübeck und Bremen aufgewachsener Protestant. Für die auf dieser spannungsreichen Grundlage geführten Diskussionen gebührt ihm mein großer Dank.

Den Herren Bundesministern Dr. Marco Buschmann und Dr. Volker Wissing (beide FDP) danke ich für fruchtbare Gespräche über die Zukunft des politischen Liberalismus.

Botschafter a. D. Dr. Otto Lampe gilt mein herzlicher Dank dafür, die „Vermessung der Freiheit" in das Programm des von seinem Ururgroßvater gegründeten Otto Meißner Verlages aufgenommen zu haben. Dass ein leidenschaftliches Plädoyer für mehr privates Unternehmertum somit im selben Verlag erscheint wie Karl Marx' „Das Kapital", kann man entweder als List oder als Ironie betrachten.

Frau Cornelia Neukam hat den Text mit bewährter grafischer Professionalität und Sorgfalt gestaltet. Dafür danke ich ihr sehr.

Herzlichen Dank schließlich an Frau Katarina Grgić und Johann-Friedrich Huffmann für die erfahrene verlegerische Beratung und Unterstützung, ohne welche „Die Vermessung der Freiheit" nicht den Weg an die Öffentlichkeit gefunden hätte.

Hans F. Bellstedt

Berlin, im Herbst 2023

ANMERKUNGEN

1 Im Gespräch mit dem „Tagesspiegel" am 29. November 2022.

2 In den Augen der Identitätspolitik ist Cancel Culture hingegen ein Kampfbegriff der politischen Rechten, die dem linksliberalen Lager unterstelle, keine der Aufklärung verpflichteten Debatten mehr führen zu wollen.

3 Heinrich August Winkler, Zerbricht der Westen? Über die gegenwärtige Krise in Europa und Amerika. München 2017, S. 20.

4 Der Ausspruch („Bereichert euch") stammt von Francois Guizot, Minister unter Louis-Philippe, der von 1830 bis zur Revolution 1848 regierte. Guizot rief die Franzosen in einer Rede vor der Nationalversammlung 1843 dazu auf, sich aufzuklären, sich zu bereichern und die moralische und materielle Lage ihres Landes zu verbessern (« … *éclairez-vous, enrichissez-vous, améliorez la condition morale et matérielle de notre France* »). Wenngleich das vielzitierte „enrichissez-vous" explizit auch im Sinne einer geistigen Bereicherung gemeint war, diffamierte die politische Linke die Devise schon bald als Ausdruck einer bourgeoisen Gesinnung, der zufolge der individuelle materielle Vorteil des Einzelnen mehr zähle als das gesellschaftliche Gemeinwohl.

5 Zit. nach: O. Brunner, W. Conze, R. Koselleck, Geschichtliche Grundbegriffe, Band 2, Stuttgart 1975, S. 429. Zum Freiheitsbegriff der (griechischen) Antike siehe auch: Hannah Arendt, Denken ohne Geländer. Texte und Briefe, dt. Erstausgabe München 2006, S. 74–79 sowie 111–115.

6 Gerald Kruhöffer, Was heißt christliche Freiheit heute?, ersch. 2003, www.rpi-loccum.de/material/pelikan/pel3-03/krufrei. Zur Bedeutung Paulus' für den neuzeitlichen Freiheitsbegriff und letzthin den Liberalismus siehe auch: Larry Siedentop, Die Erfindung des Individuums. Der Liberalismus und die westliche Welt, Stuttgart 2015.

7 www.katholisch.de/artikel/33293-kaiser-konstantin-der-erste-christ-auf-dem-roemischen-kaiserthron

8 Horst Fuhrmann, Deutsche Geschichte im hohen Mittelalter, 2. Aufl. 1983 (i. F. zit. als: Fuhrmann), S. 46.

9 Fuhrmann, S. 50.

10 Fuhrmann, S. 95.

11 Siehe dazu auch: Adam Smith, An Inquiry into the Nature and Causes of the Wealth of Nations, 1776. Deutsche Ausgabe: A. Smith, Der Wohlstand der Nationen. Eine Untersuchung seiner Natur und seiner Ursachen. Übers. v. H. C. Recktenwald, hrsg. u. gekürzt v. Georg v. Wallwitz, München 2018 (i. F. zit. als: Smith), S. 242 ff.

12 Fuhrmann, S. 191/192.

13 Ralf Dahrendorf, Versuchungen der Unfreiheit. Die Intellektuellen in Zeiten der Prüfung, München 2008 (Taschenbuchausg., i. F. zit. als: Dahrendorf), S. 82.

14 Vgl. „Die Erfindung des Neuen Testaments", Prof. Dr. Thomas Kaufmann, Frankfurter Allgemeine Zeitung vom 31. Oktober 2022, S. 6.

15 www.abenteuer-philosophie.com/warum-erasmus-der-bessere-luther-war/

16 Vgl. Heinz Schilling, Luther. Rebell in einer Zeit des Umbruchs, München 2012, hier: 3. Auflage 2014, S. 388–397.

17 Schilling (s. vorherige Anm.), S. 393.

18 Dahrendorf, S. 88.

19 Ralf Ludwig, Kant für Anfänger. Die Kritik der reinen Vernunft. Eine Leseeinführung, München 1995, 19. Auflage 2017 (i. F. zit. als: Ludwig), S. 16.

20 Die Unterscheidung zwischen sinnlicher Erfahrung und philosophischer Erkenntnis ist bereits in Platons Höhlengleichnis angelegt. Platon zufolge sehen die in einer Höhle sitzenden Gefangenen nicht die Dinge selbst, sondern nur deren Schatten. Der Weg zur Erkenntnis erfolgt erst mit dem Aufstieg aus der Höhle und dem Blick in die Sonne. Vgl. Christian Schwaabe, Politische Theorie. Von Platon bis zur Postmoderne, 4. Auflage 2018 (i. F. zit. als: Schwaabe), S. 28.

21 https://wirtschaftslexikon.gabler.de/definition/empirismus-36895

22 Ludwig, S. 41.

23 Ludwig, S. 42.

24 Ludwig, S. 43.

25 „Ich nenne alle Erkenntnis transzendental, die sich nicht sowohl mit Gegenständen, sondern mit unserer Erkenntnisart von Gegenständen, so fern diese a priori möglich sein soll, überhaupt beschäftigt. Ein System solcher Begriffe würde Transzendental-Philosophie heißen." Zit. nach: Ludwig, S. 52.

26 Ludwig, S. 44.

27 Ludwig, S. 65.

28 Otfried Höffe, Immanuel Kant. München, 1983, hier: 9. Auflage 2020 (i. F. zit. als: Höffe, Kant), S. 201.

29 Höffe, Kant, S. 204.

30 Schwaabe, S. 176.

31 Zit. nach: Schwaabe, S. 171/172.

32 Höffe, Kant, S. 223.

33 Deutsche Ausgabe der (für unsere Zwecke relevanten) Zweiten Abhandlung: John Locke, Zweite Abhandlung über die Regierung. Über den wahren Ursprung, die Reichweite und den Zweck der staatlichen Regierung. Mit einem Kommentar von Ludwig Siep, Frankfurt am Main (Suhrkamp), 2007, 3. Auflage 2018 (i. F. zit. als: Locke).

34 Kant lehnte ein solches Widerstandsrecht hingegen ab, da es jede gesetzliche Verfassung „zernichte". Die Verfassung enthielte mit dem Widerstandsrecht „eine Bestimmung in sich, nicht die oberste zu sein", s. Höffe, S. 238.

35 „We hold these truths to be self-evident, that all men are created equal, that they are endowed by their Creator with certain unalienable Rights, that among these are Life, Liberty and the pursuit of Happiness; that to secure these rights, Governments are instituted among Men, deriving their just powers from the consent of the governed; that whenever any Form of Government becomes destructive of these ends, it is the Right of the People to alter or to abolish it, and to institute new Government, laying its foundation on such principles and organizing its powers in such form, as to them shall seem most likely to effect their Safety and Happiness." Quelle: https://www.archives.gov/founding-docs/declaration-transcript.

36 www.legifrance.gouv.fr/Droit-francais/Constitution/Declaration-des-Droits-de-l-Homme-et-du-Citoyen-de-1789

37 Locke, S. 34.

38 Davon distanzierte sich gut sechs Jahrzehnte später Jean-Jacques Rousseau: „Der erste, der ein Stück Land eingezäunt hatte und es sich einfallen ließ zu sagen: *dies ist mein* und der Leute fand, die einfältig genug waren, ihm zu glauben, war der wahre Gründer der bürgerlichen Gesellschaft. Wie viele Verbrechen, Kriege, Morde, wie viel Not und Elend und wie viele Schrecken hätte derjenige dem Menschengeschlecht erspart, der die Pfähle herausgerissen oder den Graben zugeschüttet und seinen Mitmenschen zugerufen hätte:

‚Hütet euch, auf diesen Betrüger zu hören; ihr seid verloren, wenn ihr vergeßt, daß die Früchte *allen* (Hervorhebung H. B.) gehören und die Erde niemandem." Aus: Abhandlung von dem Ursprunge der Ungleichheit unter den Menschen, und worauf sie sich gründe. Übersetzt von Moses Mendelssohn. Deutsche Erstausgabe Berlin 1756.

39 Locke, S. 45.

40 Locke, S. 45/46.

41 Locke, S. 47. In den ausgeformten kapitalistischen Gesellschaften der Gegenwart kommt es mitunter zu erheblichen Einkommens- und Vermögensunterschieden. Um gegenzusteuern und soziale Spannungen zu vermeiden, kommen Umverteilungsmechanismen, etwa über das Steuerrecht, zur Anwendung. Entsprechende Korrekturen sind in der offenen Gesellschaft mit angelegt und stellen für sich genommen keinen Verstoß gegen das Freiheitsprinzip dar.

42 Vgl. Anm. 11.

43 Smith, S. 36.

44 Smith, S. 104.

45 Smith, S. 130.

46 Smith, S. 84.

47 Smith, S. 298.

48 Gerhard Streminger, Adam Smith. Wohlstand und Moral. Eine Biographie, München 2017 (zit. als: Streminger), S. 68.

49 Siehe auch: Heinrich Bortis, Adam Smith. Optimistischer Liberalismus, www.unifr.ch/withe/assets/files/Bachelor/Theoriengeschichte/Adam Smith.pdf, S. 7. Dort auch der Hinweis darauf, dass das Prinzip der Angemessenheit (propriety) gemäß Smith nach Möglichkeit auch bei der Bildung von Preisen und Löhnen zur Anwendung kommen solle.

50 Streminger, S. 81.

51 John Stuart Mill, On Liberty – Über die Freiheit. Englisch/Deutsch, Übersetzt von Bruno Lemke, Reclams Universal-Bibliothek Nr. 18536, Ditzingen 2009 (i. F. zit. als: Mill), S. 35. Im Original: „That principle is, that the sole end for which mankind are warranted, individually or collectively, in interfering with the liberty of action of any of their number, is self-protection. That the only purpose for which power can be rightfully exercised over any member of a civilized community, against his will, is to prevent harm to others."

52 Höffe, S. 219

53 Dahrendorf, S. 45.

54 Karl R. Popper, Die offene Gesellschaft und ihre Feinde. Band I, Der Zauber Platons, 8. Auflage, Tübingen 2003, S. IX (i. F. zit. als: Popper).

55 Popper, S. 25.

56 Popper, S. 27.

57 Popper, S. 104.

58 Popper, S. 59.

59 Popper, S. 105.

60 Popper, S. 105.

61 Popper, S. 109.

62 Popper, S. 123.

63 Nach eigenen Angaben beschloss Popper am 13. März 1938, die „Offene Gesellschaft" zu schreiben – am Tag, als er von Hitlers Einmarsch in Österreich, seinem Heimatland, gehört habe. Popper, S. IX (Vorwort zur siebten dt. Auflage, 1992).

64 Popper, S. 124.

65 Popper, S. 181.

66 Popper, S. 188/189.

67 Popper, S. 211.

68 Popper, S. 239.

69 Popper, S. XXVIII.

70 Popper, S. 239.

71 Im Wesentlichen sind hier das westliche Europa sowie Nordamerika zu nennen.

72 Thomas Nipperdey, Deutsche Geschichte 1800–1866. Bürgerwelt und starker Staat, München 1983 (i. F. zit. als: Nipperdey), S. 11.

73 Nipperdey, S. 308.

74 Vgl. www.deutschlandfunk.de/freiheit-oder-naturalismus-zur-hochaktualitaet-hegels-100.html. Zu Hegel: Klaus Vieweg, Hegel. Philosoph der Freiheit, München 2019. Vgl. auch: Francis Fukuyama, Der Liberalismus und seine Feinde, Hamburg 2022 (i. F. zit. als: Fukuyama), S. 123.

75 Max Horkheimer, Theodor W. Adorno, Dialektik der Aufklärung. Philosophische Fragmente. Erstausgabe 1944, dt. Ausgabe Frankfurt, 1969, hier: 26. Auflage, 2022, S. 9.

76 Die Kategorisierung ist an eine Darstellung des Magazins „The Economist" angelehnt.

77 Viktor Jerofejew in seinem Vorwort (i. F. zit. als: Jerofejew) zu: Rüdiger von Fritsch, Russlands Weg. Als Botschafter in Moskau, Berlin 2020 (i. F. zit. als: v. Fritsch), S. 10.

78 Manfred Hildermeier, Die rückständige Großmacht. Russland und der Westen, München 2022 (zit. als: Hildermeier), S. 242.

79 Hildermeier, S. 63.

80 Jerofejew, S. 13.

81 Hildermeier, S. 150.

82 v. Fritsch, S. 41.

83 So der Erzbischof „einer anderen Kirche", zit. nach: v. Fritsch, S. 304.

84 www.bpb.de/themen/europa/tuerkei/255789/das-neue-politische-system-der-tuerkei/

85 So Rainer Hermann, Gravierender Rückfall. Unbeeindruckt von Kritik schränkt die Türkei die Freiheitsräume weiter ein, FAZ vom 31. Oktober 2022, S. 8.

86 Vgl. dazu Stephen Kinzer, Crescent and Star. Turkey between two worlds, New York 2001, S. 35 ff.

87 Vgl. Chinastrategie der Bundesregierung, Juni 2023, www.auswaertiges-amt.de/blob/2608578/810fdade376b1467f20bdb-697b2acd58/china-strategie-data.pdf (zit. als: China-Strategie), S. 24.

88 www.nzz.ch/wirtschaft/china-70-jahre-ld.1512285

89 Edward Tse, China's Disruptors. How Alibaba, Xiaomi, Tencent and other companies are changing the rules of business, UK 2015/16, S. 43 (i. F. zit. als: Tse).

90 So auch A. Rödder, dem zufolge das politische System Chinas – im Unterschied zur Sowjetunion unter Michail Gorbatschow – „konsequent sozialistisch-autoritär blieb". Andreas Rödder, 21.0. Eine kurze Geschichte der Gegenwart, München 2015, hier: 1. Paperbackausgabe, München 2017, S. 373.

91 Tse, S. 43.

92 https://de.wikipedia.org/wiki/Deng_Xiaoping#cite_note-262

93 Tse, S. 44.

94 Vgl. Hans F. Bellstedt, www.businessinsider.de/politik/kanzler-reist-diese-woche-nach-china-werben-sie-fuer-die-freiheit-herr-scholz/), 1. November 2022.

95 China-Strategie, S. 38.

96 www.nzz.ch/international/nordkorea/atommacht-nordkorea-nordkoreas-raketenarsenal-und-seine-reichweiten-ld.151690

97 www.verfassungen.eu/hu/

98 https://pusztaranger.wordpress.com/2014/08/01/viktor-orbans-rede-auf-der-25-freien-sommeruniversitat-in-baile-tusnad-rumanien-am-26-juli-2014/

99 https://visegradpost.com/de/2019/07/29/viktor-orbans-rede-auf-der-30-freien-sommeruniversitaet-in-balvanyos/

100 https://abouthungary.hu/speeches-and-remarks/speech-by-prime-minister-viktor-orban-at-the-31-st-balvanyos-summer-free-university-and-student-camp

101 Zum Phänomen der „strongmen", zu denen auch Putin, Xi Jinping, Erdoğan etc. zu zählen sind, vgl. Gideon Rachman, The Age of The Strongman: How the Cult of the Leader Threatens Democracy around the World, London 2022.

102 https://freedomhouse.org/country/hungary/nations-transit/2022

103 www.tagesschau.de/ausland/europa/eu-ungarn-kohaesionsfonds-101.html

104 Nachfolger seit 2017: Mateusz Morawiecki (Stand: Oktober 2023).

105 Vgl. zum Gesamtkomplex: www.kas.de/de/web/polen/laenderberichte/detail/-/content/das-ende-der-gewaltenteilung-zur-justizreform-in-polen

106 www.lto.de/recht/justiz/j/eugh-c791-19-disziplinarkammer-polen-unabhaengigkeit-justiz-verstoss-eu-recht-pis-partei-eugh-bverfg/

107 www.tagesschau.de/ausland/europa/polen-eugh-105.html

108 www.tagesschau.de/ausland/polen-justizreform-eu-107.html

109 Ivan Krastev, Stephen Holmes, Das Licht, das erlosch. Eine Abrechnung, Berlin 2019 (i. F. zit. als: Krastev/Holmes).

110 www.dw.com/de/biden-sieht-demokratie-in-gro%C3%9Fer-gefahr/a-62998721

111 Laut Krastev/Holmes (S. 211) kennzeichne Trump ein „persönliches Unbehagen mit der Idee der rechenschaftspflichtigen Regierung im liberalen Verfassungsstaat".

112 Fukuyama, S. 152.

113 Ezra Klein, Der tiefe Graben. Die Geschichte der gespaltenen Staaten von Amerika, Hamburg 2020.

114 Die Unterscheidung zwischen „citizens of somewhere" und „citizens of anywhere" stammt von David Goodhart, vgl. ders., The Road to Somewhere: The Populist Revolt and the Future of Politics, London 2017.

115 Fukuyama, S. 178/179.

116 Rede von US-Präsident Woodrow Wilson vor dem US-Kongress am 2. April 1917 zur Begründung des Eintritts der Vereinigten Staaten in den Ersten Weltkrieg: „The world must be made safe for democracy. Its peace must be planted upon the tested foundations of political liberty. We have no selfish ends to serve. We desire no conquest, no dominion. We seek no indemnities for ourselves, no material compensation for the sacrifices we shall freely make. We are but one of the champions of the rights of mankind. We shall be satisfied when those rights have been made as secure as the faith and the freedom of nations can make them." Quelle: https://historymatters.gmu.edu/d/4943/

117 www.hansbellstedt.de/Rezensionen/thepioneer-expert-afd-voruebergehender-hype-oder-neue-politische-wirklichkeit.pdf

118 Vgl. zu diesem und weiteren hier genannten Beispielen die Übersicht „Lesen, leiden, lochen. Grundsteuer, Lieferkettengesetz, Bonpflicht: Der Staat belastet Bürger und Unternehmen mit immer neuen Anforderungen", in: Handelsblatt, 4. November 2022, S. 44 ff.

119 Eine interessante Zusammenstellung diverser Gesetze und Verordnungen des Lebensmittelrechts, der Berufszugangsregelungen (u. a. Meisterzwang) sowie der Subventions- und Steuergesetzgebung findet sich bei: Daniel Zimmer, Weniger Politik! Plädoyer für eine freiheitsorientierte Konzeption von Staat und Recht, München 2013, S. 9 ff. (i. F. zit. als: Zimmer). FDP-Mitglied Zimmer war zeitweilig Vorsitzender der Monopolkommission sowie des von der Bundesregierung im Zuge der Weltfinanzkrise eingesetzten „Expertenrates zur Entwicklung von Ausstiegsszenarien aus krisenbedingten Beteiligungen des Bundes an Unternehmen des Finanzsektors". Vom Vorsitz der Monopolkommission trat Zimmer zurück, als Bundeswirtschaftsminister Sigmar Gabriel (SPD) sich über Zimmers Votum gegen eine Fusion im (oligopolistisch strukturierten) Lebensmitteleinzelhandel per Ministererlaubnis hinwegsetzte.

120 Vgl. weiterführend u. a. www.dihk.de/de/themen-und-positionen/wirtschaftspolitik/buerokratieabbau sowie https://www.zdh.de/ueber-uns/fachbereich-organisation-und-recht/buerokratie-und-ueberregulierung/buerokratieabbau-was-zu-tun-ist/

121 Zimmer, S. 10.

122 Im Jahr 2020 lag dieser Wert bei etwas über 51 Milliarden Euro, siehe: www.bundestag.de/presse/hib/863390-863390

123 www.normenkontrollrat.bund.de/resource/blob/72494/2151122/fbd43166808e6431a5bff32d06ea94d0/22-12-13-nkr-jahresbericht-2022-data.pdf?download=1

124 Ebd.

125 www.bmwk.de/Redaktion/DE/Pressemitteilungen/2019/20190918-schluss-mit-der-zettelwirtschaft.html

126 Eine Ausnahme bilden Gesetze, die der Zustimmung des Bundesrates bedürfen. Hier kann es, wie Ende 2022 beim Bürgergeld, durchaus zu weiterreichenden Anpassungen kommen.

127 Bundeskanzler Olaf Scholz (SPD) im Juni 2022 bei der Vorstellung eines der im Zuge der Energiepreiskrise geschnürten Entlastungspakete.

128 www.bpb.de/shop/zeitschriften/izpb/steuern-und-finanzen-288/147073/der-zehnte-ein-streifzug-durch-die-steuergeschichte

129 Smith, S. 356/357.

130 www.steuerzahler.de/steuerzahlergedenktag/

131 www.bundesfinanzministerium.de/Monatsberichte/2022/07/Inhalte/Kapitel-3-Analysen/3-3-steuern-im-internationalen-vergleich.html

132 www.destatis.de/DE/Themen/Staat/Steuern/Steuereinnahmen/steuereinnahmen.html

133 Eine andere Möglichkeit zur Entlastung von Unternehmen bestünde in der Anrechenbarkeit der Gewerbesteuer auf die Körperschaftssteuer, vgl. dazu www.cducsu.de/sites/default/files/2019-11/Positionspapier%20zur%20Modernisierung%20der%20Unternehmensbesteuerung_17102019.....pdf

134 Milton Friedman, Kapitalismus und Freiheit, engl. Erstausgabe („Capitalism and freedom") Chicago 1962, dt. Taschenbuchausgabe, 11. Auflage, München 2016 (i. F. zit. als: Friedman, Kapitalismus), S. 204–209.

135 www.bmas.de/DE/Service/Publikationen/Broschueren/a230-21-sozial-budget-2021.html

136 Zur Frage, inwieweit Gerechtigkeit überhaupt ein Ziel der Politik sein kann oder sollte, s. Zimmer, S. 29–55. Für Zimmer bringt der Begriff der Gerechtigkeit „nicht mehr als ein subjektives Empfinden zum Ausdruck", jedoch „keinen objektiven Maßstab für die Gestaltung der Politik". Menschen in Not zu helfen, sie nicht verhungern

oder erfrieren zu lassen, sei ein „Gebot der Humanität", bei dem der einzelne Mensch im Mittelpunkt stehe. Eine darüber hinausgehende Umverteilung im Namen der sozialen Gerechtigkeit lasse sich aus diesem Gebot jedoch nicht ableiten (S. 54/55). Der Philosoph John Rawls („A theory of justice", 1971; Rawls lebte von 1921 bis 2002 und lehrte in Harvard) sah dies anders: Sein zweiter Grundsatz der Gerechtigkeit lautet: „Soziale und wirtschaftliche Ungleichheiten sind so zu gestalten, dass (a) vernünftigerweise zu erwarten ist, dass sie zu jedermanns Vorteil dienen (…)", somit auch zum Vorteil des am schlechtesten Gestellten. Mit diesem Ansatz, aus dem sich im Geiste der Brüderlichkeit eine Fürsorgepflicht des Staates zugunsten der Schwächsten ableiten lässt, grenzte sich Rawls vom Utilitarismus Jeremy Benthams und John Stuart Mills ab. Der Utilitarismus beurteilt menschliches Handeln nicht nach seinen Motiven, sondern nach seinen Folgewirkungen – der Zweck kann demnach die Mittel heiligen. Utilitaristische Handlungen zielen darauf ab, das Gesamtwohl einer Gesellschaft zu mehren, d. h. für alle (oder zumindest viele) Menschen mehr Nutzen zu schaffen. Bei Bentham gipfelte dies in der Maxime vom „größtmöglichen Glück der größtmöglichen Zahl". Verteilungsfragen zugunsten Einzelner (bei Rawls: der Schwächsten) stehen hier weniger bis gar nicht im Fokus. Siehe auch Fukuyama, S. 83, sowie Otfried Höffe, Wie kommt die Gerechtigkeit in die Gesellschaft? Aufsatz zum 50. Jahrestag des Erscheinens von „A theory of justice" in der Frankfurter Allgemeinen Zeitung vom 19. Februar 2021.

137 Gesetzliche Krankenversicherung (2023): 4 987,50 EUR pro Monat; ges. Rentenversicherung: 7 100 (neue) bzw. 7 300 EUR (alte Bundesländer) pro Monat.

138 www.bundesregierung.de/breg-de/themen/entlastung-fuer-deutschland/buergergeld-2125010

139 Weitere Bestimmungen: Erspartes Vermögen darf während des ersten Jahres („Karenzzeit") erst ab 40 000 Euro angetastet werden, für jede weitere Person in einem Haushalt, dem mehrere Bürgergeldempfänger angehören, ab 15 000 Euro. Wer neben dem Bürgergeldbezug arbeitet und zwischen 520 und 1 000 Euro verdient, kann 30 Prozent davon behalten, bei Schülerinnen und Schülern sowie Studierenden liegt der Freibetrag bei 520 Euro. Wer nicht mit der Arbeitsagentur kooperiert, dessen Bürgergeld reduziert sich bei der ersten Pflichtverletzung für einen Monat um zehn Prozent. Bei der zweiten Pflichtverletzung gibt es für zwei Monate zwanzig Prozent weniger Bürgergeld, bei der dritten für drei Monate dreißig Prozent weniger.

140 www.bundesregierung.de/breg-de/themen/entlastung-fuer-deutschland/wohngeldreform-2125018

141 www.bpb.de/themen/familie/familienpolitik/193715/familienpolitische-geldleistungen/

142 Ein Vollzeitbeschäftigter, der den Mindestlohn bezieht, bekommt rund 1 500 Euro ausbezahlt. Hinzu kommen ggf. Wohngeld und Kindergeld.

143 Laut Friedman, Kapitalismus, S. 57/58, sind „Maßnahmen der Gesellschaft aus paternalistischen Gründen" – gemeint: ein weit ausgreifender, umverteilender Sozialstaat – Ausdruck eines Kollektivismus „in der einen oder anderen Form, sei es als Kommunismus, Sozialismus oder als Wohlfahrtstaat". Friedman lehnt diese Maßnahmen insbesondere im Bereich der Rentenpolitik ebenso ab wie Mindestlöhne, Mietobergrenzen und den sozialen Wohnungsbau.

144 Zu dessen Überwindung wurde seitens der Bundesregierung – nach einer entsprechenden Entscheidung des Bundesverfassungsgerichts im Dezember 2021 – als Kriterium die „aktuelle und kurzfristige Überlebenswahrscheinlichkeit" des Patienten definiert.

145 Begriff entlehnt bei Birte Förster und Armin Nassehi, „Wie die Freiheit unter die Räder kommt", Frankfurter Allgemeine Zeitung, 9. September 2021, S. 6. Anders als die Überschrift es vermuten lässt, stellt der Text gerade keine Kritik, sondern eine vernunftorientierte Befürwortung der meisten Coronamaßnahmen dar. Dabei geht er sogar so weit, eine etwaige Impfpflicht als „Ausdruck von Freiheit" zu bezeichnen, sofern diese medizinisch für „vernünftig" gehalten werden könne – eine Auffassung, die wir ausdrücklich nicht teilen.

146 Zum Freiheitsbegriff Isaiah Berlins siehe Dahrendorf, S. 52–56.

147 Die US-amerikanische Autorin Ayn Rand (1905–1982), gebürtig aus Sankt Petersburg, trug sich durch die beiden Monumentalwerke „The Fountain Head" (inspiriert durch die Lebensgeschichte des Architekten Frank Lloyd Wright) sowie „Atlas Shrugged" in die Annalen der Literaturgeschichte wie auch des (Ultra-)Liberalismus ein. Ihre Anhänger feiern sie für einen radikalen Freiheitsbegriff, der die Autonomie des Individuums ins Zentrum jeglichen Denkens stellt, während Aspekte der Rücksichtnahme, der Solidarität oder des gesellschaftlichen Zusammenhalts keine tragende Rolle spielen. Für diesen egozentrischen, den Wert der Gemeinschaft negierenden Ansatz hat sich, in Abgrenzung zum klassischen, vernunftbasierten Liberalismus im Sinne Kants, der Terminus des „Libertären" herausgebildet.

148 Fukuyama, S. 187.

149 Förster/Nassehi, vgl. Anm. 145.

150 Mill, S. 35. Im Original: „That principle is, that the sole end for which mankind are warranted, individually or collectively, in interfering with the liberty of action of any of their number, is self-protection. That the only purpose for which power can be rightfully exercised over any member of a civilized community, against his will, is to prevent harm to others."

151 Vgl. dazu den Dialog zwischen Alexander Kluge und Ferdinand von Schirach in: „Trotzdem", 6. Auflage, München 2020 (i. F. zit. als: Kluge/Schirach), hier: S. 18.

152 Tatsächlich war die Suche nach einer parlamentarischen Mehrheit für eine allgemeine Impfpflicht von vornherein zum Scheitern verurteilt. Ein alternativer Weg hätte in einem Impfanreizgesetz bestehen können. Dabei wären Impfwilligen materielle Vorteile, etwa in Form reduzierter Krankenkassenbeiträge, oder auch Ausnahmen von Freiheitsbeschränkungen (Restaurantbesuche etc.) gewährt worden. Dies hätte die Impfquote möglicherweise erhöht, ohne Zwangsmaßnahmen anwenden zu müssen.

153 Weiterführend: Interview mit Hans-Jürgen Papier, www.focus.de/perspektiven/ehemaliger-praesident-des-bundesverfassungsgerichts-balance-von-freiheit-und-sicherheit-was-ausgangssperre-fuer-demokratie-bedeuten-wuerde_id_11815272.html. Papier macht darin den bemerkenswerten Punkt, dass regional begrenzte Ausgangssperren mit Blick auf örtlich hohe Infektionszahlen begründbar waren, während totale und damit letztlich pauschale Ausgangssperren vor dem Bundesverfassungsgericht keinen Bestand gehabt hätten. Siehe auch: Zusammenstellung von Fakten und Argumenten der Landeszentrale für politische Bildung des Landes Baden-Württemberg, www.lpb-bw.de/grundrechte-und-corona; Expertise der Hanns-Seidel-Stiftung, www.hss.de/download/publications/AA_86_Freiheitsgrundrechte.pdf.

154 Vgl. dazu u. a. René Pfister, Ein falsches Wort. Wie eine neue linke Ideologie aus Amerika unsere Meinungsfreiheit bedroht, München 2022 (i. F. zit. als: Pfister), S. 12.

155 „Wissenschaftsministerin kritisiert Universität nach Vortragsabsage", ZEIT ONLINE, 3. Juli 2022.

156 René Pfister holt noch weiter aus und verortet die Ursprünge der Identitätspolitik und letzthin des „Cancelns" bei Herbert Marcuse. Dieser habe in seinem Essay „Repressive Toleranz" 1965 Toleranz als „Unterdrückungsinstrument in den Händen der Mächtigen" und mithin als „Fiktion der Freiheit" entlarvt. Um der „totalitären Demokratie" Einhalt zu gebieten, habe Marcuse gefordert, „politische Kräfte,

die seiner Ansicht nach dem Fortschritt im Wege stehen, aus dem öffentlichen Diskurs zu verbannen". Pfister, S. 36/37. Auch Fukuyama, S. 91, verweist auf Marcuse.

157 Siehe auch: Michel Foucault – Umstrittener Philosoph der Macht. Von Michael Reitz. SWR 2, 25. Februar 2022.

158 Jürgen Habermas, Der philosophische Diskurs der Moderne, Zwölf Vorlesungen (hier: Kap. IX: Vernunftkritische Entlarvung der Humanwissenschaften: Foucault), Frankfurt 1986.

159 I. Berlin unterscheidet (siehe Anm. 146) zwischen der (negativen) Freiheit von und der (positiven) Freiheit zu etwas.

160 Jan-Werner Müller, Freiheit, Gleichheit, Zusammenhalt – oder: Gefährdet „Identitätspolitik" die liberale Demokratie?, in: Aus Politik und Zeitgeschichte, 25. Juni 2021, aufgerufen über: www.bpb.de.

161 Frankfurter Allgemeine Zeitung vom 11. Januar 2023. Die Autorinnen und Autoren, namentlich Caroline Bosbach vom Jungen Wirtschaftsrat der CDU, der (damalige) Hamburger CDU-Chef Christoph Ploß, der Mainzer Historiker Andreas Rödder und Ex-Bundesfamilienministerin Kristina Schröder, sind Initiatoren oder Unterstützer der 2022 gegründeten, explizit antiwoken Denkfabrik R 21 (www.denkfabrik-r21.de).

162 Vgl. Pfister, S. 48. Für die „Opfer des Holocaust findet sich", so Pfister, „in der antirassistischen Logik oft kein Platz; die Shoah stört eher, weil sie angeblich den Blick auf die Verbrechen der deutschen Kolonialgeschichte versperrt". Dieses Geschichtsbild breite sich zunehmend auch im öffentlich-rechtlichen Rundfunk aus, so Pfister, S. 192.

163 Dem indonesischen Künstlerkollektiv Ruangrupa wurde dort die Möglichkeit gegeben, Arbeiten mit erkennbar judenfeindlicher Konnotation zu zeigen.

164 Kluge/Schirach, Seite 16.

165 Siehe dazu weiterführend auch: Die Wokeness-Illusion – Wenn Political Correctness die Freiheit gefährdet, hrsg. v. Alexander Marguier und Ben Krischke, Freiburg 2023, sowie Julian Nida-Rümelin, „Cancel Culture" – Ende der Aufklärung? Ein Plädoyer für eigenständiges Denken, München 2023.

166 Vgl. Anm. 1.

167 Höffe, Kant, S. 240.

168 I. Kant, Zum ewigen Frieden, V. Präliminarartikel (s. https://core.ac.uk/download/pdf/33020979.pdf, S. 65).

169 https://nationalinterest.org/feature/russian-and-chinese-ambassadors-respecting-people%E2%80%99s-democratic-rights-197165

170 Vgl. Denis Schrey, Ein Gipfel für die Demokratie – Motor oder Spaltkeil?, www.kas.de

171 „Wir kehren in die Welt vor 1945 zurück." Daniel Ziblatt im Gespräch mit Alexander Görlach, in: Liberal, Magazin der Friedrich-Naumann-Stiftung, 18. Oktober 2022 (aufgerufen über freiheit.org).

172 Rolf Mützenich, Die USA und die „Liga der Demokratien". Die Verantwortung für Sicherheit und Frieden muss bei den Vereinten Nationen bleiben, in: Neue Gesellschaft/Frankfurter Hefte 1–2/2009, S. 73–75.

173 Smith, S. 302.

174 Smith, S. 313.

175 Zum ewigen Frieden, VIII 368, zit. nach: Höffe, S. 252. Siehe auch Schwaabe, S. 189.

176 INSM, www.bpb.de/kurz-knapp/zahlen-und-fakten/globalisierung/52543/entwicklung-des-grenzueberschreitenden-warenhandels/

177 www.insm.de/insm/themen/soziale-marktwirtschaft/9-fakten-zum-freien-handel

178 Fabian Wendenburg, Ein Scheitern der Geopolitik. Vor 10 Jahren begannen die TTIP-Verhandlungen, auf: atlantik-bruecke.org, Rubrik Wirtschaft und Finanzen.

179 Vgl. Michaela Wiegel, Atomschirm über Deutschland? Macron will eine strategische Debatte: Luftverteidigung und Nuklearwaffen, Frankfurter Allgemeine Zeitung vom 21. Februar 2023.

180 www.handelsblatt.com/technik/it-internet/halbleiterindustrie-tsmc-erhoeht-investitionen-40-milliarden-fuer-us-chips/28853030.html

181 Otfried Höffe, Wirtschaftsbürger, Staatsbürger, Weltbürger. Politische Ethik im Zeitalter der Globalisierung, München 2004, S. 32.

182 Smith, S. 259/260.

183 Zum Ethos des Unternehmertums s. auch O. Höffe (vgl. Anm. 181), S. 30 ff.

184 Die Gesamtzahl aller steuerpflichtigen Unternehmen in Deutschland liegt bei etwas über 3 Millionen, die Zahl der Selbständigen bei 3,5 Millionen. Davon wiederum sind knapp 40 Prozent Freiberuflerinnen und Freiberufler.

185 Thomas Mann, Buddenbrooks. Verfall einer Familie, ersch. 1901, Taschenbuchausg. (Frankfurt) v. 1974, S. 328.

186 Dies gilt zumal für die Ankündigung von SPD-Arbeitsminister Hubertus Heil im April 2023, zeitnah bereits die nächste, kräftige Anhebung des Mindestlohns herbeiführen zu wollen.

187 Zimmer, S. 107.

188 Zimmer, vgl. vorherige Anm., verweist auf den Seiten 11–16 u. a. auf den Meisterzwang im Handwerk oder den stark reglementierten Zugang zum – sehr einträglichen – Notarberuf.

189 www.destatis.de/DE/Themen/Gesellschaft-Umwelt/Bevoelkerung/Geburten/_inhalt.html

190 Vgl. zu diesem Aspekt wie auch zum Gesamtkomplex: Demografischer Wandel. Wo stehen wir, welche Handlungsoptionen haben wir? Publikation der Hans Bellstedt Public Affairs GmbH, www.hbpa.eu/fileadmin/hbpa-bilder/Magazine/hbpaWissen_Demografischer_Wandel.pdf, März 2022, S. 12/13.

191 www.bmas.de/SharedDocs/Downloads/DE/Rente/rentenversicherungsbericht-2022.pdf?__blob=publicationFile&v=2

192 Weiteren Anlass zu nachhaltigen Korrekturen bietet der Blick auf die implizite Staatsschuld, die die Summe aller künftigen (Primär-)Defizite widerspiegelt. Aus heutiger Sicht beträgt die implizite Staatsschuld 164,8 % des BIP (2018), wobei allein 78,1 % auf die Verbindlichkeiten der ges. Rentenversicherung entfallen. Siehe www.stiftung-marktwirtschaft.de/fileadmin/user_upload/Argumente/Argument_148_Herbstupdate_WEB.pdf.

193 www.bundesregierung.de/resource/blob/974430/1990812/1f422c6050 5b6a88f8f3b3b5b8720bd4/2021-12-10-koav2021-data.pdf?download=1, S. 73

194 Ursprünglich war seitens der FDP von einer „Aktienrente" nach schwedischem Vorbild die Rede. Dies hätte bedeutet, dass ein Teil des regulären Beitragsaufkommens – beispielsweise ein oder zwei Prozent – nicht zur laufenden Finanzierung der Rente verwendet, sondern am Kapitalmarkt angelegt worden wäre. Ein solcher Ansatz stieß jedoch auf die geschlossene Ablehnung der SPD, der Grünen, der gesetzlichen Rentenversicherung, der Gewerkschaften sowie der Sozialverbände.

195 Vgl. Philipp Krohn, Ja zu Pensionen ohne Garantie. Frankfurter Allgemeine Zeitung, 7. März 2023, S. 23. Siehe auch www.bmas.de/DE/Themen/Rente/Zusaetzliche-Altersvorsorge/Fragen-und-Antworten/Was_hat_sich_bei_der_betrieblichen_Altersversorgung_geaendert.html

196 https://riester.deutsche-rentenversicherung.de/DE/Lohnt-sich-Riester/
Staatliche-Foerderung-fuer-Sie/staatliche-foerderung-fuer-sie_node.
html;jsessionid=B1E868384FA381C6EFAA8706221F1EC7.delivery2-
8-replication

197 Demnach würde es künftig möglich, sich Teile des angesparten
Vermögens bei Eintritt ins Rentenalter auszahlen zu lassen.

198 Koalitionsvertrag 2021–2025 „Mehr Fortschritt wagen" zwischen
SPD, Grünen und FDP, S. 74.

199 www.dai.de/fileadmin/user_upload/221231_DAX-Rendite-Dreieck_
50_Jahre_Web.pdf

200 Smith, Fünftes Buch, 1. Kapitel, 3. Teil, 2. Abschnitt.

201 Nipperdey, S. 56 ff.

202 Nipperdey, S. 63.

203 Friedman, Kapitalismus, S. 113.

204 Locke, S. 74.

205 Locke, S. 76.

206 Vgl. Wolfgang Merkel: Zivilgesellschaft, in: Staatslexikon online,
URL: www.staatslexikon-online.de/Lexikon/Zivilgesellschaft.

207 Nipperdey, S. 267.

208 Nipperdey, S. 270.

209 www.humanistische-union.de/publikationen/vorgaenge/
170-vorgaenge/publikation/ralf-lord-dahrendorf-und-paul-nolte-
buergerlichkeit/. Zu Ralf Dahrendorf siehe weiterführend auch:
www.nzz.ch/feuilleton/ralf-dahrendorf-zuerst-die-gesellschaft-
dann-der-staat-ld.1488065.

210 www.bpb.de/shop/zeitschriften/apuz/26805/soziales-kapital-
sozialer-zusammenhalt-und-soziale-ungleichheit

211 Dahrendorf präferierte „Bürger-", weil „Zivil-" eine Abgrenzung
zum Militärischen suggeriere, um die es hier aber gar nicht gehe.

212 Beispielhaft sei hier das Netzwerk „Lesepaten" des Vereins Berliner
Kaufleute und Industrieller (VBKI) erwähnt: https://lesepaten.berlin

213 Friedrich August von Hayek legte 1944 mit seinem Buch
„The Road to Serfdom" ein flammendes Plädoyer für die Freiheit
und gegen Sozialismus, Totalitarismus und Planwirtschaft vor.

214 Diese könnte beispielsweise Deutschland, Frankreich, Italien,
die Beneluxstaaten sowie Polen und Tschechien umfassen. Auch
Spanien und Portugal könnten Teil einer solche Kerngruppe sein.

215 Letzthin stellen sie sogar nicht nur wirtschaftspolitische Ziele, sondern individuelle Rechte dar, die jeder EU-Bürger bei Verletzung durch seine (nationale) Regierung einklagen kann.

216 www.welt.de/print/die_welt/wirtschaft/article194161425/ Die-Unvollendete.html

217 www.welt.de/print-welt/article265976/Schroeder-und-Chirac-setzen-den-Stabilitaetspakt-ausser-Kraft.html

218 Alexander Hamilton, der erste Finanzminister der Vereinigten Staaten, hatte 1790 – kurz nach der Gründung Amerikas – die Schulden der Einzelstaaten zu Bundesschulden gemacht. Hamilton argumentierte, diese Schulden seien im amerikanischen Unabhängigkeitskrieg gegen die Briten (1775–1783) entstanden und müssten nun auch gemeinsam getragen werden. Zu einer kritischen Würdigung der Entscheidung Hamiltons und ihrer Folgen (Tendenz der Einzelstaaten zu immer höheren Schulden) siehe: www.hanswernersinn.de/de/der-hamilton-moment-faz-22052020.

219 www.bpb.de/politik/wahlen/europawahl/71348/einfuehrung-in-das-wahlsystem

220 Alternativ käme hier sicherlich auch Prag in Frage.

221 Vgl. Hans F. Bellstedt, Die Idee „Kerneuropa" ist aktueller denn je, veröffentlicht auf welt.de am 9.10.2022.

222 Sollte das Vereinigte Königreich in die EU zurückkehren, wären es 37.

LITERATURVERZEICHNIS

Arendt, Hannah, Denken ohne Geländer. Texte und Briefe, Erstausg. München 2005

dies., Die Freiheit, frei zu sein. Dt. Erstausgabe München 2018

Buschmann, Marco, Die sterbliche Seele der Freiheit. Zur Verteidigung der liberalen Demokratie, Basel 2020

Dahrendorf, Ralf, Versuchungen der Unfreiheit. Die Intellektuellen in Zeiten der Prüfung, München 2008

Fabio, Udo Di, Die Kultur der Freiheit, München 2005

Fuhrmann, Horst, Deutsche Geschichte im hohen Mittelalter, 2. Aufl. 1983

Friedman, Milton, Kapitalismus und Freiheit, engl. Erstausgabe („Capitalism and freedom") Chicago 1962, dt. Taschenbuchausgabe, 11. Auflage, München 2016

Fritsch, Rüdiger von, Russlands Weg. Als Botschafter in Moskau, Berlin 2020

Fukuyama, Francis, Der Liberalismus und seine Feinde, Hamburg 2022

Goodhart, David, The Road to Somewhere: The Populist Revolt and the Future of Politics, London 2017

Hayek, Friedrich August von, The Road to serfdom, London 1944

Hildermeier, Manfred, Die rückständige Großmacht. Russland und der Westen, München 2022

Höffe, Otfried, Immanuel Kant. München 1983, hier: 9. Auflage 2020

Horkheimer, Max; Adorno, Theodor W., Dialektik der Aufklärung. Philosophische Fragmente. Erstausgabe 1944, dt. Ausgabe Frankfurt 1969, hier: 26. Auflage, 2022

Kinzer, Stephen, Crescent and Star. Turkey between two worlds, New York 2001

Klein, Ezra, Der tiefe Graben. Die Geschichte der gespaltenen Staaten von Amerika, Hamburg 2020

Kluge, Alexander; Schirach, Ferdinand von, „Trotzdem", 6. Auflage München 2020

Krastev, Ivan; Holmes, Stephen, Das Licht, das erlosch. Eine Abrechnung, Berlin 2019

Locke, John, Zweite Abhandlung über die Regierung. Über den wahren Ursprung, die Reichweite und den Zweck der staatlichen Regierung. Mit einem Kommentar von Ludwig Siep, Frankfurt am Main (Suhrkamp), 2007, 3. Auflage 2018

Llosa, Mario Vargas, Der Ruf der Horde. Eine intellektuelle Autobiographie, Berlin 2019

Ludwig, Ralf, Kant für Anfänger. Die Kritik der reinen Vernunft. Eine Leseeinführung, München 1995, 19. Auflage 2017

Mill, John Stuart, On Liberty – Über die Freiheit. Englisch/Deutsch, übersetzt von Bruno Lemke, Reclams Universal-Bibliothek Nr. 18536, Ditzingen 2009

Montesquieu, Charles de, Vom Geist der Gesetze. Deutsche Ausgabe hrsg. u. übers. v. Kurt Weigand, Stuttgart 1965; durchgesehene und bibliographisch ergänzte Neuausgabe: 2011

Nipperdey, Thomas, Deutsche Geschichte 1800 – 1866. Bürgerwelt und starker Staat, München 1983

Pfister, René, Ein falsches Wort. Wie eine neue linke Ideologie aus Amerika unsere Meinungsfreiheit bedroht, München 2022

Popper, Karl R., Die offene Gesellschaft und ihre Feinde. Band I, Der Zauber Platons, ersch. 1945, dt. Übers. in 8. Auflage, Tübingen 2003

Rachman, Gideon, The Age of the Strongman: How the Cult of the Leader Threatens Democracy around the World, London 2022

Rawls, John, A Theory of Justice, ersch. 1971, dt. Ausgabe Frankfurt 1979

Rödder, Andreas, 21.0. Eine kurze Geschichte der Gegenwart, München 2015, hier: 1. Paperbackausgabe, München 2017

Schwaabe, Christian, Politische Theorie. Von Platon bis zur Postmoderne, 4. Auflage, Paderborn 2018

Smith, Adam, An Inquiry into the Nature and Causes of the Wealth of Nations, 1776. Deutsche Ausgabe: A. Smith, Der Wohlstand der Nationen. Eine Untersuchung seiner Natur und seiner Ursachen, übers. v. H. C. Recktenwald, hrsg. u. gekürzt v. Georg v. Wallwitz, München 2018

Streminger, Gerhard, Adam Smith. Wohlstand und Moral. Eine Biographie, München 2017

Tse, Edward, China's Disruptors. How Alibaba, Xiaomi, Tencent and other companies are changing the rules of business, UK 2015/16

Winkler, Heinrich August, Zerbricht der Westen? Über die gegenwärtige Krise in Europa und Amerika. München 2017

Zimmer, Daniel, Weniger Politik! Plädoyer für eine freiheitsorientierte Konzeption von Staat und Recht, München 2013